CHUNFENG HUAYU YI YU REN:
BANZHUREN DE 30 JIANG

春风化雨以育人：
班主任的30讲

刘永要 ◎ 主编

中山大学出版社
·广州·

版权所有　翻印必究

图书在版编目（CIP）数据

春风化雨以育人：班主任的30讲/刘永要主编. —广州：中山大学出版社，2022.12
ISBN 978-7-306-07537-6

Ⅰ.①春…　Ⅱ.①刘…　Ⅲ.①中小学—班主任工作　Ⅳ.①G635.16

中国版本图书馆 CIP 数据核字（2022）第 084473 号

出　版　人：	王天琪
策划编辑：	金继伟
责任编辑：	王　璞
封面设计：	曾　斌
责任校对：	李昭莹
责任技编：	靳晓虹
出版发行：	中山大学出版社
电　　话：	编辑部 020 - 84110771，84110283，84113349，84110779
	发行部 020 - 84111998，84111981，84111160
地　　址：	广州市新港西路 135 号
邮　　编：	510275　　传　真：020 - 84036565
网　　址：	http://www.zsup.com.cn　E-mail:zdcbs@mail.sysu.edu.cn
印　刷　者：	佛山市浩文彩色印刷有限公司
规　　格：	787mm×1092mm　1/16　13.5 印张　320 千字
版次印次：	2022 年 12 月第 1 版　2022 年 12 月第 1 次印刷
定　　价：	48.00 元

如发现本书因印装质量影响阅读，请与出版社发行部联系调换

编委会

主　编：刘永要

副主编：胡碧华　邱金有　范志武

编　委：（按姓氏拼音排序）

　　　　陈　超　陈　娥　陈彩霞　陈锦颜　邓佩芳　邓小满
　　　　樊书君　高金妮　黑江丽　黄碧玉　黄诗梅　兰艳菊
　　　　李芬爱　刘志发　卢焕英　欧秀丽　孙钦强　王德军
　　　　王红燕　魏雪雁　杨换青　袁春琼　曾景志　曾瑞奇
　　　　曾晓霞　张佳望　张美菊　赵　静

序　言

这是永要德育联盟讲师团第二本公开出版的书籍。

第一本《成长共育：班主任的 23 讲》于 2020 年 11 月出版之后，反响良好。这给了我们讲师团莫大的鼓励。当听说我们又要紧接着出第二本时，讲师们都很兴奋，纷纷修改自己的讲稿，争取自己的作品能够入编。

60 余篇稿件，经过多轮选择，最终确定 30 篇稿件，故书名定为《春风化雨以育人：班主任的 30 讲》。这 30 讲，既有涉及班级构建、学生问题的篇章，也有专业成长、家校合作的内容。这些内容来源于一线老师，立足于一线的实践，没有虚空，只有具体的指引。这是一本高质量的书，因为作者们富有情怀，饱含热爱，激情满满，用心用情。

永要德育联盟讲师团在坚守，在进步，在绽放，在引领。这不仅仅体现在我们的线上公益讲座上，而且还体现在我们的线下交流当中。

很多讲师在参与交流和分享的过程中，自己也得到了长足的进步；很多听众听着我们的讲座，不断取得进步，最后还加入了我们的讲师团，成为其中的一员，反哺着这个团队，使团队不断向前。这本书不仅收录了讲师们的讲座实录，而且还收录了老师们的反馈。讲座之后观众的反馈对于讲师们来说有着重要的意义，它能够给讲师们带来信心，也能够给讲师们带来总结、反思和修正的机会。我们每一个人在这个过程中都能够从别人身上汲取养分。我们就是这样，互相交流、彼此影响、共同进步。

有一位老师说："线上讲座千千万，可永要德育联盟的讲座最真实、最用心。遗憾于相见恨晚，但同时又庆幸我来了。"从老师们的反馈中，我们可以知道我们所分享的点点滴滴，确实能够帮助老师们解决一些教育教学上的困惑；从老师们的反馈中，我们也看到自己的不足，并促使我们不断地提升自我；从老师们的反馈中，我们还真切地理解到，教育人的心是可以无限宽广的。

不管我们在哪儿，不管我们在祖国的哪一方土地上，我们都可以通过网络世界彼此认识，彼此交流，共同成长。在永要德育联盟这个场域，老师们会聚在一起，形成了一股积极向上的力量。懈怠时来这里感受积极，困惑时来这里寻找答案，迷茫时来这里寻找方向，兴奋时来这里分享喜悦。这里是全国各地老师们的交流平台，是老师们的心灵驿站，是老师们的栖息港湾。河南王娟老师在《感恩与君相遇　心底涓流不息》中深情地写道:"每当我找不到教育的真正意义的时候,是谁,带我穿越这浩瀚的教育海洋?是谁,时刻提醒我叩问内心的从教初衷?是谁,教我放弃懈怠迷失的自己,重新找到光的方向?是谁,在山重水复疑无路时,给了我柳暗花明又一村的畅快?是的,我遇见了你,便开始尝试改变自己,谢谢你。是的,就是你——永要德育联盟,帮我开启了一段崭新的旅途,遇见了不一样的自己。"

我们坚信我们所做的这一切都是很有价值、很有意义的。

会聚名师,教学相长,互帮互助,砥砺前行!

这就是我们正在做的。

是为序。

刘永要

2021 年 8 月

目 录

第一章　班主任专业成长

改变·发展·成长
　　——参加广东省刘永要名班主任工作室研修共同体，寻自我成长
　　之路 ·· 黄诗梅（2）
从自生长到正生长
　　——我的班主任专业成长之路 ··· 邱金有（9）
处理好五种关系，做一个幸福的班主任 ································· 王红燕（17）
学习是一种责任 ·· 欧秀丽（22）
接个优班，如何稳中求进？ ·· 黄碧玉（28）
用心　用情　用爱　用智
　　——与学生沟通的技巧 ·· 张佳望（33）
走向阳光　引领光明
　　——记我的班主任成长历程 ·· 卢焕英（38）

第二章　智慧管理策略

班级手机，为班级生活添姿彩 ·· 刘永要（44）
识别心理负能量，巧赋心灵正能量 ·· 李芬爱（51）
借毕业生之力，助班级成长 ·· 孙钦强（57）
以情育人，育有情人；以爱育人，育爱心人 ·································· 袁春琼（63）
"网红班"走红的背后
　　——如何构建优秀班集体 ·· 陈　超（70）
班级管理中的"破窗效应"及其预防策略
　　——我和183班的故事分享 ·· 刘志发（76）
新接手班级如何快速虏获学生与家长的"芳心" ······················· 邓小满（88）

第三章　班级心理健康疏导策略

赏识每一个孩子……………………………………………………曾晓霞（98）
他们并不只是不高兴
　　——班主任如何有效跟踪抑郁症学生动态……………………樊书君（103）
如何引导学生做好生涯规划………………………………………兰艳菊（109）
"慧"爱插班生………………………………………………………张美菊（114）
如何培养得力的班干部队伍………………………………………邓佩芳（122）

第四章　家校共育策略

基于问题解决的学校家长教育创新………………………………王德军（130）
如何让家委会工作充满活力………………………………………陈彩霞（138）
巧设活动，促家校合力……………………………………………高金妮（145）
家长督学解困境，另辟蹊径开新篇………………………………黑江丽（150）
破冰·合作·共赢
　　——家校共育的策略及实践……………………………………杨换青（155）
家校共育四重奏
　　——家校共育常规路径的新探索………………………………范志武（164）
巧用"四变"，将"断崖式"假期完美连接…………………………陈　娥（170）

第五章　团队活动策略

活用时事，做触动学生心灵的主题班会…………………………曾景志（178）
小组不小　合作良效………………………………………………曾瑞奇（186）
用心、用情、用法，激活孩子的内驱力
　　——如何开展触动心灵的班队活动……………………………陈锦颜（193）
班本课程　亮丽风景
　　——班本微课程的实践与思考…………………………………魏雪雁（200）

后　　记……………………………………………………………………（208）

第一章　班主任专业成长

改变·发展·成长

——参加广东省刘永要名班主任工作室研修共同体，寻自我成长之路

广东省佛山市三水区实验小学　黄诗梅

【讲师档案】

黄诗梅，教育学硕士。广东省刘永要名班主任工作室核心成员，全国永要德育联盟讲师团讲师，佛山市三水区妇联家庭教育讲师团骨干讲师。三水区优秀班主任、区优秀中队辅导员、区名班主任培养对象。广东省"十三五"规划德育课题主持人，佛山市道德与法治教研视导工作组成员。曾获全国创新教学大赛教学魅力铜奖、广东省教学创新大赛小学组第一名、佛山市家长学校案例沙龙展示一等奖和教学案例设计一等奖。在国家级和省市级核心刊物发表论文8篇，多次承担省内外、线上和线下的班主任成长规划和家庭教育等讲座，广受欢迎。

永要德育联盟的各位老师：

大家晚上好！今晚，我和大家分享的主题是"改变·发展·成长——参加广东省刘永要名班主任工作室研修共同体，寻自我成长之路"。这是我从2016年11月到2019年11月参加了广东省刘永要名班主任工作室研修学习之后，成为永要德育联盟（简称为永要联盟或永联）讲师团讲师的心路历程。整整3年的时间里，我跟随工作室发展的脚步，以工作室成员的身份走进6个网络研修群，从一个连推文都不会写的"二胎笨妈"，蜕变成为德育联盟讲师团（由研修群发展而来）的资深讲师、永联学院首部专著的编委和讲座实录推文组的主要成员。在研修共同体里，我所经历的每一个第一次，都是作为一名普通班主任所不能想象的精彩。跟着永联的一大群人走，我能到达更远的"诗和远方"。

一、在研修共同体中求改变

我们先把时间定格到2015年9月。那时，我是学校首个休完产假便立即投身一年级班主任岗位的二胎妈妈。参加工作的20年时间里，我仅因为两次休产假而离开班主任这个岗位223天。所谓"一孕傻三年"，我的身体机能还没有完全恢复，加上高龄，许多的"难"向我袭来：一年级新生家长的压力，学校的教学评优的竞争，硕士研究生毕业论文的撰写，4个月大的儿子嗷嗷待哺，家中身患"四高"病痛的老妈行动不便……我遇到了比职业倦怠更可怕的瓶颈。每天，我害怕太阳升起，更害怕太阳落山，这样的混沌状态什么时候才能结束？不行，我要改变这种得过且过、无助的人生状态。

2016年9月，我抱着对班主任工作仅有的热情和一丝希望，向省刘永要名班主任工作室主持人刘永要老师递交了加入工作室的申请。我知道，这是一件困难的事情，刘老师是高中的老师，他所带的工作室又是省级工作室，起点高，以我浅薄的资历能否顺利通过呢？可迟疑并没有阻挡我递交申请的脚步。

2016年11月29日，在工作室成立的那天，我怀着无比激动的心情踏进了工作室，认识了一群有着共同理想和奋斗目标的班主任。大家分别来自小学、初中、高中，还有中职学校。大家像认识了很久的朋友一样，聊自己对班主任工作的认识，聊对工作室的期待，所言所思使我豁然开朗。在工作室这个大家庭里，我倍感温暖，渐渐缓解了焦虑。我知道，在班主任发展的路上，我遇到了相同"尺码"的人，甚至更优秀的人，我不再需要孤独前行，只需要大胆改变。

二、在研修共同体中求发展

工作室的研修氛围一直很好，成员和学员或有共同关注的问题，或有共同的兴趣爱好，或有一致的价值取向。成员和学员个体在共同体里得到专业的成长，个体的成长又进一步壮大研修共同体的"容积率"，互利互助，相辅相成。

（一）重建自信，寻到发展的支点

说到自信，永要老师在每次拍照时，总会说其他人拍成怎样都没关系，最重要的是，把他拍成靓仔就行了。是的，就是这份霸气的自信和幽默，让站在"靓仔要"身边的我，油然地感觉到作为工作室成员的骄傲。刚加入工作室时，休完产假已经有一段时间的我，还保持着大妈的形象。但跟着"靓仔"干活，如果不把自己修整得妥帖一点，是会影响工作室形象的。不管在本地学校参观也好，还是到顺德、广州、揭阳等地学习也好，我都不断地要求自己在个人形象方面做出改变。

永要老师没有嫌弃我这个现存年纪最大、脸皮最厚、工作速度最慢的"二胎妈"。慢慢地，我成了永要德育联盟讲师团讲师，成了工作室优秀成员，成了永联学院专著的编委。加入永联德育联盟的这几年里，我改变了自己的整个工作状态，也找回了多年前被磨掉的自信，知道自己该往什么方向发展。

（二）尝试做不可能的事，踏出发展的步伐

当初，只要永要老师说要组织网络研讨、写读书感悟、用"秀米"编辑推文等，我就会逃避。这样的任务，我能完成吗？记得我摸着电脑键盘，一字一句地敲完工作室成立当天的活动感悟，内心十分激动。可说到写推文发公众号，我脑子里只剩下一片空白。我好不容易按着指引，熬出第一篇活动感悟的推文，交给永要老师审稿，又得到了一番不客气的指导：要注意语句的通顺，要检查错别字，排版的时候要用统一的格式……还好，最终，我的第一篇关于活动感悟的推文在"千锤百炼"中，登上了工作室的公众号。看着它的问世，我偷偷乐着，每天都要打开公众号看好几次。

原来，逼一下自己，很多事情我还是能做得到的。那些曾经被我视作"洪水猛兽"的活动感悟、网研推文、班级活动展示等，现在看来就是小菜一碟。但我在踏出步子的过程中，真的是从不会、拒绝、最好跟我没关系，到凡是做过什么都想发表出去，让更多的人看到。拿永要老师的话来说，就是不要妄自菲薄，只要逼自己一把，使自己足够强大了，就没有什么是不可能实现的。的确，在研修共同体里，我迈出了坚定的步子。

（三）组织网络主题研讨，收获发展的惊喜

我借助工作室的公众号，成功迈出了第一步。我像蜗牛一样艰难地跟着大家前行。工作室的发展速度惊人，已经从1个只有几十人的微信群，发展成永要网络研讨群。而且在半年的时间内，从1个群发展到了6个几乎满员的群。2017年暑假，工作室正式把网络研讨群改名为"永要德育联盟"，研修共同体也应运而生。我努力地、积极地参与永要德育联盟各群组的话题讨论，我的发言得到群里老师们的认同，也从中找到了属于我的小快乐。记得2018学年开始后不久，群里一位老师抛出一个关于新生入学的问题。当时我刚好接了一年级一个新的班级，正在准备我的第一次线上讲座。于是，我把自己开学前的准备和安抚学生的做法整理后参与了群讨论，一下子得到不少盟友的认同。有几位老师随即添加了我的微信，成为好友私聊至今。在联盟里的线上活动中，我不断结识素未谋面但志同道合的朋友。

在联盟的各大群里，都有我活跃的身影，那个沉重的蜗牛壳终于被我丢掉了。我拿出了当年参加第一届班主任大赛的热情，参与着每周两次的网络主题研讨。我默默地整理已经做过的事情，思考工作中遇到的困惑，最后提炼出适合网络研讨的话题。我组织过专门研讨家校合力的问题、家委会倦怠的问题、青春期交友的问题和学生学习障碍心

理等网研话题的讨论。其中，有2篇网研材料已经发表在广东省教育厅主管的权威期刊《中小学德育》2019年第3期。发现文章被刊登，是在我跟随永要老师参加第八届广东省班主任工作论坛的学习时。会刊的"永要德育联盟专栏"一共登载了4篇关于家校合作的文章，其中有2篇的作者是"黄诗梅"，而且是紧跟在盟主永要老师的文章后面的。真是令人难以置信的惊喜！这应该不会是假的吧？我连看3次，确定那就是我的2篇文章，一篇是《家委会懈怠了，该怎么办？》，另一篇是《如何优化家校合作》。在永联学院的首部专著出版时，我发表了文章《不耽误"教育"，不被教育耽误》，并成为编委之一。

"功夫不负有心人"这句话，我信了！

（四）成功开展线上讲座，得到隔空传播的发展动能

在永要联盟队伍里，有一个讲师团，每周三组织开展一次线上的公益讲座。我也幸运地在2018年第二个学期抢到了一个开展讲座的名额。讲师们个个身怀绝技，有名校的校长，也有省市的优秀班主任、教学能手等。相比之下，我的资历太浅了，我有的只是20年来对班主任工作的执着，没有再多的硬件和荣誉。我向永要老师表达了想逃的想法。他还是那句话，不逼自己一把，哪知道自己能不能做到？你做了什么，就讲什么，把做过的事情可视化就足够了。于是，我静下心来思考，最后把讲座的主题定为"不耽误'教育'，不被教育耽误"，在2019年4月23日如期开讲。我以在坚守班主任工作的20年光阴里不同时间、不同场合与孩子们发生的小故事为案例，就如何关注学生发展、建构家校共育体系展开讲述。我的故事里有我青春年少的懵懂，有针对曾被家长质疑和抛弃的反思，有运用教育的技巧解决问题后被孩子们簇拥的开心，有调整心态迎难而上的坚定……当下，我用活动丰富孩子们3年的校园生活，希望成就的是他们未来30年的人生。讲座最后，我的结语是，这些年，磕磕碰碰地在建构快乐成长教育的路上走来，那一幕幕似乎是一个个给人以惊喜的故事，一股股不断给人以挑战的动力，这些故事仍在延续……

讲座结束后，群里的小伙伴们隔着屏幕，纷纷给予我鼓励和认同。我们彼此之间素未谋面，却又如此熟悉。那股支持的力量，是团队凝聚起来的鼓舞人前行的力量，无形但鼓舞人心。微信群里铺天盖地的赞誉和反馈意见，整整持续了一个星期。每天我都在闲暇时回复老师的留言，享受着忙碌。开讲座前的犹豫、忐忑和为难悄然散去。进行讲座反馈资料整理时，我统计了一下，讲座群里有100多位老师为我写留言，字数超过18000字，看到这些，我眼里感动的泪花又开始打滚了。永要老师还特地从反馈的意见中选取了6位老师的精品反馈，加上他亲手写的一篇点评独立成推文，一同发布在公众号上。前后8篇关于我的讲座的推文在公众号和朋友圈里一起发布，引起的轰动可想而知。研修共同体的小伙伴们也陆续转发推文以表示对我的支持，永要联盟的小伙伴们就

是这样在朋友圈"霸屏"了。在平时，一个普通的班主任有的可能只是自己班几十个学生和家长的支持；而在研修共同体内，"蝴蝶效应"产生的动能是无法估计的。

三、与研修共同体共成长

（一）参加永要联盟大聚会，尝到了成长的苦涩

说到永要联盟，就要随我到福建省福鼎市走一趟。那一次，我跟永要老师走得义无反顾。家里的肥爸爸不解地说，为什么一定要去福建，能不能不去？家里的2个儿子你就不管了吗？我告诉他，我就要跟着永要老师去参加联盟聚会！肥爸爸很"不放心"地安排了我家大儿子陪我去"开开眼界"。

2019年8月15日，联盟的小伙伴们自费从全国各地到福建省福鼎市，参加第一次联盟的线下大聚会。

在福鼎茂华学校，我第一次站上了真正的演讲台，为福鼎茂华学校的老师们讲主题为"教育孩子需要父母共同参与"的讲座。以前站在舞台上，只是唱歌、演舞台剧什么的，可这次，整个舞台都属于我一个人，而且有40分钟的时间。在演讲的前两个晚上，我一遍一遍地过稿子，一遍一遍地修改PPT，可一直没有改出最满意的效果。最终，这个第一次糟糕透了。可当我从台上走回联盟大家庭的座位时，我收到了小伙伴们给我的掌声、拥抱和鼓励。大家关注的是讲座讨论的家校共育如何更有效落地，反思该怎样教育自己的孩子。我明白了到福鼎的意义并不在于讲座本身，只要能与联盟的小伙伴互相学习和鼓励就好，只要能找到组织就好，能和惠州的瑞奇老师、三水的佳望老师、东莞的志武老师和化州的景志老师，还有肇庆的辛娟老师、东华的焦光丽老师、包头的彩霞老师，这些全国各地大咖级别的人物在一起学习、互相共勉就好了。

（二）从2016年11月到2019年11月，成长需踏实走来

整整3年里，我没有浪费时间。我在不断接受每一个不同的第一次的挑战，即使有不成功，也是我改变、发展的动力。

我发现我的专业书籍阅读量不够，不能及时解决孩子出现的新问题，不能给家长提供更有效的教育方法，我就在心理咨询室、校长办公室借心理学、教育学的专著去啃。

作为学校的班主任能力培养团队的智囊团，我利用亲身的参赛经历，以及对大赛变化的理解，主动跟进参加班主任能力大赛的选手。2016年，我协助的黎志林和龙伟华两位老师获区赛一等奖和特等奖；2018年，又协助邢璐倩老师以区五个单项特等奖的好成绩参加佛山市赛，并获一等奖，取得区参加市班主任能力大赛以来的最好成绩；2020年，辅助陈剑凤老师参赛又是一次大满贯获奖的经历。

2019年4月，我设计的案例"教育孩子需要父母共同参与"，在佛山市家长学校的案例教学现场评比中获得了佛山市的设计和现场教学2个一等奖。现场教学比赛那天，永要老师带了2个来自江门的名班主任工作室的老师为我打气，我倍受鼓舞。10月28日，我把案例教学融入讲稿，进行了观点的提升，在讲座群里以"教育孩子需要父母共同参与"为题开讲。这次收到接近5万字的听后感反馈。

2019学年，我主动申请到白坭中心小学进行教学交流，寻找工作的突破口。教师节当天，我原来任教学校的家长们不约而同地来到白坭中心小学看望我。家长们惦记着我，孩子们也惦记着我。那份惊喜，让我始料不及。不久，三水中学教育集团的年度优秀、卓越班主任称号在向我招手，又是多么令人振奋的消息！另外，我主持省级德育课题的研究，尝试获取不同的学生群体在面对校园危机事件时产生不同反应的数据。

（三）未来，我将与研修共同体共成长

工作室主持人刘永要老师的身上还有很多值得我学习的地方，在研修共同体里隔空相知的小伙伴们身上也有更多值得我学习的地方。未来，我将与研修共同体共成长！

借用一句话，总结我的成长感悟："走出去，世界就在眼前；原地踏步，眼前就是世界。"

【讲座反馈】（节选）

用心照亮成长的方向

听了黄老师的讲座，我脑海里想到的是一个超人般的人间斗士，一头俯首耕耘的孺子牛，一朵傲雪的梅花。她的专业成长绝不是偶然的，而是在教师专业发展万里长征中成长起来的。她具有钢铁般的意志，以及不达目标不妥协的孜孜不倦的求学精神。

黄老师是幸运的。她遇到了指引她、鞭策她走上专业化快车道的名师刘永要老师。与其说是刘老师的要求严格，还不如理解为刘老师对学术追求的严谨影响着她。如他所带的工作室成员和学员一样，从专业素养到学科素养，从工作室集训到课余自学，从名班主任到名教师，黄老师所做的每一项努力，都是她将来可以走得更远的基础。万丈高楼平地起，省名班主任工作室的培养，成就了黄老师。

黄老师的成长是必然的。在讲座中，黄老师谈到自己认识到自己的弱点，通过阅读教育教学书籍提高了自身素养；黄老师总结自身大赛经验，指导学校青年教师参加各类比赛屡获佳绩；黄老师潜心钻研教学，影响了学生，成就了自己。做"双师"型人民教师，黄老师做的每一项工作看似平凡，但只有经历过、体验过，才知道黄老师的每一项工作都是令人惊叹的，每一份付出都是值得我们学习的，每一次收获都是众望所归的。

在我们的教育生涯中，有的人安于现状，慢慢地泯于众人；有的人三分热度，做事半途而废；有的人心理不平衡，一味地感叹怀才不遇。今晚的讲座，黄老师为我们许多老师的专业化发展指明了方向：改变、发展、成长。

广东省茂名市化州市新安镇第一中学　邱金有

听了黄老师的讲座后，作为永耍德育联盟讲师团的一名成员，我深有同感。我从主动联系刘永耍老师成为工作室成员，到负责研讨6群的组织研讨、编辑推文，再到承担联盟讲座并成为讲师团成员。这一步步走来和黄老师何其相似，也印证了永耍德育联盟的确是促进普通班主任成长的一个非常成功的平台，使我们这些来自全国各地的老师通过网络聚在一起，发光发热，共同成长。

班主任专业化成长，如果只是靠自己，往往会走许多弯路，也比较有局限性。加入了永耍德育联盟后，通过全国各地的名师、名班主任引领，班主任个人的专业化成长进入快车道，形成良性的蝶变效应，我享受这个成长的过程，也因此影响着周围的班主任们。我将在2021年成立学校名班主任工作室，即将拥有自己的团队。相信我会带着自己的团队，在永联的引领下，走得更远！

广东省佛山市南海区南海中学　孙钦强

从自生长到正生长

——我的班主任专业成长之路

广东省茂名市化州市新安镇第一中学　邱金有

【讲师档案】

邱金有,初中语文高级教师,全国永要德育联盟核心成员、讲师团讲师,广东省法治骨干教师,广东省优秀指导教师,茂名市名班主任,茂名市骨干班主任,茂名市技术能手,茂名市首届教研中心组成员,茂名市最美乡村教师,化州市名班主任、优秀教师,化州市重大工程专家库专家,化州市教师发展中心特聘讲师,化州市首届语文教研中心组成员,化州市中小学骨干班主任人才库首批特级人才,新安镇首届最美乡村教师。广东省第七届中小学班主任专业能力大赛获奖者,茂名市、化州市班主任专业能力大赛初中组第一名。专注于"体验式"教育,致力于班级管理创新。

永要联盟的各位老师:

你们好!今天很荣幸地借永要德育联盟这个平台分享"从自生长到正生长——我的班主任专业成长之路"。如果有讲得不好的地方,请各位老师批评指正。

苏霍姆林斯基说过:"如果你想让教师的劳动能够给教师带来一些乐趣,那就应该引导每位教师走上研究这条幸福的道路。"在这个教育名家百花齐放、百家争鸣的大环境下,我的班主任专业成长从传统的像保姆、家长、警察的管理模式,正在走向如工作室、课题组等专业成长组织一样,用理论指导实践的模式,走向成为学生成长路上的"人生设计师兼职业规划导师"的专业化之路。

一、制订专业规划，指导专业成长

刚从师范大学毕业的我，曾雄心勃勃地制订了我的班主任专业成长计划："1 年熟悉教育教学工作，3 年成为校级或镇级骨干班主任，5 年成为县级骨干班主任，8 年成为市级骨干班主任（县级名师），10 年成为省级骨干班主任（市级名师），15 年省内有知名度（区域有影响力名师），20 年省内外有知名度（省级名师），30 年成为国内有影响力的国家级名班主任。"回首 14 年的班主任工作历程，我很欣慰地发现——我的专业化成长之路正在按原定轨迹前进。

二、班主任专业发展

（一）班主任专业发展的挑战与机遇

1. 坦然接受班主任专业发展的挑战

朱永新先生在《享受与幸福》一书中曾经说过："既然我们当了老师，与其痛苦承受，不如开开心心地去拥抱；与其平平庸庸地活，不如扎扎实实地干。"曾经的我也和许多班主任一样调侃："教师是保姆，早出晚归；教师是警察，能侦查办案；教师是医生，能医治愚蠢和心病；教师是法官，能调解审案；教师是演员，能嬉笑怒骂；教师是超人，无所不能。"但和孩子们在一起，我的心越来越充满童趣。现在，面对士气低落的班主任，我会这样教他们调整心态："你把巡班当作散步，是锻炼身体；把和学生谈话当作放松，是忙里偷闲；把家长会当作讲座，你是名师专家；把家访当作踏青，是农家乐。每天日出上班，日落下班，多幸福的日子！"或许对那些违纪的学生，我们只需静静地盯着他们看，就是不说话，一直看到他心虚为止；对于不爱学习的学生，每天来一句："今天你学习了吗？"或许哪天，他就会大声地回答你："学习了。"对于脾气暴躁的家长，一杯清茶，静心倾听，也许沟通就会和谐顺畅许多了。

2. 主动寻找班主任专业发展的机遇

在信息化的今天，只要我们怀着一颗积极上进的心，到处都有班主任专业发展的机遇：一方面，我们可以主动申请上公开课、示范课、主题班会课，参加各级班主任大赛，撰写教育教学案例，有条件的申请做专题讲座；另一方面，我们可以参加各级教育部门为我们铺设的班主任专业成长平台，如申请加入名班主任工作室、德育联盟，申请成为班主任人才库人才，争取参加县、市、省级班主任能力提升培训，各级名班主任评选，等等。

现在，全国各地民间教育团体发展如火如荼，如全国永要德育联盟，只要渴望学习，随时都有机遇。

（二）班主任专业发展的有效途径

浅水难负载重之舟。现代优秀的班主任都需要具备两种能力：对已有知识熟练运用的能力和不断获取新知的能力。一方面，优秀班主任要善于运用教育学、心理学、班级管理学知识去解决学生的问题；另一方面，要不断为自己进行专业知识的"充电"，不断学习新知识、新理论，不断充实自己，完善自己的知识结构。班主任只有拥有精深的专业知识和广博的学科知识，才能在个性化的学生面前游刃有余，使自己所带的班级达到"老师在与不在都一样"的效果。

1. 理论学习，助力成长

朱自清先生说："缓缓地咀嚼一番，便会有浓密的滋味从口角流出。"这浓密的滋味就是书味，读一本好书的味道。读书的过程，不只是陶冶性情的过程，更多时候是在感受作者在书中、在文字中流露的那份真挚的情感。中外教育名著被我摆上办公桌、床头、书房。读李镇西的《爱心与教育》《走进心灵》这两本书，不仅被李老师的爱所感动，也读懂了怎样去爱教育、怎样去爱学生；对学生的爱，不只是传授知识，还要走进孩子的内心世界，我们培养的应该是朝气蓬勃、有社会责任感、心理健康、会感恩的孩子，这是我读斯科特·派克《少有人走的路》系列后所明白的。知识的力量让我时刻保持着一份对教育事业的敬畏，对学生问题进行妥善冷静的处理。我很幸运地成为一名让学生时刻惦记着的班主任。

2. 虚心学习，乐于分享

不走出去，我们永远是井底之蛙，永远都不知道井外的天有多蓝。有时候，我们参加集中面授培训或网络研修，学习的不只是专家名师独特的智慧，还有专家名师对生活、对教育的一种积极思考、态度，是专家名师在生活中积累的经验，在工作中总结的规律，在个案教育中的反思和人际关系处理中的智慧。

分享是不断自我反思、总结、提升的过程，是不断自我净化的过程，是不断追求新知的过程。在分享中，我们学会了积累，学会了总结，学会了思考，才有厚积而薄发的精彩。也许许多人怀疑自己：我没有分享的材料，我没有分享的平台，我没有分享的对象，我不是专家，我不是名师……这些都是借口。其实如果我们放慢脚步、静下来，就会发现我们的平台是如此广阔：我们的学生（可以分享知识性、鼓励性、学习方法等专题讲座）、我们的家长（主题家长会、家长学校课堂）、我们的同事（专业化发展、班级管理，甚至是对一个案例的反思），哪一方不可以成就优秀的你？

下面我分享一个案例——"焦虑症的心理辅导"。

小 A 是班长，学习勤奋，成绩优秀。但在 5 科联赛失利后，小 A 经常出现失眠、半夜噩梦中惊醒、胸闷、头痛头晕，遇到考试就紧张、大脑一片空白、直冒冷汗等症状。去医院做 CT 检查、验血、胸透、心电图，全身都检查不出任何异常。奇怪的是，一旦考试结束，所有的症状都消失了。

通过小 A 的描述，我心里很清楚：小 A 这种症状就是焦虑症的表现。但我不能直接告诉小 A："你患上了焦虑症。"我是一名班主任，我想帮助小 A 走出焦虑情绪。

我用我学的心理学知识，应用森田疗法，以个别心理治疗为主，引导小 A 进行自我治疗：一是转移注意力。我告诉小 A，当你出现坐立不安、心情烦躁、学习效率低的情况时，允许你随时到跑道上跑步（建议每天不超过 3000 米），直到大汗淋漓、心情平静为止。二是情感宣泄法。小 A 随时可以找我聊天，面对面、电话、微信都可以，只要能把心中的情绪发泄出来。三是自我放松法。到学校的心理咨询室，自己播放催眠音乐，闭上眼睛，躺在柔软的沙发上，想象自己到了一个绿水青山、绿树成荫、鸟语花香的世外桃源。慢慢放松自己，想象自己成了世外桃源的一分子。

在我的特别关怀下，小 A 的状态越来越好，顺利地参加了中考，并以 682 分的成绩被化州一中录取。

3. 主动参与，舞台展翅

古语有云："学然后知不足，教然后知困。知不足，然后能自反也；知困，然后能自强也。"参加比赛是班主任快速成长起来的最有效途径之一。通过参加比赛，反思自己的不足，取长补短，不断提升自己。作为班主任，我参加的比赛有优秀课例比赛、班主任专业能力大赛、各类演讲比赛、教育教学论文大赛。

下面是我在班主任大赛上分享的班主任故事。

有一天，自修后，我正在办公室备着课。班上小 B 第三次出现在办公室门口，腼腆地问我："老师，你忙吗？"我头也不抬地回答："我在备课呢！有事吗？"

"老师，我出大问题了！"

我大吃一惊："怎么了？"我想，一晚连续来找我 3 次，肯定有事。

"我最近一周失眠了，白天无精神，心烦意乱。学习效率极低，根本无法集中精神学习。"小 B 苦恼地说。

"现在 6 月初了，离中考还有 2 周半。怎么考试呢？"我心里责怪着，"你认为是什么原因造成的呢？"

小 B 犹豫了一下，不好意思地说："我上周又向小 C 表白，但她又拒绝了我。我现在特别想她，脑海里每分每秒都是她的一颦一笑。"

"问题确实挺大的！她怎么拒绝你的？"我问道。

"她说我凭什么向她表白？我可以给她什么？她还说从来没有注意过我。我这么一个四肢发达、头脑聪明的人，她怎么就是看不到呢？"小 B 心有不甘地说。

"嗯，那你想想你凭什么呢？你可以给他什么呢？"我笑着说。

"凭我喜欢她！我现在有的东西都可以给她。"小 B 肯定地说。

"你很好，但这样还不够。"我点点头。

我知道，小B这次来找我肯定是因为非常苦恼，如果我处理得不好，耽误的就不仅是一个学生的前途，还有青春期孩子对美好爱情的向往和一个家庭的梦想。或许我可以运用马斯洛需求理论、艾宾浩斯遗忘规律、期待理论、得寸进尺效应等心理学知识来解决眼前的问题，我心里突发奇想。

"要不我们来谋划一下，怎样才能表白成功？"

小B尴尬地笑了一下："老师，你是在逗我吧？"

"首先你要吸引她的注意，目前可以引起她注意你的就只有中考成绩了。你的成绩目前在学校排名是六至十名。你觉得多少名才能吸引她的注意？"我故意问。

"前三名！"小B说。

"我认为还不够。如果你考了我们学校的第一名或者市里的第一名，那样你肯定能引起她的注意。"我继续诱惑着说。

"这就可以了？"小B不相信地问。

"你认为到时你再去表白，她还会拒绝吗？"

"可能还会。她说她大学以前不会考虑这方面的问题。"小B又不自信地摇了摇头。

"那就先不表白了。为了表白能成功，我们高中再努力三年。我们再设想一下：按照我们的规划，2周后，你考了我们学校中考的第一名或者市里的第一名，上了市重点高中。三年后，你考上清华大学、北京大学，至少也是复旦大学、中山大学等"985"大学，到时候你再表白，你想她还会拒绝你吗？"我加大了诱惑的力度。

"老师，你这样说，成功率还真的是大了很多。"小B笑着说，"但是我初中三年都没有考过年级前三，你看我挑战小A一个学期，都没有成功过。我真的可以吗？"小B挺不自信地说。

"成功从来都不是偶然的，是一个日积月累的过程，你相信你可以，那就一定行。"我鼓励他说。

小B想了想，紧握拳头说："好，为了我的爱，我一定努力！"

后来，小B在中考中如愿以偿考了学校第一。知道成绩后，他兴奋地对我说："老师，我真的挑战成功了。不过遗憾的是三道选择题的差距让我和市中考第一名擦肩而过！尽吾志而无悔，相信我，三年后我一定会再给你带来好消息！"看着斗志昂扬的小B，我笑了。

我不是心理老师，相反，经历小B事件后，我更积极主动地学习班级管理学、教育学、心理学等专业理论知识和技能，虚心向同行请教，把更多的专业知识运用到学生问题的解决中。直到今天，每次小B向我汇报他的月考成绩时，听着电话那边充满自信的声音，我始终记得这次谈话，它让我更深刻地理解了韩愈先生的"师者，所以传道授业解惑也"的真谛。

小B的故事时刻提醒着我要努力学习，提升自己，成为一面可以让学生正衣冠的镜子。

4. 带动教师，共同成长

我们的工作是否出色、是否取得成效，不只是看我们个人取得的成就，还要看我们所在的团队取得的成就。我现在担任学校德育处主任，作为班主任工作中的领头羊，培养青年教师、鼓励教师申请担任班主任，我责无旁贷。

作为德育处主任分管学校德育，我深知带动青年教师的成长是我的责任，也是培养青年教师的有效途径之一。我在培养青年教师方面主要做了五点：一是推广自己的带班经验和特色。二是成立读书会，每月共读一本书，每月分享读书收获。三是小团队式培养青年教师，如以心理咨询团队为基础，组建"农村中小学学生心理健康与性心理健康"课题组；以名班主任工作室为基础，构建班主任成长四部曲"校优秀班主任—镇优秀班主任—县区优秀班主任—省市优秀班主任"；以市德育联盟为契机，培养县级青年班主任。四是组织学生问题沙龙研讨会，提高教师面对课堂突发事件的应急处理能力。五是为青年教师搭建成长舞台，开展同课异构主题班会、教师演讲比赛、外出观摩各类比赛等。我深知教师要成长，舞台很重要。我们每个月举行读书分享，每个学期举办校级班主任基本功大赛，每个青年教师每年至少被外派参加学习一次，等等。

5. 锤炼语言，彰显特色

古人语："责人要含蓄，忌太尽；要委婉，忌太直。"一个班主任，除了应有深厚的知识功底，娴熟的教育艺术，更要有引导全班学生走向正能量的语言艺术。

下面分享一个案例：班主任语言的魅力。

在语文课堂上，突然发现优秀生小刘正在做数学试卷，你会怎么办呢？

以下处理方式你会选择哪一种？

方法一：杀鸡儆猴式。勃然大怒，严肃处罚。"小刘，你给我出去！"（一种高高在上、盛气凌人的气势，拉开了师生的距离，造成矛盾升级，甚至敌对状态。）

方法二：责备式。"你让我很生气！你伤透了我的心！"（你生气、伤心关我什么事？你们布置那么多作业，你们来做试试？）

方法三：命令式。"你上课做数学试卷不行，快收起来。"（毫无感情，不问原因，学生会阳奉阴违。）

方法四：讽刺、羞辱式。"你学习真勤奋，大家要向你学习哈！"（容易伤害学生的自尊心，致使学生产生逆反心理，以后都会和你对着干。）

方法五：幽默式。"看来我上课真的比数学老师差不少，今后还要多努力，争取可以和数学老师平分秋色。"（幽默婉转的批评，使教育更轻松、更有效，更容易让学生"入耳""入心"，能收到更好的教育效果。）

方法六：尊重式。你平静而尊重地告诉他："我现在真的很生气。"（比其他任何咆哮的话更有效果，能更深层次地触动学生的心。）

相信很多老师都会选择方法五和方法六。同样是课堂突发偶然性事件，不同的老师有不同的处理办法，会得到不同的教育效果。学生问题首先考验的是教师的教育观念和教育艺术，其次是教师对突发事件的反应和处理能力，最后体现的是教师在短时间内确定有利于学生进步的教育方式。

每一位班主任都是一块璞玉，在自生长的过程中，只要你有变优秀的自觉意识和自主发展的意愿，愿意静下心来读书，抬起头来学习，跟着优秀老师的步伐，不断提高自身文化修养，积累专业知识，掌握专业技能，从经验型班主任向研究型班主任转变，就一定能在班主任专业化之路上越走越远。

最后，我用我担任班主任的原则与大家共勉：学生是班主任的影子，你想把你的学生培养成怎样的人，首先你就要成为怎样的班主任。

我今晚的讲座分享完毕，感谢各位老师的陪伴与支持！

【讲座反馈】（节选）

主动做好职业规划就是成长的内驱力

——听邱金有老师讲座有感

听了邱老师的讲座，我的内心久久不能平静。邱老师在大学毕业的时候就对自己的职业做了很详细的规划，时间安排合理，目标清晰明确，这也是邱老师能够有所成就的关键因素。"鸡蛋从外打破是食物，从内打破是生命。"主动做好的职业规划就是成长的内驱力。和邱老师一对比，我感觉自己这十几年就是浑浑噩噩走过来的，没有目标，没有方向，工作态度纯粹是"哪儿黑哪儿住店"式的。特别是工作3年之后，就再也不愿意接班主任工作，更不热心于任何的比赛或者活动，还经常拿"人过三十不学艺"来搪塞自己。就在这样的状态下晃荡了10年，当然是一无所获。

2018年，我被迫接手班主任工作，学生的单纯和领导的鼓励让我重燃工作的热情。但"浅水难负载重之舟"，课堂的驾驭、日常的管理、突发事件的处理我尚能游刃有余，我觉得这些依赖于我的年龄优势（年纪大）以及十几年的知识积累，但是我最怕"经验分享""经验交流"之类的活动，还有学习一些系统性的、指向性较强的理论知识，也让我闻之色变。原来我把它归结为文采不好所致，听了邱老师的讲座，我找到了自己的症结所在：我学习得太少了。所幸在一次培训中，我遇到了刘永要老师并结识了永要联盟。

"既然我们当了班主任，与其痛苦承受，不如开开心心地去拥抱；与其平平庸庸地活，不如扎扎实实地干。"是的，我们要想开开心心地去拥抱，就要学会成长，要广泛地涉猎专业的理论书籍，像邱老师一样读各位大师的专著，读心理学著作，而我却仅仅满足于一些碎片化的网络文章，以后要沉下心多读书、读好书。虚心学习，特别是向永联群里的各位老师学习。更不能因为年龄大就放弃很多比赛，以后要和年轻教师一起参与比赛，学习他们身上的优点，特别是一些很新颖的东西。

目前我最需要学习的就是研究性的知识和信息技术知识，以往我不会使用博客、美篇、公众号之类的新生事物，也没有参加过网络研修、线上讲座。对于新生事物总是望而却步。自从加入了永联，我才真正愿意去了解、使用这些新生事物。真的要感谢永要老师创建的这个平台，让我能与时俱进，不断成长。

感谢邱老师的讲座，让我对自己的工作进行了一次回顾和剖析，有思考才能有进步，希望在永联人的带动下能由"蛮干型"的班主任转变成"研究型"的班主任。

河南省郑州市荥阳市龙门实验学校　黑江丽

寻找班主任正成长的突破点

——听邱金有老师讲座有感

今天邱金有老师的分享让我收获满满。

邱老师的成长历程非常值得研究，具有典型性。他从一位乡村班主任到站上广东省班主任大赛舞台，其中的艰辛和难度一般人难以体会。他的成长经历又是不可复制的，他基于自身特点的规划、学习、研究，成为邱金有而非别人，他有自己的教育理解、能力储备、教育担当甚至教育风格。他的成长路径给我们以启示，班主任专业成长首先要分析自己作为班主任的长处与不足、兴趣点与盲点，学校、学生情况，等等。

邱老师在讲座中分享了自己的成长故事，他的成长路径规划先行，学习、分享和研究并行，他基于班主任实践的"反思+研究"模式值得借鉴。尤其是他分享了两个常见案例的解决思路，让我产生了强烈的共鸣。问题解决是班主任工作的核心，班主任的成长历程就是不断解决自身和学生问题的过程，案例即资源，过程即成长。教育有方亦无法，关键是教育者如何基于自身资源处理各种问题。

广东省湛江市第一中学培才学校　王德军

处理好五种关系，做一个幸福的班主任

山西运城盐化中学　王红燕

【讲师档案】

王红燕，1994年毕业于山西师范大学中文系。山西省特级教师，正高级语文教师。山西省优秀班主任、山西省首届名师、山西省学科带头人、山西省学术技术带头人，被山西省运城学院聘为兼职教授。

永要联盟的各位老师：

大家好！

今天我讲的主题是"处理好五种关系，做一个幸福的班主任"。人与人的关系有两种，一种是普通的，一种是特殊的。在这里，我给人与人的关系做这样的界定：普通关系，即可以回避的关系；特殊关系，即没有办法回避的关系。作为教师，有五种没有办法回避的关系，若能处理好这五种关系，就可以大大提升我们的幸福感。

一、和领导的关系

对校长、各级领导，我们应该以一种什么样的态度去对待？我认为是理解。为什么呢？

学校的软件、硬件、教师、学生、安全、后勤等各个方面都和校长有关，大家留意一下就会发现，在大年三十儿，各个学校值班的，基本都是一把手——校长。可这恰恰是我们容易忽略的。若是工资迟发、福利和其他学校不同，群里必会开始沸腾。其实，我想问问大家："你我都想做的事情，作为一校之长他都没想过吗？其他学校发福利，校长不想给你发吗？"

原来我没有做中层领导的时候，我的想法和很多老师一样，总是站在自己的位置上去想问题。等自己做了中层领导,基本上一周要见校长4次,却常常要在办公室门口等着。各个部门杂七杂八的事都找校长,我只能在门口等待。

校长就像一个大管家,啥都得管。我开始理解校长了,他是个普通人,需要正常的沟通和交流,只是他在这个位置,就要干这个位置上的活。所以,希望咱们老师在工作中能给领导以理解、尊重,和领导和谐相处,你会发现工作会变得更加愉悦。

二、和同事的关系

处理同事之间的关系,我觉得需要做到两点:赞美和包容。当你在谈论别人的时候,多用赞美的语言,因为人都喜欢听赞美的话,当这种赞美是从第三者口中传出的时候,赞美的效果更好。

我和大家分享一个例子。有一位朋友喝酒了,他其实没喝多,只是感觉自己吃太多了,回去的时候,想锻炼身体,就抱着树做拉伸运动。那天晚上,他碰到了一个熟人,和他打招呼说你是不是喝多了,他说"没有,没有"。第二天、第三天的时候,同事是这么问他的:"昨天喝多了?抱着一根电线杆?"再过几天,他的邻居更有意思了:"人家都说你喝多了,抱着一个人,是男人还是女人啊?"喝酒吃完饭,抱着树锻炼这件事,经过一星期的发酵,就变成了抱了一个人,还不知道是男人还是女人。抱一棵树是形象的问题;抱一个女人,那就是道德问题了。生活中,这样传谣、信谣的事时有发生。谣言也伤害了很多人。

喜欢得到他人的赞美是人的本性。我们都喜欢他人赞美自己,但自己对别人的赞美是否过于吝啬?"赞美"二字,不但能让别人高兴,也能让自己获得友谊和帮助。所以,希望我们在处理同事关系时,不信谣、不传谣,对同事多加赞美。

再谈包容。有一次,我在厦门出差,突然接到办公室主任打来的电话:"老王,你知不知道信访办在哪?"我被问得莫名其妙。我一直以为是人家找不到信访办然后问我是否知道。直到有一天值班,纪检书记见到我就说:"红燕,你心真大,我想着你回来找我的,你知不知道你都捅天上去了!"他告诉我,有人写举报信冒用了我的名字。我听完,哈哈一笑说知道了。有老师提醒我应该追查到底,因为这是诬陷。我想,一个老师为难到连自己的名字都不能用,要借用我的名字,且对我没有什么伤害,那一定是已经为我考虑过了,我能成为他的代言人也不容易啊。如果说"我"这个行为有价值,让他情绪得以发泄,不也是我的价值吗?如果你真的被诬陷、被传谣了,那就包容一些吧,想一想你的好处,想一想他的难处,心境就不一样了……

有人说:30岁以前的相貌靠爹妈,30岁以后的相貌靠自己。相由心生,我觉得我越活越年轻了:因为心态越来越好,越来越包容,越来越能站在对方的角度思考问题了。

三、和家长的关系

怎么和家长处理好关系呢？我认为最好的办法是沟通。和家长沟通有三种方式：一是开家长会，二是约谈家长，三是家访。

开家长会。通过家长会，可以把学校的办学理念、班级情况、科任老师、管班理念、管班方法和家长进行沟通。在沟通的基础上，再在微信群里发出一些工作上的通知信息，会得到家长更多的支持，工作起来更如鱼得水。

约谈家长。电话沟通有很多的弊端，没有面对面沟通的效果好。有时候有些家长会听不明白我表达的意思，也没有办法看到对方的表情。所以，我一般会约见家长。约见家长有一个原则，一般情况下，要求父母双方都来。因为孩子的问题，大多是家庭问题。家庭问题大多是由夫妻不和导致的，所以我需要调整家长的夫妻关系，我也因此和很多的家长成了好朋友。

家访。开家长会，家长没来，或者约谈家长，只来一个的，问题没解决怎么办？这时候就需要家访，化被动为主动。家访，其实也是调试家长的夫妻关系；另外，能真正看到孩子生活的实际状态，更好地去帮助孩子。当然，家访前要做足各种准备。

四、和学生的关系

原则一：相信学生。有一个测试，叫"五指山"，5个人，一人只能用一根手指，一起把一个100多斤的人抬起来，抬到1米高。这个实验是怎么做的？第一次，6个人，一个人站中间、5个人抬，指导老师问："能吗？"他们里面有一个人说"能"，大多数都是说"不能，或许可能吧"，第一次没抬起来。第二次指导老师说"请你现在假装相信能"，结果抬了起来。第三次，大家又把人抬了起来，还把人抬到1米多高，底下一阵欢呼雀跃。为什么三次的结果会差别这么大？其实就是相信在发挥作用。当一个人从内心相信的时候，他就觉得这件事情是可以做到的，奇迹是会发生的。希望我们所有的老师能够改变心态，相信学生。我做过一个实验，每次考完试，只要和学生谈话，尤其是没考好的，告诉他，我相信你，没问题的。下次考试，去观察他的成绩，一定没问题，甚至有的学生一下子能往前面考好几百名，这就是心理学上的皮格马利翁效应。

原则二：鼓励和表扬。表扬是一种爱，批评也是一种爱。但是一定要慎重地批评学生。鼓励和表扬有什么作用？当你鼓励和表扬学生时，唤醒的是学生的自尊心，当他自尊心越来越强的时候，他就会越来越自律。今天你表扬学生上课听课认真，学生明天就会想比今天还认真，也就更自律了。但如果是批评呢？长期的批评，让学生学会了抱怨，学会了责备，更重要的是会让孩子产生一种仇恨的心理，破罐子破摔，也许到社会上他就成为一颗定时炸弹,成为危害社会的人!这些人是从家庭来的,但也是从我们学校出去的,正因为长期不正当的教育方式伤害了他,导致他的心灵扭曲。

另外,正面引导也很重要。当你对孩子说不要做什么的时候,其实是加深了他要做什么的意识。那该怎么表达?尽量用正面的引导语言,不要用负面的引导语言。换一种交流方式,这样的方法会让孩子变得越来越好。

五、夫妻关系

只有夫妻关系和谐,家庭才能幸福,工作才能顺利。如何营造和谐的夫妻关系?

第一,生活要有仪式感。大大小小的节日,给对方一些惊喜,能够让夫妻生活保鲜期更长久。教师因为其职业特性和习惯,容易形成一种强势思维,尤其是班主任,更强势。在学校已经够强势了,回到家就要转换角色,为人夫、为人父、为人妻、为人母,不要用工作中的角色对待家人。

第二,心怀感恩。夫妻之间,学会感恩,这样的家庭就是和谐的。和谐的夫妻关系,不仅能提高生活幸福指数,而且也能给孩子提供健康的成长环境。在这种家庭环境下长大的孩子是幸福的,是健康的,是快乐的。这就是一种爱的传承!这就是一种家庭的魅力!

【讲座反馈】(节选)

观王红燕老师讲座有感

听完王老师的讲座,我受益匪浅。如何提升教师职业的幸福指数?王老师另辟蹊径,从五种关系入手来解决这个问题,给予了我很好的启迪。

首先,身为一名普通的人民教师,我们不可避免地要与学生、家长、领导和同事相处,处理好与他们的关系是提高我们幸福指数的重中之重。因此,王老师用风趣幽默的语言,讲述自己的亲身经历,娓娓道来,逐一向我们解释和说明。底下不时响起热烈的掌声。常言道:思维改变心态,心态改变行动,行动改变习惯,习惯改变性格,性格改变命运。要提高自己的幸福指数,我们不妨从转变思维开始。对学生,从怀疑批评到相信鼓励;对家长,从零交流到采取开家长会、约谈和家访的方式来和他们有效沟通;对领导,从抱怨质疑到理解关怀;对同事,从冷漠防备到赞美包容。只有把握好这四种关系,我们的生活才会快乐美好。

其次,最令我新奇的一点是王红燕老师提出了"要处理好夫妻关系"这一观点。乍一看,"夫妻关系"和教师工作并无关联,甚至可以说是风马牛不相及。但是,听了王老师的演讲之后,我才恍然大悟。人生的三大支柱就是健康、家庭和事业!我们始终要平衡事业与家庭之间的关系。班主任的强硬作风如果被我们带到了家里，那将是一场灾难。而家庭如果有了矛盾，那坏情绪就会不自觉地被我们带到课堂之中，从而影响我们的事业。另一方面，学生的性格形成也离不开家庭环境的影响。和谐美满的夫妻关系会带给孩子积极向上的影响。那么，提高幸福指数的秘诀自然也离不开处理好夫妻的关系。

船的力量在帆上，人的力量在心里。最后，我们应该在处理好这五种关系的基础上，明确身为一名教师的责任与担当。希望广大同仁时刻铭记职责所在、使命所系，勇于负责，勇攀高峰。在新时代的要求下，做一名幸福的老师！

山西省运城市盐化中学　刘书棋

重新出发，做一名幸福教师

"教师的人格就是教育工作者的一切，只有健康的心灵才有健康的行为。"以前，我总是认为教师的职责就是教书育人，不太理解那些大教育家为何将教师的人格置于那么高的位置，总觉得有些过于夸张，乃至于当我成为一名教师之后也没有领会到其中的含义。今天听了王老师的讲座之后，我才真正认识到，成为一名教师容易，成为一名合格的、优秀的教师很难。

在谈到要处理好与领导、同事的关系时，我仿佛看到了自己的影子，害怕、恐惧、回避，玩着"猫捉老鼠"的游戏，一方面羡慕别人聊天时能如此轻松随意，另一方面又自我逃避。不过是打个招呼而已，有什么困难呢？理解、尊重，是我们该有的对领导、对前辈的态度。

表扬是一种爱，批评也是一种爱，可我却总是自动忽视学生身上的闪光点，将他们身上的缺点放大，将学生的形象固定为调皮捣蛋、不爱学习、懒散不自律，我经常板着一张脸批评他们，看到他们低下头沉闷的样子，我觉得达到了预期的教育效果。我忽视了他们是活生生的人，不是一个个任人摆弄的娃娃，他们十五六岁，有着青春期的朝气，也有着接近成年人的思维，我不信任他们可以对自己负责，这样又怎么能建立和谐的师生关系呢？有的只是互相的猜疑，相看两厌。

虽然我现在没有夫妻关系这方面的困扰，但是我已然感觉到我内心的强势因子，回到家面对父母长辈，"你们都别说，先听我说……""我觉得……"。宛如一个指挥者，可是他们不是我的学生，他们是我的亲人、我的长辈，我没有温柔，也体现不出对亲人的爱和感激。没有爱，又怎么会有幸福感？

虽说成长不是一蹴而就的，但是一盏明灯可以驱散前方的黑暗，指引前方的路。感谢王老师的讲座，让我受益匪浅，我清醒地感受到我与一名拥有幸福感的教师之间的差距，但我也相信，在不久的将来，我会是一名优秀的教师。

山西省运城市盐化中学　田宇

学习是一种责任

广东省惠州市第三中学　欧秀丽

【讲师档案】

欧秀丽（诗慧），永要德育联盟讲师团讲师，中学高级政治教师，中国健康教育巡讲员，高级健康管理师、康复理疗师，高级家庭教育指导师，中级职业生涯规划师；广东省德育先进工作者，惠州市"五好"工作者，"惠州好人"，优秀志愿者；学校最受学生欢迎老师，优秀班主任，优秀共产党员。个人主持市级重点课题一项并获一等奖，参与多个市、区级课题，参与编写高中生涯教材两本。

永要德育联盟的各位老师：

晚上好！

能在这里跟大家一起交流，我感到非常荣幸，我分享的主题是"学习是一种责任"。

随着人工智能时代的到来，人的终身学习显得尤为重要，正如高尔基所说："如果不想在世界上虚度一生，那就要学习一辈子。"巴尔扎克也说："人生最美好的主旨和人类生活最幸福的结果，莫过于学习了。"

今晚我就简单分享近10年来我的一些学习经历、感悟和收获。

一、学习是对自己的责任——学习让我变得年轻

人生能有几个10年？可恰恰是这10年的我变化巨大。10年前的我，体弱多病，面色憔悴，精神状态很差。如果连上两节课，课后都需要到校医那里躺下休息一会儿；带完2010届高三毕业班后，我再也没有精力继续承担高三教学任务；甚至在2012年年初体检时，医生要我住院做乳腺手术……可我没去做手术。现在肿瘤却消失了，身体也越来越好，看上去比以前还年轻，这是为什么呢？

首先，学习中医经络艾灸文化，树立了健康观念，调理好了自己的身体。祖国的中医文化博大精深、源远流长。我妈妈离开（2006年12月）后，我开始了解中医；我大哥去世（2012年1月）后，我下定决心学习中医进行自救。我学习了经络艾灸、康复理疗、健康观念治疗、原始点、太极等，并考取了健康养生相关的多个职业技能证书，拥有了正确的健康观念，把理论和实践相结合，把自己的身体当成实验对象并一直坚持。功夫不负有心人，现在我的身体很健康，一切体检指标正常，我已经7年没去看病，没有打针吃药了。我恢复了精气神，大家都说我越来越年轻，越来越有活力啦！所以我才能做更多的事，也才有了今晚的分享。

其次，学习家庭教育和职业生涯规划，树立了人生的新目标，激发了青春潜力。在教育教学实践中，我发现家庭教育和生涯规划太重要了，特别是在几个学生出现意外事故后，在"身体本钱"又多了之后，我就系统学习了家庭教育和职业生涯规划的理论。6次到北京参加家庭教育和职业生涯发展的培训，感觉我的精神软件被重装了，对教育、对人生、对自己职业生涯的发展，包括对退休后的生涯规划有了深刻的思考，更重要的是确立了我的新梦想、新愿景——做一个身心健康的导师，让每一个家庭都有一个懂身心健康的人。这样的愿景激发了我的潜能，从此，我的身上总有使不完的劲，很多人都说我人生的第二春来了。

最后，我学习和践行优秀传统文化，与智者好人同行，修炼心性。俗话说，"近朱者赤，近墨者黑"。我喜欢跟有大爱的人在一起，如"全国道德模范"赵喜昌大哥、"中国好人"董筱兰大姐等。我经常参加公益志愿服务活动。例如，2017年我主动报名参加惠城区教育局组织的第一期教师"送课下乡"活动，到小金茂峰学校初三年级送课，受到该校领导、老师、学生的好评；参加微笑爱心扶老助学会的志愿活动，到敬老院去孝敬老人，到国学暑假班做公益老师；参加惠州市鹅城慈善会的助学活动；从2016年开始，我一直参加元点社会工作促进中心"关爱留守儿童，暑期乡村支教"的活动，让留守儿童能有一个快乐充实的暑假。我曾获"优秀志愿者""优秀资助人"等称号。我志愿，我奉献，我快乐，我年轻。

我也希望每个老师都有正确的健康观念和生活习惯，常怀仁爱之心，多做善事。我相信，大家都会越来越健康、越来越有青春活力。

二、学习是对工作的责任——学习让我更有能力

教育是用生命影响生命，用灵魂唤醒灵魂。作为老师，心有阳光，才能照亮学生前行；胸怀大爱，才能接纳学生特点；腹中有墨，才能吸引学生追随。这就要求我们老师

要不断学习，跟上时代的步伐，跟上学生成长的脚步，这样才能更好地教书育人、立德树人。

通过前面我所说的多方面的长期学习，不断接受新知识、新思想、新观念，我的综合素质有了很大的提高，让我更有信心、更有方法、更有能力胜任学校内外的多项工作任务，同时也得到领导、同事和学生的认可。

（一）学习让我有信心、有能力适应学校改革，深受学生欢迎

我现在任教的学校，原来是完全中学，由于行政改革，撤销了高中，只保留初中，所以我带完2019届高三后，学校安排我教初二。刚开始我有些忐忑，然而通过努力，学生很喜欢我，我依然每个学期都被评为最受学生欢迎的老师，我真的感到很欣慰。

例如，一个初二学生在中段考试后的总结反思中写道："这次考试是我与欧老师'首次合作'的作品……得了一个77分。虽然没有考好，但我并没有不高兴，因为经过多次谈话我已逐渐喜欢上这个'好母亲'的课。是这个'好母亲'让我在考试前敞开心扉，把心里的烦恼一一说出来，不然我觉得会考得更差，是您在我心灵即将扭曲的时候挽救了我。"

（二）学习让我有精力、有能力重返班主任岗位，赢得学生和家长的爱戴

2020年9月1日，我又欣然接受担任初一班主任的任务。这是我从教32年来第一次担任初中班主任，我已16年没做班主任了，更大的挑战是班中有好几个存在心理障碍的孩子，有3个学生已被确诊患有心理疾病并在服药了。我坚信"爱的力量是伟大的、无穷的"，我坚持"以学生的健康发展为本"，用深深的母爱去滋润学生的心田，用满满的正能量去引领学生前进，用各种有意义的活动去熏陶、影响学生的言行。

例如，我每月都在"诗慧班"课室给当月生日的学生举办难忘的集体生日会，由学生主持，有家长给孩子的一封信，有老师的寄语，有"生日宝宝"的感恩，有全班同学的祝福，有每个"生日宝宝"的特殊礼物——两张珍藏版的生日贺卡：一张有我写的"生日宝宝"名字的藏头诗，一张有全班同学的签名。每个月的这一天，学生和家长都感觉特别有爱、特别开心、特别幸福，学生喜欢称我为"欧妈妈"。

孩子的健康成长成才，需要家庭教育、学校教育和社会教育形成合力，融合共育。所以，除了常态化在学校开家长会、面对面地和家长沟通如何帮助孩子健康成长，我还经常在家校微信群召开"网络互动式家长会"，进行家庭教育基本观念、基本方法的指导，商量决定与家长相关的一些班级事务，取得了不错的效果，很多家长说这比线下在学校开家长会效果更好。这个方法得到家长的大力配合和支持。当然，需要因材施教、因人而异，一对一解决孩子和家长问题时，我都是用微信私聊，或和学生家长组建一个

帮扶群，经常沟通。有家长说："欧老师，您就像我们在灰暗时遇见的灯塔，不断照亮着我们的心灵，照亮着我们前进的道路。我们是幸福的，我们是幸运的，因为我们在最美的时光遇到最好的老师。"

在家校融合共育下，诗慧宝宝们"亲其师，信其道"，谨记"立德修身，自强不息"的班训，建设勤奋好学、向上向善的班风，争做五好学生，争创文明班。班级获得了很多荣誉：学校文明班，军训的汇报表演一等奖，班级文化建设一等奖，运动会入场仪式最佳创意奖、精神文明班、优秀组织奖，校园文化艺术节文艺会演二等奖，等等。每当看到一个个学生健康成长，我就觉得我是世界上最幸福的老师！

我的微信好友里有一半左右是我的学生和学生家长，一共有1000多人。他们经常与我聊学习、工作、养生、情感、家庭等方面的内容，我觉得，能帮助到他们是我作为老师的最大价值。

（三）学习让我更有能力拓展外职业生涯，发光发热

随着内职业生涯的发展，我的外职业生涯也在发展。我被惠州市关心下一代工作委员会特聘为"五老"关爱团志愿者"家庭教育教师"，应邀到惠州学院成人教育学院给2019年惠州市中学法治骨干教师培训班授课，应邀到惠州市第三十九学校、湖滨学校为学生家长做家庭教育方面的公益专题讲座，多次应邀到惠州市立树家庭教育研究中心做"合格家长"公益沙龙的讲师和主持人，应邀到惠州宝山职业学校给学生做职业生涯规划的讲座，应邀参与北京明理家和业的《生涯规划》高中组的教材编写工作。我觉得，能在完成学校教育教学工作之余，帮助更多人重视和懂得家庭教育、生涯规划，也是我人生价值的体现。

因此，我认为，不断学习是对工作的一种责任，是对学生、对家长的责任，也是对学校的责任，更是对国家和社会的一种责任。

三、学习是对家庭的责任——学习让我的家庭更加幸福

俗话说，"好女孩，兴三代"。我热爱国学，经常参与一些传统文化的课程学习，如女学课、礼仪课、家庭幸福力课程等，这些课程让我的家庭更加幸福。

（一）学习让我的家人更健康快乐

我运用学到的中医养生保健的知识，给家人们调理身体，效果都很不错，家人们基本远离了医院。例如，我婆婆2009年中风后，留下很多后遗症，经常都要去医院打针吃药，做康复治疗。2017年我帮婆婆调理身体后，她再也不用在家和医院之间来回奔波，

不用吃药打针，而且在 2017 年年底就能用右手吃饭了。我学到的中医养生保健知识避免了全家人为婆婆的健康问题而劳心奔波的状况，婆婆也很好地享受着四代同堂的天伦之乐。

（二）学习让我的家庭氛围更温馨和谐

我是一切的根源，我变了，世界就变了。当我学有所成、全家受益后，我的家人也跟着一起学习。例如，我儿子、侄子走进了国学课堂，小姑子学习家庭教育，侄女、外甥、外甥女等学习中医保健，孩子们进入少年成长训练课堂。这样，一家人有了更多的共同语言，更能同频共振，所以夫妻恩爱，亲子关系、婆媳关系和谐，兄弟姐妹姑嫂妯娌之间和睦团结，一家人其乐融融，和谐幸福。

也许是因为我的不断学习积累，家庭和事业兼顾得好，我被学校推荐参加"惠州好人"评选，没想到真的被选上了 2020 年第 3 季度"孝老亲"类"惠州好人"。这是对我的鼓励和鞭策，我会一如既往地继续做好自己的角色，同时希望能帮助更多的家庭走向和谐幸福！

总之，学习是一种时尚追求，学习是一种生活方式。未来社会唯一可持续的竞争优势就是学习力，学习是世界上只赚不赔的投资。

你想收获身心灵健康吗？请学习。你想职业生涯不断发展吗？请学习。你想家庭和谐幸福、家族兴旺发达吗？请学习。你想实现人生价值吗？请学习。学习是我们的责任，而且是我们一生的责任！

最后我送给大家一句话："只要开始，永远不晚；只要进步，总有空间。"好好学习，天天向上！

【讲座反馈】（节选）

学会学习　收获幸福

巴尔扎克说："人生最美好的主旨和人类生活最幸福的结果，莫过于学习了。"欧秀丽老师说："学习是一种责任。"

她通过学习中医养生知识，不仅可以调理自己的身体，照顾好婆婆，而且可以处理学生身体不适的突发情况，还救治过晕倒的同事。她说，她还想帮助他人获得健康，让每一个家庭都有一个懂健康的人，这是她的梦想和愿景。她这样说，也这样去做了。

保持自己的身体健康，是一种责任；让更多的人健康，更是一种"大爱情怀"。她是天使，暖化人心，温暖人间。

我也是一个身体不好的人，也买过几本中医书，然而只有 3 分钟热度，很快就弃置一旁了。而她是一个持之以恒、不轻易放弃的人，这正是我需要学习的地方。

最令我感动的是，欧老师不只是为了自己而学习，更是为了能够帮助别人而学习。

她开始思索如何改变家庭教育的困境、怎样进行人生规划。她果断开始学习家庭教育和生涯规划的基本体系和基本方法，目的就是为了能帮助学生健康快乐成长。

欧老师学习是为了能够帮助别人，这是一种精神、一种品质，尽己所能、力己所长，扶危救困、乐善好施；"病人之病，忧人之忧"，这是一种担当；"老吾老以及人之老，幼吾幼以及人之幼"，这是一种责任。

欧老师快要退休了，我想她退休后的生活一定会更加精彩、富足、健康、幸福，因为米南德说："学会学习的人，是非常幸福的人。"

陕西省西安市临潼中学　赵静

接个优班,如何稳中求进?

广东省佛山市顺德区均安镇文田初级中学　黄碧玉

【讲师档案】

黄碧玉,广东顺德文田初级中学名班主任工作室主持人,曾获佛山市论文评比一等奖、佛山市物理优质课评比一等奖、佛山市物理原创题命题评比一等奖,并多次获顺德区物理原创题、物理教学教具、创意物理实验、科技创新大赛评比一等奖,佛山市优秀班主任,所带班连续3年被评为校先进班集体。黄老师的教育名言是:"等一室的花开,可以用很多的耐心和微笑。"

永要德育联盟的各位老师:

大家好!我是佛山的黄碧玉老师。

开学初得知,我将接手全年级最好的一个班——初三(11)班。开学前期,通过询问前班主任、级长、以前的科任老师、核心班干部等,我了解到(11)班确实是一个优秀的班集体:班风正、学风浓、学生淳朴善良。但我发现了(11)班的四大危机:①上学期总成绩获得年级第1名,但在上学期之前一般是在第2到第6名这个范围波动,也就是说不是稳稳的第1名。②第2名的班级与(11)班差距很小。③这个班有七八个优等生一直挤在年级的第40名到第110名这个范围无法前进,而年级的前15名一个都没有。作为年级第一的班,没有一个尖子生,这意味着中考时可能没有人能考到顺德最好的高中。④学生很喜爱之前的班主任,临时换将,学生是否愿意接受?新班主任和学生之间又会有哪些不适应呢?

详细分析班级情况后,我决定首先给这个班级取一个班名——琢玉班!

为什么取名为"琢玉班"呢?这是我上一届的学生在经历了一年中考备考之后,特意以我的名字为我即将接手的班级命名的。每一个学生都是一块璞玉,而学习是最好的雕琢，因此定名为"琢玉班"。现在想来，不但学生需要雕琢，我这个班主任更需要在一次次的带班过程中不断被雕琢！

　　为了让优班在枯燥又紧张的初三备考中精神动力不消退，我决定以特色班的精神来铸班魂。首先让学生领悟特色班班名的含义。如何让学生领悟"琢玉"精神呢？我想到了召开主题论坛的方法。我提前在学生 QQ 群里公布我们班第 1 期班级论坛的主题：你理解的"琢玉"精神是什么？初三的我们如何在学习中践行"琢玉"精神？学生各抒己见，我选取了 4 个比较好的说法，让学生仔细研讨。学生对"琢玉"精神的理解超出了我的意料，他们理解得更深入、更全面。

　　接着，可以从班训中获取精神动力。我和全班同学商量我们班的班训，我们一致觉得，初三是一场脱胎换骨的篆刻，每一个学生都是块璞玉，而学习则是最好的雕琢。所以我们班的班训定为"笔为篆刀、璞石成玉"，寓意大家勤奋、坚韧、上进、求突破。我们班在上课的时候，前门很多时候都是打开、面对着全班同学的，所以我就想，我是不是应该在前门挂上一些东西，提醒学生时刻为中考的梦想奋斗呢？于是，我在教室前门挂了一支毛笔，配了文字"笔耕不辍、奋勇争先"。后来一些学生跟我说："老师，我有时候上课觉得困了、无聊了，只要抬头看到前门的这支毛笔，就知道我要坚持。"

　　写励志语也是很有效的鼓励方式。我经常在教室的前黑板上方用粉笔给学生写一些励志语。不能用同一句励志语太久，因为学生会厌烦、麻木，从而使励志语失去励志作用，所以我一般是一个星期换一句。我们的励志语来源不用很讲究，例如我在朋友圈看到一些好的句子或者图片就会用上。有一次我看到一张图片，就跟学生分享，其实就是有的学生在中段考考得不好，我就提醒学生在考试过后要善于自我分析，细心地查缺补漏，成就下一次的进步。我觉得写给学生的励志语要接地气，不能太空洞，要根据班级实际问题而写。

　　作为班主任，我也经常在我的物理课堂上给学生进行德育渗透。例如以"电阻"这个内容为例，大家都知道，电阻就是导体对电流的阻碍作用，任何一个导体都存在电阻。而电压是产生电流的原因，电阻不变时，电压越大，电流就越大。学了电阻概念后，我对学生说，既然任何导体对电流都存在阻碍作用，那我们学习时遇到困难，其实也是很正常的自然现象，我们的学习也和电流一样，压力越大，动力也越大。（11）班的每一个学生都是一个"电子"，我们只要顶住初三的压力，大家朝着一个方向共同前进，就能形成一股强大的电流，顺利到达中考战场，并让自己在中考的考场上发出璀璨的光芒。我给学生讲完这些话时，学生愣了一下，他们肯定想不到，这明明是一节物理课，明明应该是物理知识的小结，怎么突然就变成了励志课？反应过来后，他们集体鼓掌。我做的这些有形的、无形的建设，都是为了提炼出琢玉班的精神：勤奋、坚韧、求精、突破。

　　除了精神引领，我还在三方面进行鼓励和管控：正面鼓励、侧面刺激、背面管控。

一、正面鼓励

我通过树立优生榜样的做法来刺激其他学生。我让班级前 8 名的学生在班里或班外找一些竞争对手,确定"自己下一次大考要超过他"的目标。我激励班级前 2 名的学生努力进入"鸿志班"。我们学校以前是平行分班,没有"鸿志班",但是今年初三开学,全年级前 50 名的学生组合成为一个班,取名为"鸿志班",留在其他班的都是年级 50 名以外的学生。如今,我们班排第 1 名的同学在年级排第 56 名。我鼓励学生说,虽然我们进不了"鸿志班",但经过初三一年的奋斗,我很期待有人把"鸿志班"的一些同学 PK 掉。结果,中段考成绩出来之后,我们班的李晓妍同学排年级第 36 名,真的挤进了"鸿志班"的行列,全班很受鼓舞,李晓妍同学更是对自己的爆发力感到惊讶。当然,我们班的尖子生之所以能够这么拼,还因为我在座位的安排上做了特殊的处理。我们班教室中间那一竖列是班里的前 6 名。中间两侧依次是班里的第 7 至 12 名、第 13 至 18 名,其他竖列以此类推。也就是说,班里最好的学生坐正中间一竖列,越往两边的竖列就是成绩越往后的。可能很多老师听了以后会觉得不可以这样做,认为这种做法会造成后进生的自卑或怨恨。我觉得每一种做法都有好和不好两面,而采取哪一种做法,其实要看形势所需和学生的接受程度。当然,我不建议大家用我这种座位排法,因为很多学生和家长应该是不太能接受的,而我是在经过调查,确定(11)班的学生可以接受这一种安排后才实施的。我鼓励学生积极向中间靠拢,同时向学生申明现在的座位安排是暂时的,是由大家在年级的成绩决定的,经过初三一年的奋斗,老师很想知道,谁获得了进步、不断地往中间靠拢,谁能一直坐在中间的位置。

二、侧面刺激

第一次考试过后,我们班的综合排名依然是年级的第 1 名。我们习惯在每一次大考完后贴出光荣榜,常规的光荣榜是把一、二、三等奖,全科优秀,全科及格,各科领头羊,进步之星等贴出来,以鼓励学生进行下一阶段的学习。跟往年不同的是,贴出了段考一的光荣榜之后,我还在班的外墙贴了段考二的光荣榜。但是,段考二还没有考,那贴什么呢?我在上面贴了两个问号,我跟学生说,段考一出来了,我们班很多同学的名字都被贴到了光荣榜上,那么谁的名字可以被贴到段考二的光荣榜呢?期末考又有谁的名字会被贴上去呢?谁的名字又会一直稳稳地被贴在上面呢?我觉得这两个大问号起到了很大的刺激作用,不仅给暂时落后的学生一种拼搏的动力,也给考得好的学生一种警示,让他们争取三次都有机会把名字贴上去。

关于侧面刺激,我还做了两方面的事情。第一,激发学生内心的欲望。这主要通过开主题班会来实现，比如说"男生女生的精彩人生""女孩子的漂亮人生""男孩子的帅气活法"，主要是讲述身边的朋友、曾经的学生的成功案例，利用照片对比，给学生以视觉上的冲击，拉近了学生与成功人士之间的距离，给学生播下理想的种子。第二，给学生讲高中的美好。例如，你以后在哪一所高中的饭堂里面吃饭？你穿的是什么校服？几个月后你的新校服的校徽是什么？因为我是初三这个学期才接手（11）班的，对于（11）班而言我是个"后妈"。我这个"后妈"经常主动让位给其他老师。比如在教师节有一个活动就是学生给喜爱的老师写信，当时只开学了一个星期，很多学生都不太了解我，一开始他们不敢下笔，觉得现在的班主任站在面前又不写给她，好像很不好。我说你们喜欢谁就写给谁，不用有顾虑，结果他们很多都写给了他们原来的班主任。我确实有点尴尬，但我还是把学生写的信都拍了照，发给他们原来的班主任。原班主任看了以后很感动，在学生QQ群里对学生说，你们的来信我全都收到了，黄老师很用心带你们，你们一定要在黄老师的带领下努力拼搏，争取考出好成绩。前任班主任反过来帮我说话，我获得了一种意外的收获。

三、背面管控

背面管控主要是指周末时间的管控，很多学生一到周末就很难管控，（11）班也是这样。开学两个星期就有家长不停地跟我反映，说他的孩子现在又约班里的同学一起去逛街，一起去看电影，或者锁在房间里一整天地玩游戏，没有一点初三紧张的样子。于是，我就想了一个方法，提倡大家完成周末作业以后在班里QQ群打卡，例如何杰卓同学星期五晚上完成了物理作业，那么他就在星期五晚上9点打卡，写上"周五杰卓完成物理作业"，其他完成的同学也按照完成的时间依次接龙。一开始学生的热情度并不高，然后我就提出，周五、周六、周日完成作业接龙的，接龙一次个人量化考核分加2分。为了避免学生完成一科就接龙一次，不停地加分，我也规定了一天只需上报一次，也就是说一个周末最多只有三次加分机会。这样抓了一段时间之后，很多同学开始自愿在周末完成作业打卡，原本不愿意打卡的同学看见有同学打卡了，也开始紧张了。但是，这又出现了一个问题，学生没有完成作业也可以在群里面打卡呀，那老师怎么知道他有没有完成呢？我会在群里不定期地抽查，比如说我会要求一些同学把已经完成的作业私下发给我，同时我还把其他的科任老师都拉进群里，让其他的科任老师也可以抽查对应的科目。这样一来，学生就不敢乱报作业完成情况了。

我们学校的学生星期天晚上7点前是要回校上晚自习的，因为三个年级同时回校，所以学校附近的路在6:30左右会堵车。开学的前两周经常有学生因此而迟到。但是，作为初三的学生怎能不知道这个时间段会塞车呢？为什么不避开这个时间段来学校？为了鼓励我们班的学生在这个拥挤的时间段之前回到教室，我提倡周日回校打卡。学生回到教室，就在我们的班级记录表对应的那一天写下到达的时间，并签上名字，例如陈建西

5:40回到学校,那么就写上"5:40陈建西",其他的同学依次在后面接龙。当然时间不要求非常准确,只要有一个大概的时间,如6:00、6:15、6:30就可以了。

以上就是我带优班的经验。总结起来,优班的带班策略有:一是以特色班的精神去铸班魂,二是从正面、侧面、背面不断地刺激管控学生的学习。

我今天的分享先到此,感谢大家的聆听。

【讲座反馈】(节选)

黄老师接手新班级处理得特别好,处处用心,每一招都充满智慧,收获满满。

第一,铸造班级精神文化。从无形班名和班级精神到有形的"初三之门"、班挂毛笔和班级布置,目之所及皆教育。

第二,正面鼓励。一是从班内外找竞争对手,根据成绩巧妙编排座位;同时做思想教育,使学生乐意接受座位的安排并居安思危。二是一对一谈心,抱团学习,群内打卡,进行量化评比,使学生的努力能被看见,起到榜样教育的作用。三是找尖子生进行鼓励,每周追踪尖子生,帮助其分析对比找差距,并为之努力。一个人如果看不到希望,就会迷茫;如果有目标、有希望,则会豁然开朗,拼尽全力奔向目标。

第三,侧面刺激。很多时候,我们分析完本次考试之后就完事了,那么"下一次"被表彰的又会是哪些同学呢?你又能否出现在表彰名单中呢?这些值得期待的未知,原来可以刺激学生更努力,我很佩服黄老师。特别喜欢黄老师教育孩子时使用的例子,很接地气。初三的学生马上要进入高中生活,使用高中的饭堂、环境图片刺激学生,可以激励学生努力学习争取去一所好的高中。

广东省江门市杜阮中学　莫少芬

老师要想带好一个班级,还是要从源头开始,这个源头就是"立德树人"。其实就像一辆车,要想让它到达目的地,必须有持续不断的动力。黄老师带给我们很多有益的启发:首先,可以从班级的精神文化入手,形成班级的精神支柱。比如班级起名"琢玉班";在门口挂一支毛笔,每天给学生一个提醒……黄老师有要不完的"法"。其次,树立全员做德育的思想。余文森教授说:"真正的教学是教人,而不是教书,学科教师不是教学科,而是用学科来教,这是培育学科核心素养首先必须确立的教学理念。"物理课上讲述的简单的"电阻"概念,到黄老师手里也成了激励学生的素材,黄老师有用不完的"慧"。再次,塑造一个喜欢的人在关注他们,及时对学生进行评价和反馈,给孩子一种暗示——"你们与众不同",黄老师有使不完的"招"。最后,黄老师还特别善于组织一些趣味性学习活动,如周末的抱团学习、知识接龙等。这些充满趣味性、竞赛性的学习活动,让孩子们在游戏的氛围中感受学习的快乐,让学习变成了幸福的体验。

山东省泰安市岱岳区大汶口镇柏子中学　宋海军

用心 用情 用爱 用智

——与学生沟通的技巧

广东省佛山市三水区第三中学　张佳望

【讲师档案】

张佳望，毕业于华南理工大学，中学英语高级教师。教育部"一师一优课，一课一名师"部级专家评审、全国永要德育联盟讲师团讲师、佛山市中高级职称评审专家库成员、佛山市优秀教师、佛山市骨干教师、佛山市名班主任、佛山市建设"规范化家长学校实践基地"优秀指导员、三水区"最让我感动的教师"、"张佳望名班主任工作室"主持人。国家重点课题"人工智能加持的英语掌握式教学模式创新研究"子课题主持人，教育部科技司"共同体"项目"基于信息化资源英语课内外教学应用模式研究"主持人。

永要德育联盟的各位老师：

晚上好！今晚，我给大家分享的讲座题目是"用心　用情　用爱　用智——与学生沟通的技巧"。

我喜欢草原，喜欢草原歌曲，喜欢马头琴的悠扬，更喜欢奔驰在草原上的骏马。有一句广告词（借用法国著名诗人雨果的诗句）说道："世界上最宽广的是海洋，比海洋更宽广的是天空，比天空更宽广的是男人的胸怀。"雨果讲的是"人的胸怀"，而广告说的是"男人的胸怀"。在教育过程中，所谓的"问题学生"多数是男生，我想通过自己的努力把他们培养成真正的男人。因此，作为班主任的我，需要用宽广的胸怀与孩子们沟通，用心、用情、用爱，更要有智慧。

今晚讲座的主人翁是班上的小C同学。

小C初三才进到我班，当时年级长要我特别关注这位"特殊学生"。有几位同学也跟我说："老张，这位同学好难搞的，搞不好他会打人的。"我喜欢挑战，你给我压力，我还你奇迹！带着压力与挑战，我对小 C 做了全面的调查。小 C 同学父母离异，长期跟奶奶一起生活，进入青春期的他曾因追求女生失败而自卑、抑郁，还曾经想自杀。他家在学校附近，走读，他回到家基本不做作业，整天刷视频、打游戏，周六日经常跟社会青年一起玩，有打架、抽烟的恶习。

一、剧情 1

期末考试前 30 分钟，由于教室要做试室，一小部分同学只能在走廊复习备考，小 C 就是在走廊复习的其中一位。全班同学在语文老师的带领下，进入最后 30 分钟的复习调整中。这时隔壁班有 3 位男同学经过我们班的走廊去上厕所，其中一位同学打了一下小 C 的头，小 C 本能地站起来给他一拳，隔壁班另一位同学马上还了小 C 一脚……一场校园暴力事件就这么突然发生了，而且是动了很多同学都不敢动的小 C，怎么办？

看到这种情景，我班常务班长吴同学第一时间带领班上"维和部队"（我班有 2 位同学是学生会干部，5 位同学为年级干部，这 7 位同学组成了我班的"维和部队"）冲出教室，马上控制场面。接着，"危机应对"与"心理干预"队长贤同学和玲同学第一时间分别来找我和德育级长。

二、剧情 2

我第一时间回到教室，把隔壁班那 3 位同学交给德育级长和他们的班主任。此时，距离进入考场仅剩 10 分钟了，怎样快速平息孩子们心中的怒火？怎样安抚小 C 心中的委屈？孩子们一看到我进来，便马上坐好，我叫走廊上的几个孩子也进了教室。

我说："孩子们，我们是不是好没面子？要不要等下打回去？"

几个男同学看着我毫不掩饰地反问："你说呢？"

我马上说："打！"哇！孩子们不知道多开心。接着我又说："怎么打才能既保护我们自己，又惩罚别人呢？"

孩子们用很坚定的眼神看着我继续问道："你说呢？"

我说："聪明的人不需要自己动手的，你们信不信我等下会叫人打他们一顿？"

有几位孩子低声说："我肯定相信老张聪明，至于打他们一顿我还真不信。"

我说："那这样吧，等下我叫隔壁班的班主任给他们家长打电话，请家长过来揍他们好吗？这样起码可以保护好我们自己，谁揍还不是揍。还有 5 分钟就要进考场了，考完试后全体同学在教室集中。现在，请同学们准备一下语文考试，小 C 来一下我办公室。"

孩子们很平静地说："好的。"

三、剧情3

还有5分钟进考场，还有20分钟考试，小C跟着我进入办公室。我问小C："要不要去医院做个彻底的检查？从头到脚做个CT？"小C说："不用。"我接着说："想不想打那3个学生？"小C没有回答我。我说："要不这样吧，我给你妈妈打个电话，叫她过来好吗？"小C马上很紧张地说："不要叫妈妈过来，她在外地打工。"

这时候，级长进了我办公室，他跟我说，那几位同学想过来道歉，问小C是否接受。小C没有说话。但我知道级长那边也基本教育到位了，毕竟是他们的错，道个歉不难，难就难在小C太委屈了，他哪有那么容易马上愿意接受道歉？我让级长先离开，我再进行教育。我像父亲一样，抚摸小C的头，给他讲了上一届学生大勇的故事。大勇曾经是学校有名的"老大"，人见人怕，没人愿意带这样的学生。大勇初二来到我班，我一直带他到初三毕业，从全科加起来不到100分，到毕业考试486分，顺利进入了三水区工业中专。大勇的转变是一个漫长的过程。我告诉小C我只要求大勇做几件事：①相信张老师；②做任何事之前都要三思；③以后不管发生什么事，请第一时间告诉我，我帮你处理好。大勇做到了，而且也成功了。

"请考生进入试室"的广播响起。

接下来，我给了小C几个建议。

（1）我把他们的家长和你妈妈叫过来，就在我办公室让他们的家长教育他们，或者让他们的家长带回去教训他们。（这样做可以达到立竿见影的教育效果。）

（2）要不先接受他们的道歉，君子报仇十年不晚。试试先暂时原谅别人，看看会给我们带来怎样的效果。毕竟我们动手的话，打了别人要赔钱，被别人打了要进医院。（我们不能用别人的错误来惩罚自己，试试包容别人的效果。）

（3）如果真的想打他们，绝对不能在近期，你试着像大勇那样，想动手时要三思，并叫上我，我在你身边，出了问题我可以帮你顶起来。（我用了"拖延战术"，赢取教育时间，让时间冲淡一切。这样做可以留给我足够多的时间对他进行再教育。）

我对小C说："世界上最宽阔的是海洋，比海洋更宽阔的是天空，比天空更宽阔的是男人的胸怀。"大度为上，只有具备豁达的度量，人们才会像大海那样笑纳百川，像高山那样巍巍矗立，笑傲人生，搏击未来。

"请监考老师分发试卷"的广播再次响起，马上就要考试了。

小C说："老师，我还是先考试吧，等考完试你叫他们一起来你办公室，我接受他们的道歉。"我送小C进了试室。小C刚才的言语很明白了，这孩子已经接纳了我的教育方式。

四、剧情4

中午11:35，我提前5分钟来到我们班门口等待别的班的考生离开教室，耐心等待我班的孩子们回到教室。我感觉孩子们好像忘了早上发生的一切了，都在讨论考试题目。为了处理好这件事，我跟孩子们说："小C愿意接受我的处理意见，接受那3位同学的道歉，他已原谅那3位同学了，我们其他的同学就不要在这件事上纠结了，可以吗？中午请各宿舍的舍长和心理健康委员管好纪律，吃好、睡好，准备好下午的考试。没问题吧？"孩子们此时最想要做的其实是快点去饭堂排队打饭，他们都大声说："没问题。"我说："好，吃饭！请小C跟我来办公室，级长、隔壁班班主任和那3位同学在等我们了。"整个过程，孩子们看到了我的用心，体会到了我的爱，他们觉得我像父亲一样在保护他们，以后没人敢随意欺负他们了。

苏霍姆林斯基曾说："教育艺术的顶峰是师生间心灵交往的和谐境界。"面对青春期的孩子，尤其是"特殊学生"，他们具有心理不成熟、行为不计后果、认知事物感性、情感脆弱等特点，我们必须用心、用情、用爱去做教育，用心、用情、用爱与他们沟通，按照科学的心理矫正方法，换位思考，转换角色定位。

最后，我还是用雨果的诗句来结束今晚的讲座："世界上最宽广的是海洋，比海洋更宽广的是天空，比天空更宽广的是男人的胸怀。"我用爱的情怀涌动起孩子们爱的心胸，用情感感召孩子们人性的激情与澎湃，用真心投入呼唤孩子们对社会的责任心与使命感。感谢大家的聆听！

【讲座反馈】（节选）

从张老师讲述的声音就可以感受到张老师是一个有情有爱的人。张老师对学生问题的处理很有智慧，他能很好地洞察学生心灵和情感的需要，并且很好地迎合和满足学生这方面的需要，所以学生们相信他是跟他们站一边的，因此很信任他，这估计是那么难搞的小C愿意接受他的教育的一个关键点。在这件校园暴力事件中，张老师不仅成功地让当事人小C跟着他的指引走，还兼顾了对班里其他学生的教育，安抚了学生们的情绪，而且悄悄地、在学生不知不觉中让全班同学把大事化小，小事化无，并在这种潜移默化的教育中学会了处理矛盾的方法和态度——宽广的胸怀。张老师的方法实在高明，我很是敬佩。张老师还有一句话让我很有感悟：学会换位思考，不是我们老师觉得我们爱学生，而要让学生真正感受我们老师爱他们。老师们对学生的教育的初衷和目的毋庸置疑，但是方法很重要。我一直在这方面探索，不断修炼自己。向张老师学习，用情、用爱、用心教育！

广东省佛山市三水中学　高金妮

用心"疗伤"，倾听生命的声音。今晚这场特别的讲座，入情入境的讲座方式，让今晚烟雨蒙蒙的天气多了一份温情。张老师围绕"用心沟通，用情打动，用爱唤醒"展开讲座，让人感动，我收获良多。

用心沟通，心灵交往。遇到突发紧急情况，张老师首先安抚班上学生，并用豁达、担当的态度向学生做出"承诺"。然后单独把小C同学带离现场。同时，安抚小C的情绪，然后用同理心肯定该学生的感受，理解学生的心情并提供自己的处理办法，尊重学生的选择。

用情打动，心灵相通。音乐的力量无可比拟，情感的力量也无法言喻。在班主任沟通工作中，道理的讲解往往是最无力的。而情感为先，先倾听，让孩子说出感受，认同他的感受，会让整个事件朝理想的方向发展。

用爱唤醒，心灵相融。小C是受害者，此时心中有怒气，怎样才能让受委屈的学生心平气和地接受教育？难度真的很大。张老师用心、用情、用爱跟进处理，用爱唤醒、心灵相融，最终问题得到妥善处理，守望花开，这就是教育的智慧！

广东省东莞市松山湖实验小学　陈超

走向阳光　引领光明

——记我的班主任成长历程

广东省开平市长师中学　卢焕英

【讲师档案】

卢焕英，全国永要德育联盟讲师团成员，开平市名班主任工作室主持人，开平市优秀教师、优秀班主任，开平市第二批名班主任。秉承"行为养成习惯、习惯塑造性格、性格决定命运"的德育理念，注重细节教育，以活动育人，取得良好的教育成效。

永要德育联盟各位老师：

大家晚上好！

我是来自广东省开平市长师中学的卢焕英。很荣幸也很珍惜这次难得的学习机会，可以跟来自全国各地的专家、名师、同行们进行交流，分享我的故事。我没有那么多的理论建树，就想和大家聊一聊我当班主任的心路历程，虽不算成功却也小有成效，如有不当之处，请大家原谅并提出宝贵意见。我今晚讲座的主题是"走向阳光　引领光明——记我的班主任成长历程"。

2017年11月16—18日，我有幸参加了开平市教育局组织的骨干班主任集中培训活动，前往佛山市三水区华侨中学参加中国德育报社举办的"第12届全国中小学德育纵深发展与班主任工作质量提升"高峰论坛。在此期间，我认真聆听了来自全国各地的德育专家们的精彩演讲，也积极与同行们进行交流讨论，获益良多，感触颇深。

例如，我第一次听到了李家成教授所说的要建设"全纳型、创新型、生态型"的班级这一全新理念，刘永要老师的"永要班"的故事让我心驰神往，张国宏社长言简意赅、富有诗意的语言魅力让我倾心折服，李妍华老师的班会课让我深思动容，丁如许老师关于如何打造魅力班会课以及微班会课素材的展示让我感到新奇，王剑平老师的自为教育特色与班级文化建设让我豁然开朗，李虹霞老师创造一间幸福教室的实践更是让我羡慕至极。凡此种种，不胜枚举。专家们的演讲精彩纷呈，我听得热情澎湃，异常兴奋，真是说者倾心，听者中意。

其中，张国宏社长的一段话深深地触动了我，他说："祖国是用来欣赏的，学生也是用来欣赏的，少一些抱怨，少一些惰性，要努力形成独具特色的个人教学魅力，将更加有助于教育管理的实现。让我们一起走向阳光，引领光明，拥有诗意远方的教育人生。"听到这段话后，我猛地回想自己在日常的班主任工作实践中确确实实是少了几分欣赏的闲情，多了几分抱怨与惰性，总是很容易被一些琐事缠绕，也在身心俱疲中忘记了教育的初心。那么，教育的初心是什么呢？我想应该就是张老师所说的，走向阳光，引领光明，做一个拥有诗意人生的教育者。

如果我们的生活中充满阳光与欢乐，师生关系必然是和谐而美好的。那么，去年湖南沅江学生弑师案的惨剧也许是可以避免的。对于此案，很多专家学者都纷纷发表评论，阐述看法，有同情遇害老师的，也有怜悯作案学生的，更有反思现今教育体制的。我不敢妄加评论，也无权进行道德审判，借此机会只想好好反思警醒一下自己。由此，我想谈谈我的班主任心路历程。

我是广西都安县人，2008年6月毕业于广西师范大学历史系，同年7月来到开平市长师中学工作至今。自入职以来，我一直担任班主任工作，迄今已十年有余。回首从教以来的亲身经历，我发现一个比较有意思的现象：第一届学生在背后偷偷叫我"广西佬"，多少带有一些嘲讽的味道；第二届学生则敢面对面地叫我"卢哥"，感觉亲切了许多；第三届学生直接搭我肩膀说"卢帅"，我倍感欣慰与自豪；现在，第四届学生也延续了"卢帅"这个称呼，我才突然意识到自己正走在一条独具特色的班主任工作之路上。从"广西佬""卢哥"到"卢帅"，这个称呼的变化多少反映了我这十年来所走过的风雨历程。

我清楚地记得，在"广西佬"时代，我的广西人的性格特征表现得较为明显，热情豪爽、雷厉风行，却也急功近利、脾气暴躁，对学生总是缺乏耐心，总想以钢铁般的意志强调纪律的重要性。毛主席说"一万年太久，只争朝夕"，我是这样想也是这样做的，希望做到言出必行，令行禁止。但是，很多时候都是我一个人在张狂，学生都集体沉默，甚至有个别激烈对抗的情况出现，以致所带班级凝聚力不足，战斗力为负值。一个衡量的指标是，我班48人参加高考，其中有本科6人、专科39人，3人落榜，这个成绩在同届班级中是最差的，我深感自责。

我的第一个轮回就这样结束了，虽心有不甘，但还是带着满腔热血迎来了新一届学生。在开局阶段，我大大收敛了自己的脾性，也开始慢慢走进学生的心里，尝试着去倾听他们的想法。就这样，我们在一片其乐融融中度过了一段美好时光。然而，好景不长，各种问题开始接二连三地涌现，课堂纪律差、宿舍内务差、卫生仪表差、学习风气差……总之就是差差差，我被打击得遍体鳞伤，比带第一届学生时更惨更痛，甚至一度在领导面前痛哭流涕，无地自容。我该怎么办？如果说带第一届学生时自己太过于霸道的话，那么现在显然是太过于仁慈了。我没办法，只能向领导求助。我很庆幸自己遇到了一些好领导，特别是我的正、副级长张海英和王伟两位老师，前者像是一位邻家大姐那样支持我、鼓励我，而后者既是领导也是好兄弟，不断开导我，帮我分析症结所在，也曾几次亲自到班上对我的学生进行训话。我也慢慢地调整自己，重拾信心，勇敢面对。经过一番努力，班级状况有了很大改观，学生的心态也越来越好。高考成绩也有了进步，59人参加高考，其中有重点本科3人、普通本科10人、专科45人、1人落榜。这个结局还是让人满意的。

2014年秋天，我的班主任工作进入了新时代——"卢帅"时代。在新时代里，我比较注重动之以情、晓之以理的工作方法，经常找学生谈心，制订每学期的主题班会课计划，利用多种形式开展教育实践，基本做到了严之有度、宽以为怀，班级氛围和谐美好，成绩也一直在年级名列前茅。也就是从这个时候起，我开始慢慢总结此前发生的一切，逐渐树立起了"行为养成习惯，习惯塑造性格，性格决定命运"的德育理念，注重细节教育，通过各种活动尤其是主题班会课去引导和培养学生良好的行为习惯，用心去关爱每一位学生的成长与发展，取得良好成效。以刚毕业的2017届学生为例，我所带的美术班共有36人参加高考，本科上线19人，其中有5个重点本科，专科全部上线，可以说是成绩辉煌了。因为我们学校是一所普通中学，靠艺术特色立校，一个美术班刚开始有四五十人，后来有人因户籍、学业、家庭等因素纷纷转学、转科，最后就只剩下不到40人了，所以，能够取得这个成绩是非常难能可贵的。

说起"卢帅"名号的由来，有一段小插曲。那是在2014年秋天的一次课堂上，我说到×××是近代亚洲四大美男子之一时，学生很是兴奋，就追问另外三个是谁。我回答完毕，末了加一句"我觉得我也挺帅的"。学生集体吐槽，但有一个女生吐槽完之后突然冒出一句："那你就是卢帅喽！"我一听，心里美滋滋的，也觉得挺好玩的，后来就有意识地在每次班会课的结束语署名上直接用"卢帅"落款了。再后来，在第二年秋季运动会上，我班学生打出了"卢帅江山如此多娇，高二十五独领风骚"的横幅，让我"卢帅"这个名号震动整个校园。

现在回想起来，我无意的一句幽默言语经过有意的强化之后，变成了一张教育名片，有助于我更好地开展班主任工作。这也许就是张国宏社长所说的"努力形成独具特色的个人教学魅力将更加有助于教育管理的落实"的一种体现吧。而刘永要老师的"永要班"的成长故事就应该是我孜孜以求的目标了，希望在以后的工作中我也能够带出个"卢帅班"。刘老师就是我的榜样，我相信榜样的力量是无穷的，我一定可以走向阳光，引领光明，做一名拥有诗意人生的教育者。

最后，非常感谢各位的聆听，也请各位多多提出宝贵意见。这次佛山三水之行，让我更加明确了自己的奋斗目标：向名班主任看齐，不忘初心，牢记使命，努力创造出更加辉煌的业绩。再次感谢各位，再见！

【讲座反馈】（节选）

卢老师的讲座完整地向我们展示了他的成长历程，如此清新，如此具有故事性和启发性。为何会有从"广西佬"到"卢哥"，然后到"卢帅"的转变呢？我觉得这和卢老师善于学习和勤于反思的良好习惯息息相关。

因为善于学习，所以卢老师抓住每一次学习的机会，从别人的身上汲取能量，他没有把培训当作负累，而是当作一次又一次进步的机会，所以他在借鉴中不断进步。

因为勤于反思，所以他能够在带了一届又一届学生的基础之上，看到自己的不足，意识到自己与优秀班主任的差距，不断地提升自己的专业素养，最终让自己也成为优秀的老师。

这些年在专业成长的道路上，我感触最深的是"反思"这个词。我接触到很多名家，他们无一例外都会有这一个特质，"吾日三省吾身"，就是每当出现问题的时候，都先反思自我，先来看是不是由于自己的过错而造成了问题的出现。

这种反思的力量会促使我们不断地完善自我、提升自我。反思，其实是勇于承担责任，敢于对自己的不足说"不"的行为。这是很难的。但是一旦做到了，我们就会走上前行的快车道，最终到达远方的彼岸。

从卢老师的身上，我看到了这一点。这也是卢老师的讲座带给我的最大的启发。

广东省深圳市格致中学　刘永耍

卢老师从"广西佬""卢哥"到"卢帅"，十年的时间让卢老师打造出属于自己的个性名片。"祖国是用来欣赏的，学生也是用来欣赏的。少一些抱怨，少一些惰性。要努力形成独具特色的个人教学魅力，这将更加有助于教育管理的实现。"是啊，多一点欣赏、少一点批评，多一点肯定、少一点打击，多一点理解、少一点误会，孩子们会体会到老师的良苦用心。学生不管在高中、初中抑或是小学，他们始终是未出校门的孩子，单纯、善良、可爱。亲其师方能信其道。在孩子们人生观、价值观正在形成的阶段，老师正确的引领能帮助孩子们以阳光的心态面对人生，走向光明的未来。

老师不仅仅是传道授业解惑，很多时候榜样的力量是巨大的。卢老师努力上进、负责勤勉，成为孩子们心中的"卢帅"。我平时在上课或班级管理中，也特别注意自身的专业成长，当自己在优质课比赛中获奖、当自己在师德宣讲团中做报告、当自己取得种种荣誉时，我都会告诉我的学生，与他们分享我的成长经历，告诉他们什么是"天道酬勤"，什么是"有志者事竟成"，把更多的正能量带给学生，让他们知道：人生就是这样的，种下什么，就收获什么。种下种子，收获果实；种下努力，收获成功；种下今天，收获明天。岁月更迭，成败交织，当人生旅途中别人收获了一串珍珠，那不是别人的幸运，这绝非偶然，而是必然，是别人培育的蚌的馈赠。孩子们为我骄傲，我更为孩子们骄傲。

河南省长葛市和尚桥镇　马丽娜

第二章 智慧管理策略

班级手机，为班级生活添姿彩

广东省深圳市格致中学　刘永要

【讲师档案】

刘永要，广东省名班主任工作室主持人，广东省德育研究会理事，广东省家庭教育研究会理事，广东省家庭教育讲师团成员，河南班主任"智慧学院"导师，被两间省级、五间市级名班主任工作室聘为指导专家，《教育管理》杂志封面人物，《成长共育：班主任的23讲》主编，应邀在全国各地开设讲座200余场。

永要德育联盟的各位老师：

晚上好！

今晚，我和大家分享"永要班"设置班级手机的一些实践和思考。

一、设置班级手机的背景

（一）学校禁手机，部分学生和部分家长反对

很多学校都禁手机。但是现实的情况是，很多学校禁而不止。原因是什么呢？阻力来自哪里呢？

首先当然是学生反对。然后是部分家长也反对，这部分家长会认为，禁了手机之后，他们想和自家孩子联系的机会就少了，有什么事情想要通知和联系自己的孩子就没有那么方便了。这当然是事实。

（二）学校禁了手机之后，班主任成了信息中转站

家长要联系学生，首先得通过班主任。班主任仿佛成了传递员。在我们学校的工作

群，我常常可以看到一些老师的求助信息，大体内容是这样的：哪位老师还在教学楼上课？麻烦通知某某学生中午打个电话给他家长。哪位老师方便帮忙通知某某学生中午到门卫室拿饭？哪位老师方便通知某某学生到门卫室去？他家长正在等他。又或者是级长发过来的信息：麻烦各班主任通知班长和学习委员今天下午第三节课集中阶梯室开会。……诸如此类的求助信息或者工作任务信息，总是层出不穷。收到这样的信息的时候，我们常常是着急又无奈的，有可能收到家长信息的时候，我们已经下班回到家了，但是没有办法啊，依然要想办法通知学生，否则家长们会不满意的。

这些事情看似很小，但是正是这样的小事，让我们班主任疲于奔命、心力交瘁，这也无形中增加了我们的工作压力。更重要的是，我们的时间就这样被割裂了，在办公室和教学楼或者宿舍楼之间的来回奔跑中，我们的效率也逐渐变得低下了。

怎么办？

以前，学校禁手机不算严格，学生可以带手机回学校。我可以根据信息的缓急程度，发信息给学生干部，让他们负责通知有关事宜。但是，现在学校全面禁止学生在校期间使用手机，这就给我带来了很大的困扰。因为我提倡班级学生的自主管理，有很多通知，我只要转发给学生，他们就能够很好地完成，而我就可以利用节省下来的时间去做更多对学生和班级有益的事情。

我不禁问自己：失去了手机这一联系方式，我如何才能遥控管理班级？如何才能便捷地把学校的各种事务交代给学生干部？如何才能把学生的在校情况及时通知给家长呢？家长又如何才能够与学生便捷地取得联系呢？如何才能够让家长真心实意地支持学校禁手机的措施呢？

于是，从2018年学校严厉禁手机开始，我就有了设置一台班级手机的想法。学校禁学生的手机，那我就设置一台班级手机，专门用于学生和老师、家长之间的联系。

二、如何设置班级手机

首先要解决手机的来源问题。我自己没有多余的手机，于是我把设置班级手机的想法在2018年的高三（18）班上说了出来，集思广益，让学生们来帮忙解决。学生很快给出了解决方案：有一个学生家里有一台旧手机，可以捐赠给班级，作为班级手机。此手机能接收信息、打电话、拍照、发微信朋友圈。

这台手机用了两年，坏了。到2019年的高二（10）班，家委会会长了解了设置班级手机的目的之后，买了一台新手机赠送给班级使用。

这些都是家长和学生的自发行为。当然，如果我们自己有手机可以提供，也是可行的。

那么设置了班级手机，该如何做好管理呢？

（一）设置密码，专人管理

设置密码，是为了防止学生滥用。设置班级手机管理员（也可以成立一个手机管理3人小组）。这位（些）学生必须是有超强自控力、能够很好掌控班级手机的使用的。手机管理员的职责是，查看老师、家长的信息，及时处理各种通知和工作任务等。

（二）定时查阅，及时转达

规定班级手机管理员查看手机的时间，一共有6个时间段：早上上课之前，中午放学之后，下午上课之前，下午下课之后，晚修上课之前，晚修下课之后。这就要求家长们发信息来班级手机的时候，要尽量提早，比如说打算今晚把饭送到门卫室，那就尽量在上午就发信息到班级手机，这样管理员才能够及时通知到位。当然，规则是死的，人是活的。在实际运作过程中，我发现，我必须授予手机管理员可以根据实际情况灵活使用手机的权限。

（三）申请班级专属微信号，发布微信朋友圈

此微信号只添加老师、家长和同学。朋友圈只发关于班级的动态，或通知或风采或作业等，其内容都是关于弘扬班级精神、展示班级风采的，让家长、老师更好地了解我们班级。老师、家长、学生可以在这里偶尔互动一下。可以专门成立一个以班级手机管理员为组长的小组来负责这个事情（可以就是刚才所讲到的3人小组），可以将其命名为：班级微信朋友圈发布小组。小组内部的同学轮流发布班级信息、发布班级朋友圈。这点和当初由学生来管理班级博客和微博的形式类似，只不过与时俱进，换成了微信而已。

三、设置班级手机的作用

（一）大大减轻了家长的焦虑情绪

自从设置了班级手机，总是担心无法联系到自家孩子的家长，就变得没有那么焦虑了。以前，对学校禁手机措施颇有微词的家长，这回也彻底地站在了支持的一边，因为班级手机解决了他们的需求。

（二）大大减轻了班主任的工作负担

我不再为收到一开始我所讲的那些信息而感到无助。我只要根据信息种类，或直接转发或做好相关工作安排，然后发送到班级手机，安排好相关班干部通知或实施即可。

当然，并不是所有的信息都能够这样处理，班主任该出现的时候还是要出现，该到位的时候还是要到位。但毫无疑问的是，班级手机确实可以让我从信息焦虑中解脱出来，让我能有更多的时间和空间去思考班级更高层面的发展，让我能够静下心来，关注到更多学生的学习状况和思想精神方面的问题。

（三）促进家校联合，有利于家长和老师沟通

作为班主任，和家长的联系不再只是帮忙通知学生打电话给家长或者拿东西等，而是可以有更多时间根据孩子的学习状况和精神面貌等做更深入的交流。所以，很多家长在感受到老师的良苦用心之后，对老师的满意度自然而然就提高了。

（四）为家长和学生搭建沟通的桥梁

禁手机后，家长想要联系学生，真的不容易；而有了班级手机，家长可以比较便捷地和学生取得联系，学生也可以通过班级手机和家长进行沟通，班级手机促进了亲子关系的和谐。

（五）展示班级风采

以前，家长基本上是通过班主任的微信朋友圈了解班级活动、同学风采等，这让我倍感压力，因为我不是任何时候都能够及时地把班级所发生的事情发布在朋友圈上的。但是有了班级手机之后，由班级微信管理小组发布班级朋友圈，就很好地解决了这个问题。通过班级微信朋友圈展现班级活力、弘扬班级精神，大至班级活动，小至好人好事，都会在朋友圈中呈现出来，而且，这些内容是从学生的视角呈现出来的，似乎更有说服力。

（六）提升学生的自我管理能力

从班级手机管理员这个角度，他们必须拥有全局观以及超强自控力和统筹能力，这种学生在我所带班级的学生中，往往很少。他们能力达不到，但这是不是就意味着我不能信任他们？不，相反，我要给予他们更多这样的实践机会，才能够让他们成长起来。新事物的产生从来不会一帆风顺，班级手机的设置同样也是如此。在我刚开始实施班级手机的2018届的高三（18）班，班级手机有一段时间是处于失控状态的，怎么失控了呢？就是班级手机常常不在班级手机管理员的手上，而是在全班"漂流"起来了，以至于有时候班级手机到底在谁的手上，同学们都不清楚。我发现这个情况之后，立刻和同学们商量对策，让他们去思考，我们到底该如何管理和使用手机，让他们去制定更科学的班级手机使用守则。我在课室也再度重申设置班级手机的主要目的——方便学生和家长的联系，如果因为某些同学的不自律、乱用手机，从而导致班级手机不能正常运行，

吃亏的一定是所有同学，所以我们每一个人都应该要遵守班级手机的使用规则。由此，新的班级手机使用守则建立起来了，班级手机的使用也逐步规范起来，真正成为班级管理的好帮手、家校联系的好桥梁。

还有一次，2019年的高一（6）班的班级手机管理员发现手机的话费比较高，每个月竟然要100多元钱，于是他们去了解手机费用的构成情况，发现手机套餐里面赠送的流量很少，这样的话我们经常会超流量，这就导致了班级手机的花费比较高。于是他们果断地换了套餐，很好地解决了这个问题。

这些事情让我很欣喜地发现，学生能够自己发现问题并解决问题了。

除了以上各种好处，我觉得，班级手机还是一台移动相机。课后，班级手机管理员可以及时记录拍摄下班级的瞬间，好的、不好的现象，都会进入我们的班会课素材当中，成为我们的反省素材或者回忆素材。

从2018年至今，我在任教的班级设置班级手机已将近三年。每一次接手新的班级，在我把设置班级手机的初衷和家长、学生们说清楚之后，都能够收获他们的赞叹声，"永要班"果然是不一样的。因为，在科技迅猛发达的年代，禁手机实在是学校迫不得已的决定，但是我们不能因为禁手机而让班级成为一座孤岛，断绝学生和外界的联系，漠视家长们想和学生更便捷地联系的诉求。可能有老师会担心班级手机在使用过程中会出现这样或者那样的问题，但我想说：请充分相信我们的学生，只要我们做好指引和监控，班级手机是可以发挥很大作用的；如果他们自控力确实不够，那么这正是锻炼他们的好机会。

当然，我们还可以发现更多的关于班级手机使用要避免的误区，也可以挖掘更多班级手机使用的路径和作用，让我们的班级手机能更进一步为班级生活增添光彩！

【讲座反馈】（节选）

小手机，大智慧

很荣幸在线上听到了"魅力盟主"刘永要老师的讲座，真不愧是大家，思路清晰，治班有方，极富智慧，不同凡响。

手机是把双刃剑，它能给我们带来很多便捷，但也有很多危害。现在不管老师还是家长都"谈手机色变"，也有专家称"要想毁掉一个孩子，给他一部手机足矣"。即便如此，相信我们身边的孩子也基本上都拥有了自己的手机，这就给家长和老师的管理带来了难题。家长左右为难，学校则干脆"快刀斩乱麻"，严令禁止学生带手机入校。

禁令一出，班主任严格执行，各种"搜查"，一经发现，严肃处理。学生则是"敢怒不敢言"，各种"躲藏"，也经常会闹出因手机引起的师生矛盾或者家长与孩子之间的矛盾，甚至出现了一些孩子自杀的事件。

现在的人基本上离不了手机，一味地让学生远离手机也不切实际，还会给班主任工作带来诸多麻烦。相信很多班主任都有和刘老师同样的苦恼：家长的各种通知信息扰乱了我们正常的教学或者办公的思路。那么问题的出现有没有引起我们的思考呢？就我身边的班主任来说，做法有两种：一是像我一样，像个陀螺，下课的时候看到有信息，就赶紧往教室跑。还有一种是屏蔽信息，要么要求家长不能往班级群发信息，要么就是对信息视而不见。我们心里也都很清楚，这两种做法都不可取。

今天听了刘老师的讲座，不得不佩服他的管理智慧，面对困扰引发追问，追问引发思考，于是萌发了设置班级手机的想法并在班级中实施。当然，任何新事物的产生都不是一帆风顺的。班级手机也经历了"漂流"的失控阶段，也出现了话费超支的情况，但在刘老师的引导和学生们的群策群力下，这些问题都迎刃而解。在长期的操作实践中，刘老师制定了比较完整的班级手机管理规则，只要人人遵守规则，就能发挥出手机的最大作用。这不但解决了家校联系的难题，更锻炼了孩子们自我管控的能力。

听完讲座，我也在思考，我敢不敢也在班级设立班级手机？我是没有信心的，手机的管理还需要班主任强大的磁场，对于出现的问题能有效解决，而我，还需要继续修炼。但是，我需要学习刘老师这种遇到问题不逃避、积极思考、努力解决问题的工作态度和工作智慧。还有就是要充分信任学生，把班级还给学生，把自己从琐事中解放出来。

大浪淘沙始得金，我会紧跟永要联盟的脚步，多学习，勤思考，勇实践，也希望我这样一颗沙砾在大浪的淘洗下有一天也能金光闪闪。

河南省郑州市荥阳市龙门实验学校　黑江丽

智慧源于实践，风格成于思考

——听刘永要老师"班级手机"微讲座有感

一部手机，困住多少孩子、家长和老师，时下传言"一机在手，毁生无数""要想毁掉一个孩子，就给他一部手机"等，措辞虽然夸张，但在一定程度上道出了学生滥用手机问题的严重性。今天听了刘永要老师关于"班级手机"的讲座，我豁然开朗，他另辟蹊径，通过设置班级手机来破解学生手机滥用的难题。

在讲座中，他从班级手机设置背景、实施、意义和问题四个层面展开，具有极强的示范性，拿来即用，切中微讲座直面问题的初衷。永要讲座也给了我一些启示，他解决问题的方法极具智慧，有明显的个人印迹，这是教育风格形成的重要标志。同时，永要讲座也为年轻班主任的成长路径提供了很好的引领。

一、教育智慧源于对实践的总结

永要讲座语言朴实，却直指要害，让人听得明白。学生手机滥用问题的核心是使用问题，是管理问题，而不是该不该使用的问题。智能手机是时代发展的潮流，不可违背，我们只能扬长避短，不能因噎废食，趋势判断是第一位的，它决定你采取措施的方向。判断正确有助于方法选择，方法选择是否得当源于经验。当班主任在实践中不断比较各种方法的优劣和适用范围，就形成了具有个人风格的教育智慧。

教育智慧源于对实践工作的反思、总结。班主任工作专业性极强，需要专业知识、专业能力、专业精神和专业意识。班主任工作又极其琐碎、复杂，班主任必须是杂家，有知识宽度；班主任在教育中会遇到棘手问题，不能事事求人，需要自己解决，因此班主任又需要是专家，有知识深度。当班主任主动把自己的教育置于教育原理的指导下，就会找到问题解决的正确路径，在理念指引下，不断选择适用的方法，取得最佳的教育效果，从而形成实践、反思、总结的提升路径。

二、教育风格形成于对方法的系统性思考

为什么如此棘手的问题，到了永要手里就能化难为易、手到擒来呢？无它，唯系统性思考！永要做事细致、耐心、系统，有极强的个人风格，这是教育风格的重要标志，让人羡慕。永要在管理班级手机的实践中用的是组合拳，他在手机来源、如何管理、如何说服家长和学生遵守使用规则、出现问题如何处理等方面都有预设，也有对策，让复杂的问题简单化，简单的问题精细化，其中功力非一日可成。教育风格唯有在实践中总结，在总结中反思，才能提升教育智慧。

好的教育需要好的老师，好的老师既需要教育情怀，也需要教育智慧。永要用一次微讲座让我们看到一名班主任成长的路径，在实践中增加教育智慧，在不断思考中形成自我风格。教育方法是有限的，但方法的选择和组合是无限的，教育方法的选择、组合更需要智慧。当班主任基于自身条件，结合学生、班级、学校实际，选择适宜的"教育组合拳"的时候，教育智慧就能得到提升，教育风格就走在形成的路上。

感谢永要和永要联盟，让我们一起走，寻找教育的快乐！

广东湛江市第一中学培才学校　王德军

识别心理负能量，巧赋心灵正能量

广东省阳江市阳东区塘围中学 李芬爱

【讲师档案】

李芬爱，阳江市阳东区金湾学校校长，第三批广东省名班主任工作室主持人，首批阳江市名班主任工作室主持人，曾获广东省特级教师、南粤优秀教师、省区市名班主任、广东省"百名"优秀德育教师、省市三八红旗手、阳江市第二届最美教师、阳东区第三批区管拔尖人才等荣誉。先后主持了4个省级课题、1个市级课题和1个区级课题，有40多篇教育教学论文发表或获奖。

永要德育联盟的各位老师：

大家好！非常荣幸能与大家一起交流，感谢永要德育联盟这个平台为我们提供了交流和学习的机会！

可能大家都有一种习惯，就是每当过春节之前，家家户户都会把房子收拾得干干净净、整整齐齐。整洁的家居给人一种非常舒适的感觉。但是，过了一段时间，我们会发现原来整洁的家居又开始变得杂乱了。直到忍不住的时候，我们又开始清理那些留放在家里却没有用的东西，家居又变得整洁美观了。

其实，这是很正常的现象，家居的整洁与杂乱是可变的，只是有些人的家居整洁干净的时间长一点，有些人的家居杂乱无章的时间长一点。人的心理变化和家居变化的原理是一样的。当人的心理得到及时疏导，情绪得到及时宣泄时，心理就会呈现出健康的状态；反之则会积累垃圾和负面的东西，心理就会呈现出负能量。那么，人的心理负能量是如何产生的？它有什么危害？怎么解决呢？

一、人的心理负能量是如何产生的

"正能量"是一种健康乐观、积极向上的动力和情感,在社会生活中表现为积极向上的行为;"负能量"则反之。正能量与负能量是每个人的两面,面对生活的压力与磨炼,正能量大于负能量会激发人性的优点,使之为善;负能量大于正能量则会激发人性的缺点,使之为恶。

在工作和生活中,人们通常会遇到这样或那样的事情,但是,由于每个人的学识、家教、经历和欲望等方面的不同,他们会表现出不同的行为反应和情绪情感。

(一) 负面情绪产生的原因

如果遇到下面的事情,你会有什么感想?你觉得自己工作很努力,按时完成各项任务,教学成绩还可以,可是,年末评优评先却没评上;你的另外一半的工作一般,表现也一般,既没有高收入,也没有突出的工作能力,更没有过硬的关系;你的孩子读书成绩一般,表现也一般,既没有突出的成绩,也没有过人之处,甚至还有一点懒散。

遇到这样的事情,有人可能会说:为什么?凭什么?凭什么好事总是轮不到我?为什么受伤的总是我?为什么我的事情这么糟糕?也有人会这样想:无所谓!这次不行就下次,这次不好就再努力一把,我们都年轻,还会有无限的可能性。面对同样的事情,为什么有些人出现消极的情绪和行为,而有些人却积极接纳、期待未来呢?根据埃利斯的情绪 ABC 理论(A 表示诱发事件;B 表示个体针对此诱发事件产生的一些信念,即对这件事的看法和解释;C 表示个体产生的情绪和行为结果),同一件事,由于人们的看法不同,情绪体验也就不同。所以,决定人们情绪和行为的不是发生的事件本身,而是人们对这件事情的看法和信念。因此可以说,人的负能量的产生是由情绪和信念决定的。

(二) 欲望多,老是感觉怀才不遇

有这么一个故事:有一个年轻人,自我感觉很有才华,但在生活上遇到很多波折,于是便觉得活着没有意思。有一天他决定跳海,但他刚跳下去就被一个老渔民捞了起来。他很生气,冲着老渔民嚷道:"你什么意思,把我捞起来干什么?"老渔民说道:"年轻人,为什么跳海呀,你这么年轻多可惜呀!"于是年轻人就对老人诉说了他怀才不遇的苦衷。

老渔民听完,说道:"哎呀,你今天遇到我,运气来了。我正好是治怀才不遇的专家,我帮你治治吧。"年轻人很诧异,急忙问老渔民医治之法。老渔民说:"我有秘诀,如果你想知道,就必须答应我一个条件。"老渔民说着,顺手从沙滩上拣起一粒沙子,往旁边一扔,说:"年轻人,帮我把刚才扔掉的那粒沙子捡过来,然后我就告诉你。"年轻人听了很生气，说道："你想耍我呀？这么多沙子，我怎么知道哪粒是你扔掉的呀？"老人听了，笑着说："别生气，我这还有个条件，如果你满足了我这个条件，我也告诉你。我这里有一颗珍珠，我把它扔到沙滩上，你去给我找回来。"

很显然，年轻人轻而易举地把珍珠捡了过来，交给了老渔民，并很虔诚地说："老人家，我把珍珠捡过来了，可以告诉我秘诀了吧？"老渔民一脸安详，说道："年轻人，秘诀我已经讲完了。"

这个故事告诉我们：有些人之所以有怀才不遇的感觉，是因为个人有很多、很大的欲望，但是自己却只是无数沙子中的一粒，跟旁边的沙子没有太大的区别；但如果他是一颗珍珠，那么伯乐很容易就会发现他。

（三）价值感和存在感的缺失

当人的自我价值感很强的时候，会表现出自我完善的欲望，表现出向上向善的本性，自尊水平高，他对自己的一切都很自信，也不会在意别人的评价；当一个人对自己的评价极低时，他心里会充满着负能量，也十分在意别人的评价，经常因为一些小事而发火，甚至破罐子破摔，自尊水平低。所以，当一个人多次努力却被否定，他想得到的东西不受控制、欲望得不到满足，或者看不到自己的价值和存在感，他的心里就会不知不觉地产生许多负能量。

二、负能量与正能量的区别

充满负能量的人无论在语言、语气、身体动作还是在情绪表现上都有跟常人不一样的特征，如充满负能量的人会经常说出负面的语言，常用责怪的语气与其他人沟通，他们要么出口伤人，要么所说的话没有任何正面的价值；充满负能量的人经常会萎靡不振、哀怨不断、心态消极等。充满正能量的人则表现出以身作则、正气凛然、持之以恒、朝气蓬勃、自强不息的样子。

在日常生活中，带有负能量的人和具有正能量的人就算在相同条件下，他们的表现也会有很多差异。对于改变，充满负能量的人害怕改变，正面的人则欢迎新机会的到来。对于责任，充满负能量的人总将问题推到他人身上，充满正能量的人懂得为自己的失败担责。对于利益，充满负能量的人只会想着个人利益，充满正能量的人尽量不去伤害他人和集体的利益。对于批评，充满负能量的人不接受批评，充满正能量的人欢迎有建设性的讨论和建议。对于学习，充满负能量的人认为自己什么都懂，充满正能量的人却总想学习新事物。对于做事，充满负能量的人遇到任何事都先退缩，认为自己不行；充满正能量的人则会想办法改变，让自己活得更好。

三、负能量的危害大

北京大学副教授、精神科主治医师徐凯文曾经调查过一个有 38 名学生的危机样本，而这些学生中有 50% 来自教师家庭。为什么会是这样的情况？这与教师家庭有何关系呢？

徐教授认为，一切向分数看，忽视对学生的品德、体育、美育的教育，已经成为很多教师的教育观。他们完全认可这样的教育观，对自己的孩子也同样甚至变本加厉地实施，这可能是导致教师家庭的孩子心理健康问题高发的主要原因。徐教授还说，他的研究表明，30.4% 的新生厌恶学习，得了"空心病"。其中一位优秀学生在一次自杀未遂后说道："学习好、工作好是基本的要求，如果学习好，工作不够好，我就活不下去。但也不是说因为学习好、工作好了我就开心了，我不知道为什么要活着，我总是对自己不满足，总是想在各方面做得更好，但是这样的人生似乎没有尽头。"

看到这里，我们肯定会发出疑问：他们已经是人生赢家了，为什么还看不到未来和希望？为什么这么多生活在象牙塔的天之骄子的心里充满负能量呢？

徐教授认为，问题的根本原因是教育孩子的人没有让他们看到一个人怎么样才能有尊严、有价值、有意义地活着。我们要给他们世上最美好的东西，不是分数，不是金钱，而是爱，是智慧，是创造和幸福！

看到这些，我感觉非常沉重，如果孩子们在成长过程中总是充满负能量，那么，祖国的未来和希望在哪里？充满负能量的人的危害性不仅仅在于他们本身，负能量具有"传染性"，积少成多，如果越来越多的孩子没有得到正确的指引，他们的负能量对国家和民族的发展都会有不利的影响。那么，我们应该如何应对负能量？

四、应对心理负能量的策略

（一）不做"负能量携带者"

正所谓"近朱者赤，近墨者黑"。心理负能量是一种发展性的能量，它具有"传染性"，它就像是一个"黑体"，会把意志力不坚强的人同化、摧垮。因此，我们要学会保护自己，不做"负能量携带者"，让自己散发出光明并击退黑暗，让自己成为一个正能量之人。

（二）识别并远离"负能量携带者"

哪些人是"负能量携带者"呢？由于负能量的人无论在语言、语气、行为还是情绪方面都与正能量之人存在着明显的差异，因此，我们在生活中很容易就能辨认出这些人。

识别"负能量携带者"之后，我们要设法远离他们。如何远离？如"孟母三迁"的故事，孟母为了给孟子营造一个良好的成长环境，带着孟子从"墓地旁"迁到"街上"再到"学宫旁边"，最后才成功地把孟子打造成一代圣人。

（三）巧妙借能

在现实生活中，我们不得不面对一些负能量之人，有时甚至是不可回避的。当然，远离也不是最好的解决办法，远离也可以理解为逃避。其实，我们还可以巧借他人的正能量行为，引导"负能量携带者"经常接触正面的人和事，让他们感受身边正能量的力量。例如，我们可以引导他们参加志愿服务活动、各类公益活动等，让他们在帮助别人的过程中感受到助人为乐的乐趣，感受到彼此之间的爱、温暖与正能量。

五、赋予心灵正能量

赋能的含义就是赋予自己（他人）能力/能量。你不能，我让你能！赋能等于让正确的人在正确的时间用正确的方式做正确的事。当我们遭遇负能量情绪而受到影响时，我们可以不断地对自己进行积极的心理暗示，如多说"我可以的""我一定行""我有能力解决这个问题"等充满正能量的话。

赋能不是为"某件事"做好准备，而是帮助他们为"任何事"做好准备。那么，我们要给自己的心灵赋予哪些能量呢？

一是理解别人的能力。例如，面对学校安排的短时间难以完成的任务，家长对班级的做法不理解，甚至出言不逊，以及学生出现的诸多不良行为习惯等情况时，我们既要学会忍耐，更要学会理解。

二是欣赏别人的能力。对于一些能力比你强、成绩比你好、运气比你好的人，你会以什么样的心态去对待呢？我们要学会多欣赏别人，并找出他的优点，再去学习和模仿，然后让自己变得更加强大。

三是提升心理抗挫的能力。我们要以平常心面对错失的东西，提高抗挫免疫力，然后学会淡然地面对自己的付出和失败。

四是提升解决问题的能力。这是最核心的能量，我们要积蓄力量，让自己从"无数沙子"中脱颖而出，成为耀眼的"珍珠"，让伯乐在远处就能发现你这匹"千里马"！例如，我曾经与高一美术班学生通过三天训练而夺得了课间操比赛冠军，我当时就是通过不断地给他们积极、正向的引导与刺激，让他们充满正能量，相信自己一定行，对比赛充满着希望和期待。最终，在比赛中，平时做操最差的班级成了全级最耀眼的"千里马"！

【讲座反馈】（节选）

"负能量""正能量"是我们在生活中频繁使用的词语,能把这么专业的词语说清楚,不得不佩服李芬爱老师的实践和智慧。一是如何鉴别"负能量",李老师列举了具体的表现标准,既方便我们自我鉴定,也让我们能轻松识别身边的"负能量携带者";二是"负能量"的危害,对自己、对他人,百害而无一利,甚至很多时候可能造成家破人亡的悲剧,我们必须高度重视;三是如何应对"负能量","远离""增能""借能"是关键。首先,面对负面情绪,有"一笑了之"的洒脱,这也是最强大的回应;其次,相同的事件,由于我们的信念不一样,感受也会不一样,我们也要换位思考;再次,通过公益活动,吸收正气,聚集正能量。四是"如何赋能","你不能,我让你能",努力提高理解别人的能力,提升心理抗挫的能力!报告实惠、实用、可操作性强,受益匪浅!

山东省泰安市岱岳区大汶口镇第一中学　宋海军

李芬爱老师的讲座给我的触动很大。第一,教师群体容易产生负能量。每天重复做一件事情,尤其在现在的教育环境下,教师最容易发牢骚。听了李老师的讲座,我意识到我们要有敏锐度,识别自己的负能量,积极给自己赋能,不断改变自己的认知。第二,学生是一个容易产生焦虑情绪的群体,特别是青春期的孩子,李老师给了我一个思路,我们可以引导孩子们识别自己的负能量,发掘别人的正能量,促进孩子们不断改变认知,然后积极向上向善。第三,向身边充满正能量的老师看齐,看他们如何抓教学、如何面对负能量。总之,李老师的讲座让我受益匪浅,谢谢永联平台和要哥。

山西省阳泉市第十中学　李玉柱

借毕业生之力，助班级成长

广东省佛山市南海区南海中学　孙钦强

【讲师档案】

孙钦强，任教于佛山市南海区南海中学，全国永要德育联盟讲师团讲师，广东省刘永要名班主任工作室成员，佛山市南海区名班主任，南海中学名班主任工作室主持人，佛山市优秀青年教师，南商基金教学能手。

永要德育联盟的各位老师：

大家晚上好！今晚我讲座的主题是"借毕业生之力，助班级成长"，主要结合实例谈一谈我日常带班的一些具体做法，希望能抛砖引玉，不妥之处也烦请大家批评指正。

一、毕业生是我们的宝

当学生毕业时，我的心情往往很复杂，其中之一就是不舍得。班主任和毕业生的感情往往是最深的，交流也是最多的。毕业，我们和孩子们的联系并不是走到终点，而是换了一种方式。技术的进步使我们和毕业生能够紧密联系，尤其是微信发挥了非常重要的纽带作用。毕业生是我们的宝，除了感情上的联系，他们还可以成为我们班级管理的宝贵资源。

二、毕业生的优势

一是年龄优势。很多毕业生和高中生年龄相仿，具有天然的沟通优势。二是多样化的实例。从步入大学到开始职业生涯，毕业生们为我们提供了丰富的现实案例，这些案例时代感强，不会落伍。三是新鲜感。毕业生如果能回母校与在校学生交流，可让学生更有新鲜感，兴趣度更高。四是效果优势。毕业生直接分享学习或工作经验，可使实际效果更佳。

三、多元利用毕业生资源，助力班级成长

在班级建设的过程中，什么样的时间节点更需要结合毕业生来讲或者请毕业生亲自来讲呢？又要讲什么内容呢？下面结合我所带的高中学段班级的实例来分享一下我的做法，也希望能对低年龄学段的老师们有帮助。

（一）助力生涯规划

高二上学期，我上了一节主题为"触摸理想，砥砺前行——生涯教育之我的理想专业"的主题班会。这时，请刚刚毕业的学生回校分享填报志愿的经验和大学生活的体验就非常有意义。

于是，我在课前对一些比较典型的毕业生进行了回访。在课上，我首先向同学们展示了一年前我和某位毕业生的对话。这位同学以高分考入浙江传媒学院的广播电视学专业，进入大学不久就主动和我聊天。

生：老师在吗？思考了一个月后，我想复读，我觉得自己选择的专业不适合自己，做了一个错误的选择，您有什么看法吗？

我：你不是非常喜欢传媒吗？

生：是啊，但来读了之后发现和自己想的不太一样，我想复读考一个更好的学校。

我：明年想学什么专业呢？很多专业都是接触了才了解。

学生过了很久后答复道：我又冷静想了一下，还是不复读了，不能因为眼前的苟且而去逃离。

一年后，我又主动去了解了他的现状。

我：现在感觉这个专业怎么样？关于专业的选择有什么建议给师弟师妹吗？

生：我的专业是广播电视学，其实是新闻系下面的专业。和新闻学的区别大概就是我们更多的是去电视台，新闻学的毕业生是去纸媒。基础课会涉及采访、编辑、写作、摄影摄像等。其实我们专业很多人都没有新闻理想，不想做电视记者。所以很多学长学姐都是从事电视节目编导、导演、摄像、主持人和主播之类的工作。高二的学生是非常有必要对自己想学的专业进行比较全面的了解，免得像我一样打退堂鼓。现在很多同学喜欢读传媒类专业，我觉得很大一部分人都是因为喜欢其背后的有点擦边的交叉学科。比如我一直很喜欢电影和摄影，但是高中时我也不知道可以去读编剧编导等专业，大概是为了自己的兴趣就选择了这类看起来有点相近的专业。所以我觉得应该让想选这类专业的同学们多思考一下自己真正喜欢的是什么吧！

分享完案例，我让几位同学分享一下感悟。有的同学说："我觉得我现在对自己喜欢的专业了解太少，纯粹只是喜欢，没有深入了解，我要主动去查阅相关资料，更全面地认识这个专业。"还有的同学说："这个案例对我触动很大，等到高三毕业填报志愿时再去了解专业就太迟了，可能读了自己选的专业才来后悔，所以非常有必要提前了解清楚，做到有的放矢，精准报考。"

最后我对这个环节进行小结："作为一名高中生，我们不仅要搞好学习，更应该对自己的职业生涯有比较清晰的规划，循序渐进，步步为营，免得做出错误选择，后悔莫及。一个对自我认识充分并且学业成绩扎实的人，他的每一步都在他的规划之内，他的眼光会比旁人远，动力比旁人足，心态比旁人好，毅力比旁人强。希望每位同学都能实现自己的理想，考入自己理想的大学，选择自己理想的专业。"

对于理想专业的选择这个话题，很多学生的认识都是比较模糊甚至是片面的。刚刚毕业的师兄师姐的真实经历，具有很好的现实感和说服力，让同学们意识到生涯规划的重要性，从被动接受到主动了解，助力自己的生涯发展。

（二）助力高三起航

2019 年 8 月，高三一开学我就召开了主题为"不易班的梦，不一般的梦"高三（6）班起航班会。其中设计了三个环节，首先是毕业生祝福语展示。这个环节需要提前在毕业班班群发布倡议，让他们把高三成功的关键词编辑成一句话送给师弟师妹，如"放平心态，相信自己，我在港中深等你""明确目标，脚踏实地，我在山大等你"等。然后播放两个毕业生进入大学前后的对比照片，给同学们营造一个理想的教育情境，鼓励同学们为高三树立奋斗的目标。第三个环节是"师姐说""师兄说"，由毕业生分享高三感悟和读大学的体会。

比如，其中一个"师姐说"：2016 年暑假恰逢巴西举办奥运会，面对外界的种种诱惑，我学会的第一件事情就是戒掉看直播。因为我在高二的时候忙着班级组织部的事情，对学习的事情有点放松，基本上没有错题的积累，于是我借鉴了身边几位同学的错题总结方法，从头开始做，到最后高考的时候，我的错题集只比身边的同学薄一点点。在整个高三的学习当中，我觉得最重要的就是用活页本做错题集，我所用的分类方法是题型分类，在不同的题型下面再对不同的知识点进行细分，使用标签纸做好标记，就很好找了。在高考的过程中，心态是最重要的。可以说我整个高三是从 60 多名慢慢往上升，到最后临近考试时都不是班中的尖子。我在高考前一晚美美地睡了一觉，基本上没有太大紧张感地进入考场。最后，考出了文科班第二名的成绩。所以，心态真的非常重要，把过程做好，结果自有天命。

还有一个"师兄说"：去了北京大学后，我发现大家都是一样的，即不断思考如何学习会更好、更高效，考上北京大学就成为一件顺其自然的事情。

通过这些师兄师姐亲身经历的分享，同学们对高三充满了期待和动力，在短时间内形成了良好的高三学风，为艰苦的高三生活奠定了信念基础。

（三）助力学法指导

2019年9月底，经过近2个月的高三生活，同学们已经习惯了高三的节奏，同时，也凸显出一些困惑。由于我们班英语成绩不是太好，长期在年级中垫底，同学们的英语学习进入了迷茫期。科任老师已经抓得很紧，作为班主任，我对于英语学科具体的学法还是欠缺专业性建议。我想起2009届我班的班长李晓敏现在在广州一家外语培训机构上班，有丰富的高三英语培训经验，于是我邀请她来给我们班上一节英语头脑风暴班会。

最后，我和同学们分享了这位师姐背后的成长故事。她是以择校生的身份考进南海中学的，起点不高，但通过高三的努力考进了广东财经大学英语系。她家庭环境特别好，但大学毕业后并没有依靠父母，而是选择留在广州的英语培训机构上班。去年，她在职考入了中山大学的岭南学院MBA全日制班。她告诉我之所以去学管理，是为以后自己创业做准备。

这一节班会课极大地激发了同学们学习英语的激情和信心，同学们特别投入，如饥似渴，师姐的经历也让他们切实感受到求学的魅力。又经过师生半年的共同努力，在上周刚刚结束的英语考试中，我们班取得了平行班第一的成绩。这见证了我们班学习英语的坚持与成长，也印证了师姐给我们班带来的正能量和长期影响。

（四）助力健康指导

2019年10月，同学们进入了高三的疲惫期，上课犯困的同学越来越多，这使得大家的学习成绩有所下滑。在我正想着如何帮助同学们时，2009届的一位毕业生给我发来了微信："强哥，你今年教高三吗？我今天在进修时突然想起自己高中时也会有一些健康的毛病，如颈椎病、腰痛等，我可以与师弟师妹做个交流，教他们学习自我保健，让他们能有更好的身体应对学习。"

这位毕业生现在就职于广州某医院，从事针灸推拿康复医疗的工作。看到他这么主动联系我，我的内心既温暖又感动，当即跟他约定了时间，让他来班上举行讲座。他从颈椎病、腰痛、痛经、焦虑等几个点切入，传授了很多简单但实用性很强的小方法，师弟师妹受益良多。我把这些方法整理后打印出来，同学们累的时候就集体做操，缓解疲劳，这成了他们在高考备考过程中劳逸结合的一个重要方式。

（五）助力宿舍建设

宿舍是寄宿类学校学生除了教室外最重要的场所，宿舍作为一个集体空间，会对学生产生很多潜移默化的影响。因此，如何引导学生营造良好的宿舍环境就显得非常重要。

于是我召开了主题为"团结互助，共同进步"的主题班会，其中设计了一个环节——宿舍奇迹：我们学校2018届的一个男生宿舍C2-204让人刮目相看。他们一起制定了"宿舍公约"：早上起床跟上Tracy（该同学最勤奋，后来考上武汉大学）的步伐，中午和晚上及早回宿舍休息，晚上10:50之前完成洗漱，打熄灯铃后不得再讨论讲话，高考目标是集体考上华南理工大学。

最终，他们宿舍8个人，有4人考上了华南理工大学，2人考上武汉大学，1人考上中山大学，1人考上厦门大学。这个案例给班上的同学带来了非常大的感触和冲击力，这时候再要求他们制定宿舍公约和共同的奋斗目标就顺理成章了。

（六）助力百日誓师

每次带毕业班到百日誓师的时候，我都习惯找一位毕业生帮忙设计海报送给师弟师妹，比起找广告公司制作，这份张贴在墙上的来自师兄或师姐的海报显得更有力量。在今年的网络百日誓师大会上，我依然让师姐设计了一份"青霄有路终须到，金榜无名誓不回"的海报送给同学们，这也是我们百日誓师的主题。

在其中的"我们需要坚持梦想"环节，我又分享了另外一位师姐的故事：从前，有个女孩叫小黄。高二上学期那年，她很想出去参加艺考全日制集训，可是老师认为现在出去学习艺术还是太早了，会把文化课落下。所以她只能待在学校继续学习文化课。一天晚修下课后，为了使自己安下心来，她打开笔记本，写了5个字——"我要上中戏"。写了一遍，觉得不够过瘾，再写多一遍。后来每次她想出去参加集训的时候，她都会打开笔记本写这5个字。有时候只写几遍，有时候会写到自己的心安定下来为止。

高三下学期，她完成艺考后又回到学校开始学习文化课。刚回学校的她，完全跟不上老师和其他同学的复习节奏，再加上那个时候中央戏剧学院的合格证还没有发下来，她还是不能安下心来学习。于是，她偷偷地溜出了课室，去到一个能让自己安心一点的小角落。她不经意间找到了自己离开学校前留在这里的笔记本。她随便翻了一下，发现里面有好几页都是一年半之前自己写下来的"我要上中戏"这5个字。

于是，那天晚上之后，她更加发奋地学习。所以，当你觉得疲惫的时候，当你想放弃的时候，不如静下来，看看你当初写下的目标。而这个故事的主人翁就是2019届考上中央戏剧学院的师姐黄裕兴。同学们听了这个故事一定非常有感触，在高考冲刺阶段更加有动力。

（七）助力心态调整

2017年5月，距离高考还有一个多月的时间，我所带的文科实验班却流露出一丝焦虑情绪，有些同学因为成绩退步或者波动巨大而担心考不上理想的大学和专业。于是，我及时召开了一个"我与高三的长情告白"307班考前加油班会。

我在班会上分享了一位毕业生的故事：她叫谢敏玉，1991年毕业于我们学校，1995年毕业于中山大学化学系。但她喜欢中文，为了圆一个中文梦，她从大专自考开始，到本科，到硕士，毕业后任教于我们学校。到后来她继续深造，2011年获得中山大学的文学博士学位。2014年，她完成了在中山大学的博士后学习，就职于佛山科学技术学院，从事中文教学，现在已是该校人文与教育学院的副院长。

她曾说过："如果人生有宿命，中文就是我的宿命。不是师范毕业生，却当了老师；化学专业毕业，却教了语文；中大本科毕业，却重新参加自考。在旁人看来，这一切是多么令人费解和同情，仿佛是命运在跟我开大玩笑，让我无端走了一大段冤枉路。然而，我认为这是上天对我的眷顾：在我以为跟语文无缘的时候，命运重新给了我机会；在我意识到自己热爱语文教学之前，命运把一切都安排好了。因为差点错过，所以格外地珍惜。生活并不缺少诗，而是缺少一颗'语文'的心。"

通过这位师姐的故事，相信同学们一定会意识到高考虽然重要，但并不能决定自己的一生。高考只是自己成长路上的一节必修课，只要拼尽力气，即使没有达到自己一时的理想，也无怨无悔，不影响自己继续追逐梦想。

在准备这次讲座的过程中，这些出现在讲座中的毕业生们的故事依然历历在目，又一次给我带来了无尽温暖，让我体会到了做老师的幸福感。也希望这次讲座能带给大家一些收获。感谢大家的倾听！

【讲座反馈】（节选）

有一种教育技巧叫作"三位一体互促法"，就是班主任充分调动学校、家庭、社会三者的力量来管理班级，助班级成长。孙老师借助毕业生之力，我理解为社会力量，我跟孙老师一样也一直在做这方面的工作。我也会借助大学在读毕业生之力为孩子们点亮成长之路。我还会请现为优秀企业家的毕业生回校资助班级优秀学生和贫困学生，为他们点亮成才之路。

广东省佛山市三水区第三中学　张佳望

孙老师的讲座以独特的视角，借助毕业生之力，为班级成长注入能量，让毕业生成为班级文化的特殊资源，很赞！对于毕业生来讲，这是回顾自己心路历程的机会，分享自己的成功经验和梦想之旅，是自己走过的路程中采撷硕果的呈现，是对拼搏过程的感谢，是对实现理想的感激。同时，对于在校生来讲，这是一堂原生态的生动的人生规划课，学长学姐们为学弟学妹们注入鲜活的力量，温暖、亲切又激荡人心，鼓舞着他们继续追梦的斗志，完善他们的人生观，并对美好生活充满向往。

山东省乐陵市第三中学　王娟

以情育人，育有情人；以爱育人，育爱心人

广东省惠州市龙门县永汉中学　袁春琼

【讲师档案】

袁春琼，本科学历，高中化学高级教师，龙门县学科带头人、龙门县首届名师、惠州市优秀班主任、惠州市名班主任、惠州市"爱岗敬业好人"、广东省高中化学骨干教师、广东省南粤优秀教师、广东省特级教师。

永要德育联盟的各位老师：

晚上好！我今晚给大家分享的讲座题目是"以情育人，育有情人；以爱育人，育爱心人"。

学生在成长过程中渴望接受愉悦的教育。可是由于应试压力，心理素质差的学生常会出现极端行为。情感对他们的性格、行为的养成起着决定作用。对学生实施情感教育，是我们每个老师必备的技能。乌申斯基说："教师的情感和人格魅力，对学生的心灵上的影响是任何科学、任何道德箴言都不能比拟的。"由此可见情感教育非常重要。中学生需要具备哪些情感？如何让学生具备这些情感？我认为可以从以下两个方面进行有效的情感教育。

一、以情育人，育有情人

（一）爱国情——爱国教育

培养学生的国家意识、爱国情怀是情感教育的重要内容。公民只有明国史、知国耻、懂国情，才能树国格、扬国魂、振国威。知识经济时代，发达的经济提供了丰富的物质基础，却淡化了爱祖国、爱社会、爱人民的情感。我们可以利用电影、电视、歌曲等生动的教材，引导学生知国、爱国，激发学生的爱国情感；也可以结合重大节日、重大事

件开主题班会,让学生了解国情,学习历史,缅怀先烈,珍惜现在。

(二)怜悯情——爱心教育

无恻隐之心,非人也。对遭遇不幸或处境艰辛的人的深切同情,是我们爱社会的情感前提。一方有难、八方支援是人性真善美的体现。培养青少年对老弱病残者的关心,鼓励青少年对惨遭天灾人祸的不幸者的支援,是高尚道德情操形成的情感基础。我每学期带领学生自觉捐款,买水果到敬老院看望老人,为学校或班级突遭变故的同学家庭捐款捐物,等等。2008年汶川地震,我带领学生上街发动捐款,举行爱心义卖,筹得善款8000多元并邮给当地的红十字会。我们还结合"该不该捐""该不该扶"等社会热点现象展开辩论,帮助学生树立正确的人生观。

《爱的教育》一书中有一篇《故乡的爱》,其中父亲写给安利柯的一些文字让我内心受到极大的震动:"安利柯,记住!任何时候,你在街上遇见衰弱的老人,抱小孩的妇女,以及拄拐杖的、背重物的、穿着丧服的、身体瘦弱的人们,都要谦恭地让路。我们对于衰老者、不幸者、残废者、劳动者、病弱者和死者,都应该同情。看见有人被车子撞倒,如果是小孩,就要去救护;如果是大人,就要去关照。遇到小孩子独自在那里哭,要问他哪里不舒服了;看见老人手杖掉地上了,要替他捡起……"

对弱者的悲悯、同情,是高尚的行为。高尚的行为是对孩子最有效也是最有力的教育。当我们把爱渗透到教育中,就不仅仅是教育,更是对孩子的塑造。美好的心灵就在这样的爱和教育中被塑造出来。

(三)集体情——团结教育

集体的形成,要靠一种精神情感,教师把几十个互不认识、个性各异的学生个体联合成一个有机的整体,并以其强大的凝聚力把个体的思想、情感和目标凝聚为集体共同的思想、情感和目标,从而强有力地支撑起班集体这座大厦。一开学组建新班级的时候,我就把全班同学的生日都记录下来,在学生生日当天全班一起庆祝。礼物不在贵重,有心即可。在班会课时,我们通过"个人与集体""我能为集体做……"等主题加强集体主义教育。在学校年级组织大型集体活动时,利用"同心圆小活动"增强班级凝聚力,激发学生参加集体活动的热情。形成集体的认同感,是进行集体教育的最佳契机和最佳途径,组织好每一次集体活动,让学生个体在比赛中感受集体的力量,为集体的荣誉去努力、去奋斗,更好地成就自我。

(四)师生情——尊师教育

作为老师,应该重视与学生建立和谐的关系,努力与同学们在心理上、情感上形成融洽、信任、友好的关系。我们要懂得"三学""三忌"。三学,即学会制怒、学会换位、学会倾诉和倾听；三忌，即忌翻旧账、忌亲疏有别、忌摆架子。我们不但要注意自己在不同场合的言行，还要注意协调学生和任课老师的关系，做到真正爱学生。这样，学生会被我们的爱感染，自然也会"爱上"我们。师生之间有了感情，学生能时时处处感受到老师的爱，才会以更好的姿态回报我们。

（五）同学情——共处教育

学会共处是现代社会中人的重要本领。学生成长在信息化时代，更容易封闭心门，在网络世界中寻找内心世界的出口，而不懂如何与身边的同学相处，不懂珍惜同学之间的友情。长此以往，导致他们与同学之间关系比较疏离。这对其融入集体、身心的发展、学习的进步，都有害无益。

针对这些情况，我们班主任可以通过"实话实说""同学，我想对你说"等主题班会或活动，引导同学们表露自己的内心，使他们学会倾听、理解别人。可以通过"接纳自己和他人的不完美""嘿，我是最独特的"等主题活动，引导学生接受自己和他人的不完美，引导学生用"有则改之、无则加勉"的态度去面对自己在学习中的缺点、弱点，让学生面对同学真诚指出自己的不足时能坦然受之而后改之。这样的活动既增强了学生的心理抗挫能力，也提高了学生与他人相处的能力。

我们还可以通过生活中的事例，教育学生"己所不欲，勿施于人；得饶人处且饶人；能帮人处且帮人"，学会与同学共处、共情，完善自我，提升自我，并从集体中收获更多美好体验。

（六）父母情——孝道教育

"百善孝为先，孝道大于天。"孝道教育是情感教育的一个重要组成部分。一些从小被溺爱、纵容长大的孩子往往以自我为中心，以为自己是天下第一；一些家境贫寒、物质条件不宽裕的孩子，心中可能会对父母有所埋怨；那些被父母严格管教，甚至时常被责骂的孩子，心中甚至可能对父母有深深的怨恨。尽我们所能教育学生，理解父母、孝顺父母，爱父母是本能，是为人子女的美好品德。

我利用母亲节、感恩节等节日向学生推荐一些亲情文章，讲一些亲情故事，利用孝老爱亲的故事教育孩子该如何孝敬老人，让学生了解父母之爱，感受父母之情，体验亲情的无私与伟大。

与学生个别谈话指导他们如何努力学习时，以亲情为动力会特别有效。许多学生都会为父母而改变自身不足，争取学习进步。我们应该多了解学生的家庭情况，掌握学生家长身上的优秀品质，实施亲情教育，打动学生，引导学生不断追求上进。

二、以爱育人，育爱心人

爱，永远是教育的主旋律。教育的真谛是从爱后进生开始的。"特别的爱给特别的你。"如何爱学生呢？我有以下心得和大家进行分享。

（一）公正的爱叠加学生的支持

鲁迅先生有句话："教育是植根于爱的。"教育技巧的全部奥秘就在于如何爱学生。我认为怀着深深的爱去对待学生，尤其是对后进生要有更多一点公正的爱，学生会更信任你，也能在很多不经意的瞬间产生更多的教育奇迹。

我曾经带过一个班级，该班级以姚同学为首。他能说会道，行为乖张霸道，一般情况下没人敢说他，男生跟随他，女生害怕他。他只要看哪个老师不顺眼，就带着一帮人起哄，让老师下不来台，上不了课。他经常在网吧通宵打游戏，不愿回家面对他凶神恶煞的爸爸，不愿听溺爱他的老妈啰唆，他吃完早餐就直接到学校，想睡觉就睡觉，睡醒就在课堂上讲话。

面对这样一个班级"老大"，我思考良久，既感到头疼又为姚同学感到惋惜。是维持现状，一直到他毕业完事大吉呢，还是要做点什么改变一下他？出于班主任的责任感，更出于对一个孩子成长的关心，我决定选择改变他。没有调查就没有发言权，我决定先在班上进行一次问卷调查。实际上，这是一次专门为他设的调查问卷。

1. 你最爱的人是谁？
2. 你最欣赏的品质是什么？
3. 你最向往的职业是什么？
4. 你家里的主要经济来源是什么？
5. 你认为你是一个怎样的学生？
6. 从小到大骂你最多的人是谁？因什么骂你？你恨他（她）吗？
7. 你希望初三（4）班是怎样一个集体？
8. 你喜欢什么样的班主任？
9. 你讨厌什么样的老师？
10. 如果班主任哪天因某件事批评了你，你会如何处理？

我针对问卷答案做了分析和总结，初步了解了他的性格与想法：他喜欢公平公正有爱心的老师，不喜欢被冤枉，有错就认。我在班上对学生说："我会尽己所能做一个公平公正爱护每一位学生的老师，也希望你们面对批评时能坦然处之，就事论事。"这句话传递着这样一种观点：摆正面对批评指正时的态度，内心明白所有的批评都源于老师的爱。

我决心要以公正的爱感染他。我在开学的第一节课便指派他负责搬书，对他几个

"兄弟"都安排不一样的工作，顺便叫了几个女同学，其中一个据说是他一直喜欢的女生。为了在女同学面前表现自己，他一个人一次搬3包书，他在女同学的欢呼声中一个人把全班的书、练习册、作业本搬到教室。全班同学为他鼓掌，我也第一次看到他笑了。我还请姚同学参与班级管理，分批次召开各个层面的学生会议，让不同层面的学生支持、接纳姚同学的管理，对姚同学既给权力又有约束。我将自家征订的《故事会》《读者文摘》全拿过来交给他管。除了他，别的同学上课不能看小说和讲话，我嘱咐他上课不想听时就看《故事会》，实在看烦了可以到办公室找我聊天。从聊天中我发现，他并没有外界传的那么蛮横和不可理喻，反而是一个很有血性、讲义气的孩子；同时，他还因肥胖而自卑。他在文武学校就读时常被欺负，回到家乡读书后有了底气，找到了掩饰自己的脆弱的途径：在一帮人中做"老大"来满足自己的虚荣。因为经常和我聊天，所以他也从心里开始认可我，我每次跟他谈话都会表扬和肯定他，同时再提一点点小要求，每次聊天都能让他收获自信并认识到不足。他在接纳我的教育，不断进步。一个一身戾气和痞子气的学生，进步的过程也会充满艰辛，仅靠一份公正的真情还不能点燃他追求上进的希望之火，他的进步需要一个漫长的过程，在这个过程中需要我们老师不断给予他关怀。

我用不带偏见的公正的爱，在姚同学心中树立了老师的形象，让他愿意因这份爱而去改变自己。

（二）真心的爱唤醒学生的心灵

我们都知道，只有对学生真心付出，才能唤醒学生的心灵，才能走进他们的内心，才能产生巨大的教育力量。

我忘不了那个寂静的深夜响起的电话，接通电话后却只听到重金属音乐的嘈杂声。原来班里的"四大金刚"无视我平时的教育及关爱，无视学校的规章制度，居然跑到外面酒吧酗酒，并就此下了个赌注：打通老师的手机一句话不说，如果老师来找他们，就决心从头再来，认真读书；如果没有来，就按原计划，第二天一早就离开学校外出打工。那一通电话果真改变了他们的一生，因为我接到电话后心急如焚，不顾家里2岁的女儿，叫醒年近80岁的老妈妈照看女儿，带着自己先生一起连夜去找这"四大金刚"。在镇上找到第三间酒吧的时候，才在乌烟瘴气的大厅的一角找到他们。正喝酒抽烟云里雾里的他们看到班主任站在他们面前，惊愕得几乎同时把啤酒瓶放在桌子上站了起来，我用责备而痛心的眼神瞪着他们，没说一句话，转身就离开。他们乖乖跟在后面，离开酒吧。到了他们家门口，姚同学拉住我先生的手说："叔叔，我保证从现在开始不做让老师失望的事！我一定尽我最大的努力去学习！"这时走在前面的我不禁泪流满面，我知道这个曾让所有科任老师都束手无策的、让班上学生敢怒而不敢言的、用狂妄和霸道来掩饰自卑的、脆弱多疑敏感的男生，一定会彻底改变的，因为我听到了这个不随意敞开心扉的、桀骜不驯的男孩，对着另一个男人的承诺。我回头望他们时，他们也都泪流满面，这时再多的语言也是多余的。我轻轻地说："先回家睡觉吧，明天还要上课呢。"

第二天早上，我一如往常6点多来到课室，看到办公桌上放着一封信。信的结尾是这样的："如意料中的一样，却又是那么令我们震惊，您居然真的来了，还和叔叔一起来。老师，我错了，我不应该怀疑您对我们的爱。回到家后我们四个通了电话，都决定回校认真读书。老师，您放心，我们四兄弟会为班集体争光，为您争气的！"

皇天不负有心人，后来他们4位同学都考上了我们学校的高中部，虽然高中部录取分很低，但是对于他们来说，是走上了人生中一条新的道路。上了高中的他们因为基础不好，成绩较差。在我的动员鼓励下，他们学了美术，后来都考上了美术本科院校。

面对这样的后进生，我认为做好爱的投入，学生才会产生共鸣，爱的情感教育能使学生精神振奋，从而激发其独立思考，开启心智，走向成功。

作为教育工作者，我们需要像爱自己的孩子一样爱学生。所有的教育，都需要教育者的爱。教育者的爱，能塑造天使般的心灵。

习近平总书记强调："教育是一门'仁而爱人'的事业，爱是教育的灵魂，没有爱就没有教育。"感谢各位老师的聆听，让我们共同成为有情人，拥有爱人的能力。谢谢大家。

【讲座反馈】（节选）

心中有爱　眼中有光

——听"以情育人，育有情人；以爱育人，育有心人"有感

袁老师的讲座可以说是个德育大课题，家国情怀全面实施。我非常认同袁老师所说的"爱的教育永远是教育的主旋律"。是的，没有爱，就没有教育。没有爱的教育，也不会培育出有爱之人。袁老师从六大情感教育贯彻德育教育，在立德树人方面做得非常扎实、到位。她从小事做起，从细处着手，通过影视教育、募捐活动、实践体验等各种方式培养学生的家国情怀、感恩之心。在班集体教育中，她注重道德品质教育，以及良好班风的形成。在"特困生"教育上，她充分利用个人优势，以母亲般的关爱和包容之心，感化夜不归宿、酗酒逃学的学生；她用"戴高帽提要求""参与班级管理约束言行"等智慧之举来改造"特困生"的顽劣品行。

袁老师今天的讲座引发了我对教育的一些思考：第一，现在大部分家长、学校重智轻德，忽视学生的道德品质教育，所以现在的"问题学生"与日俱增。第二，很多学校的道德教育缺乏系统性，没有明确的年段德育标准，没有系统的道德教育课程。虽然各个学校设有思想品德教育课，但是很多小学由于"思品课"不用考试，大部分课时都被占用，上语数英科目了，道德教育根本得不到落实。第三，没有充分发挥班会课的阵地

教育作用。一些班主任老师对班会课的开展随意性大，主题不突出，针对性不强，教育效果不明显，大大影响了教育教学效果。第四，很多老师对待"特困生"都是采用较为简单粗暴的方式进行教育，在多次教育不见效的情况下，大多采取听之任之、忽略不计的态度，只要学生不惹麻烦、不出大乱就好。因此，也常常听到老师抱怨问题学生难教。

为什么袁老师能将问题学生成功转化，使其变得积极上进，最后还考上了大学本科？我想，这离不开袁老师日常教学中开展的系统德育教育，离不开袁老师的智慧教育，更离不开袁老师博大而深沉的爱！只要心中有爱，眼中就会有光，教育上的很多问题就会迎刃而解！

广东省深圳市天骄小学　严怡婷

用爱唤醒灵魂，用情浇灌生命

今天，我认真聆听了袁春琼老师的"以情育人，育有情人；以爱育人，育爱心人"的讲座。听着听着，我眼含泪花，被袁老师那种大爱情怀感动了，特别是听到她和爱人让80岁的老母亲照看2岁多的孩子，在半夜去酒吧找学生的故事。有这样大爱的老师，现在太少了！

此时，我的头脑突然闪出两句话：教育就是用生命去影响生命，用一个灵魂唤醒另一个灵魂。袁老师就是用她阳光的生命影响内心黑暗的学生，用自己高尚的灵魂去唤醒濒临堕落的灵魂！

为了唤醒以姚同学为首的"四大金刚"的灵魂，袁老师想尽了各种方法，用她的爱心，用她的智慧，润物细无声地进行引导教育。例如，巧妙开展为姚同学设计的问卷调查，分配班级任务时搭配他心仪的女同学，适时地给他们"戴高帽"又严格要求。她做到了苏霍姆林斯基所说的："教育者最可贵的品质之一就是人性——对孩子深沉的爱，兼有父母的亲昵温存和睿智的严厉与严格要求相结合的那种爱。"

不仅如此，袁老师的家国情怀还在班主任工作中淋漓尽致地体现出来。她采用多种方式和活动，培养孩子的爱国情、怜悯情、集体情、师生情、同学情、父母情，引导学生形成正确的世界观、人生观和价值观。袁老师的教育，不仅有温度，而且还有宽度和高度。

在如今比较浮躁又讲功利的社会，袁老师的爱如一股细细的清泉，洗涤着人们的心灵；又如激情澎湃的浪花，撞击着人们的心怀。袁老师的"上善若水"，滋润着我们的心田。

广东省惠州市第三中学　欧诗慧

"网红班"走红的背后
——如何构建优秀班集体

广东省东莞市松山湖实验小学　陈超

【讲师档案】

陈超,小学二级教师,本科毕业至今一直承担语文教学兼班主任工作,并担任教师发展中心副主任及年级德育副主任。曾多次参与市级课题,多个课例、论文在省、市、区获奖。多次参加市、区、校现场竞技课比赛,均获一、二等奖。曾获"东莞市小学道德与法治教学能手""松山湖优秀班主任""最美教师·最美松湖人"等荣誉。

永要德育联盟的各位老师:

大家晚上好!我是今天的主讲人陈超,很荣幸也很激动今天有机会在此和大家分享。今天我带来"'网红班'走红的背后",希望能伴您度过愉快的夜晚。

一、我的故事

音乐专业学习的经历让我在教育教学路上不走寻常路。也正是音乐教学的经历,让我深深感受到"班主任"对学生成长的重要影响,更让我珍惜"班主任"手中的"权力"。想起刚担任班主任时,自己曾经每天以泪洗面,一是因为没经验,二是因为看到班级常规管理的重要性却又手足无措。

二、我的班级

这4年来我和46个孩子相识、相知、相惜……几年来,班级承担过所有科目的公开课,其他老师也说在(12)班上课是舒心的、愉快的。老师们对我们班的评价非常高:

课堂常规有序，学生能力突出，学习成绩拔尖，家长配合度高。那么，班上现在呈现的课堂常规、班级的综合状态，是如何做到的呢？学校公认的"网红班"，是如何炼成的？

（一）以精神文化为引领

俗话说：细节决定成败。接班前，我对班级建设有一个大致的设想，我希望他们是一群积极向上、爱学习、懂感恩的快乐精灵。基于此，构建"优秀"班级的大致路径是，统一认知—微格动作—自我教育—全面发展。

1. 教师层面

老师只是孩子成长路上的有缘人，谁都不知道自己能陪伴孩子多长时间、走多远。明年，后年……其他老师接班时，这个班级学生的"样子"是什么样的？作为班主任，作为任课老师，应思考：将来学生离开学校后，我们在他们心里留下的是什么？"教他们一天，想他们一生"是我的工作指南，这也是践行我们学校所说的"为学生终身发展负责"的办学理念。

2. 班级层面

除了设计独一无二的班级名称、班级口号、班级目标外，我还把班级文化化为学生容易记住的关键词。我们班叫"快乐精灵"，所以，班级文化关键词是"快乐玩，认真学"。这六个字不仅是口号，还是一种学习态度、一种生活态度，更是前进的方向。

关键词解读：①"放飞"自我。我希望他们拥有鲜明的个性及敢于发表自己意见的勇气，同时虚心接受别人的批评以及养成独立思考的习惯（思维生长）。②和谐班级。家长和老师、同学与同学共同为班级营造平等、和谐、融洽的环境氛围（氛围生成）。③知恩感恩。不给别人添麻烦，主动承担，尊重他人（品质生发）。

（二）以学生习惯为依托

爱因斯坦说："什么是教育？在学校里学到的所有东西全部忘光了之后，留下来的东西才叫教育。"我认为，教育非常重要的一点就是要培养学生养成良好的学习习惯。

基于此，我从学生当下情况入手，把学生的行为习惯细化分解。

1. 标准动作统一化：站、坐、拿、走

训练背景：这些动作看似简单，其实越简单的事情往往越难做，且越容易被忽视。好的班级应该是井然有序的，而不是杂乱无章的。

训练时间：开学一个月每天固定时间。

训练方法：现场示范或者拍摄微视频，在课堂中学习—练习（演练）—习得—跟踪—强化。同时，在训练过程中，采用游戏和积分奖励的方式激励学生，保证训练过程不枯燥。

2. 精细动作标准化：表情、手势、眼神

训练背景：在课堂上，学生的仪态也能为其加分不少。有了标准动作做支撑，接下来就是学生的表现力。比如：手势，学生在说得激动的时候，适当的手势是不是会为其添彩？学生在台上展示的时候，恰当的手势是不是会为其增色？

训练时间：语文课堂/早读。

训练方法：教师示范或者观看主持人大赛、演讲比赛等视频，学习模仿他人的动作。

3. **高阶动作个性化：自然表现、目光定位、表达有序**

训练背景：标准动作、精细动作进阶之后的高阶动作是个性化呈现，学生有了前期的"定式"训练，接下来就是更完美地呈现。

训练时间：回家10分钟/课前10分钟/早读。

训练方法：学生回家对着镜子练习，通过朗读课文或者进行小型演讲，录制视频进行展示。例如，目光定位。每天早上早读时集体练习，老师示范，优秀学生带领。（动作要领：下巴微抬，眼睛看向前方一个点，眼神保持不游离，女生丁字步，男生双腿自然打开，脸部表情自然放松）经过几年的训练，班上孩子的肢体语言表达比同年级学生都要得体。

（三）以班级活动为载体

看到这样的课堂，也许您和我一样，会觉得班级尽管井然有序，但给人的感觉是太严肃、太正规了，缺少了学生的活力与生机。所以，我会在平时借用活动来丰富学生的生活，提升学生的思维能力，充盈学生的精神文化。

1. **团建活动**

活动目标：提升小组合作能力、归属感、荣誉感。

活动方式：以4人小组或者8人小组为单位开展游戏。每月有不同的主题游戏，游戏均取材于网络，游戏活动时长为10分钟左右。

活动效果：学生天生就喜欢挑战和刺激，不喜欢一成不变的事情。开展游戏，并进行游戏反思，更能促进学生们的统整思维，充分激发学生的自我觉醒能力。

团建活动详情如表1所示。

表1 团建活动详情

活动时间	活动名称	活动目的	活动规则
2月	你争我抢	倾听	1. 以4人一组为单位，每组派1人参赛； 2. 准备1张凳子及1瓶水摆在凳子上； 3. 每组代表围成一圈蹲下； 4. 教师发布指令，如：摸摸你的头，摸摸你的脚……抢！ 5. 游戏分三轮，抢到几次得几分
3月	运"快递"	合作	1. 以组为单位，自行准备若干个足球； 2. 两人中间夹1个球（数量由本组自行决定），运送到指定地点，不得用手触碰，球掉为失败； 3. 运球数量为本组得分
4月	传声筒	沟通	1. 以组为单位，准备若干个成语； 2. 每组派1个代表，作为考核者； 3. 组员自行安排、猜测顺序； 4. 猜对积分给对方，猜错积分给考核队
5月	七嘴八舌	换位思考	1. 各组准备1张纸，简单画1个人； 2. 各组每人模拟责怪此人（说一句话），把纸轻揉一下； 3. 各组轮完，由学生说体验：如果你就是这个人，你的感觉是什么

2. 主题活动

活动目标：提升学生绘画、查阅、合作、交往等方面的能力。

活动方式：以月为单元，细化至每周一目标、一活动。在课堂上或者回家进行小组研究/个人研究。调动学科教师和家长的力量，盘活学校周边的资源，为活动赋能。

活动效果：孩子们都能自主、自觉参与，锻炼了学生之间的合作能力、沟通能力，也拓宽了学生的知识面，增强了学生的统整能力。同时，个人特长得到展示，锻炼了个人自信。

主题活动的具体内容如图1所示。

图 1　主题活动的具体内容

3. 阅读活动

活动目标：提升学生的思维能力、阅读能力、表达能力。

活动方式：以月为单元，分为共读一本书全班分享/每周一张深度阅读单，以深度阅读、小组校外共读活动、阅读笔记、阅读打卡等多种方式开展阅读。

活动效果：在阅读活动中，激发学生的阅读兴趣，其阅读广度和阅读深度在一次次的阅读活动中得到了很好的提升。学生们逐渐形成自己的思辨能力，以及对文本的理解力，同时拓展了知识面。

4. 课堂活动

活动目标：提升学生的自信以及思辨、表现、表达能力。

活动方式：招聘"小小讲师团"成员，在课堂中尝试进行知识讲解或者应试经验分享；选拔"故事达人"在低年级进行"我为低年级讲故事"活动；召集"小小主持人"，自行组织班级反思等活动。

活动效果：充分锻炼了学生的应变能力、统整能力、表达能力。

除此之外，学生自主管理班级各项事务，培养了学生的自主管理能力。几年来，我们班的自主管理渐入佳境：二年级自行组织上复习课；三年级自行组织升旗仪式，小组自行布置家庭作业；四年级自行组织上体育课。一日常规自行组织：早读前测体温、安静阅读、花草管理、特色课程开展、放学离开……从自我管理到人人管理，再到班级责任承包制，这样的管理既科学，也为班级学生全面发展赋能。

教育不是一蹴而就的，班级还有很多不足的地方，但我相信一步一个脚印，我将继续用坚定平和的内心和高尚的人格来影响学生，在我们的教育教学中践行每一句名人名言，真正做到：蹲下来看世界，让孩子站在学习的中间。谢谢！

【讲座反馈】（节选）

习惯决定成败，一个孩子的好习惯的养成是从刚入学开始的。陈老师把唤醒生命、重塑学生的精神世界作为自己的使命，从思维上让学生放飞自我，培养孩子们鲜明的个性和独立思考的学习能力，营造和谐共长的氛围。孩子们在集体中平等、和谐、融洽相处。陈老师注重培养学生良好的习惯。她从课堂常规、能力培养、常规的习惯行为开始，有梯度地进行培养。适时地举办班级活动，拓宽学生知识面，培养了学生的综合素养。每项活动都做得有声有色。她对班级用心，其班级成为"网红班"是必然的。

甘肃省凉州皇台九年制学校　马秀红

聆听了陈老师的讲座"'网红班'走红的背后"，尤其是看到陈老师展示孩子们自主组织复习、上体育课的图片时，活泼、守纪、充满活力的画面在我脑海里一直萦绕着。有这样的学校生活，学生是多么快乐、有成就感；有这样的老师，他们是多么幸福。

陈老师提出了老师们唤醒生命、重塑学生的精神世界，孩子们快乐玩、认真学的教学原则。教与学相得益彰，相辅相成。老师们只有将打开孩子的精神世界作为教学源泉，以学生为主体，重视内心世界教育，才能更好地促进学生学与玩的平衡。教育是一个渐进的过程，需要耐心。陈老师将课堂常规、能力培养置于书本知识之上，充分发挥孩子的主动性。这种自主学习、自主管理的方式是值得我们学习和借鉴的，这种放手的教育方式需要班主任多下功夫。向陈老师学习！

广东省佛山市三水区华侨中学　高欢

班级管理中的"破窗效应"及其预防策略

——我和183班的故事分享

广东省化州市官桥中学　刘志发

【讲师档案】

刘志发，高中数学一级教师，化州市官桥中学副校长，茂名市陈燕平名班主任工作室成员，广东省谭亚英名教师工作室学员。工作以来，一直坚持"成就学生，发展自我"的教育理念，育人修身，业绩显著。先后获得"广东省南粤优秀教师""茂名市首批教师培训者培养对象""茂名市第二批青年名师培养对象""茂名市教坛新秀""茂名市名班主任""化州市青年名师培养对象""化州市优秀班主任""化州市优秀教研教师"等荣誉；参加省、市、镇演讲比赛均获佳绩，参加茂名市班主任专业能力大赛获一、二等奖各一次，参加化州市班主任专业能力大赛和数学说课比赛均荣获一等奖，多篇课例获茂名市优秀课例和化州市一等奖；主持化州市德育课题和茂名市学科课题研究各1项（均已结题）；主持省级德育课题1项，多篇德育案例获省市奖励；撰写教育教学论文30多篇，发表或获奖20余篇；合著《成长共育——班主任成长23讲》（广东省名班主任工作室主持人刘永要担任主编）。

座右铭：自知需向极高处，不用扬鞭自奋蹄。

永要德育联盟的各位老师：

大家好！今天晚上我和大家分享的主题是"班级管理中的'破窗效应'及其预防策略——我和183班的故事分享"。

我们先看几个案例。

案例1：如果教室有一些垃圾，我们不及时打扫，慢慢地教室会出现更多的垃圾。

案例2：如果教室有一块玻璃破碎了，不及时更换，很快就会出现第二块、第三块……

案例3：如果有一两个学生不交作业，老师不催交，不跟踪处理，慢慢就会出现第三个、第四个……

有经验的班主任都知道：一个班级如果开头疏于管理，放任自流，问题就会越来越多，班级风气、学习成绩就会越来越差。即使以后再花很大的精力，也很难纠正过来。同样，一个班级被视为差班以后，班级的情况就会越来越糟，甚至一发而不可收……

其实，这些现象都是由班级管理中的"破窗效应"造成的。"破窗效应"是由詹姆士·威尔逊及乔治·凯林提出的一种犯罪学理论。该理论认为，当一些不好的行为和习惯出现在环境中时，由于没有人进行管理而被放任存在，就会诱使人们仿效，甚至让这种现象变本加厉。以一幢有少许破窗的建筑为例，如果那些窗不被修理好，可能会有破坏者破坏更多的窗户，最终他们甚至会闯入建筑内，如果发现无人居住，也许就会在那里定居或者纵火。

疏于管理的班级就如同被敲了一个大洞而又得不到及时修理的窗户。学校教师和其他班级的学生就会对这个班产生不好的印象，而这个班的学生也会逐渐认同本班在人们心中的印象，得过且过，不思进取，那么，坏风气、坏习惯、坏思想就会乘虚而入，慢慢滋长蔓延开来。如此恶性循环，最后一发而不可收。

但是，如果出了问题能及时有效地解决，就如同把破窗及时补上了，给人一种焕然一新、井然有序的感觉，坏风气、坏习惯、坏思想便无机可乘。那么，人们对这个班级的评价就会越来越好，学生的心理定位也会越来越高，班级风气就会越来越好，学习热情就会越来越高，从而形成一个良性循环。下面，我们看一则案例。

离广东省高二学业水平考试（政治、历史、地理）只剩下一个多月，高二183理科班大部分学生依然没有紧张备考的意识，对老师的测试也是随意应付了之。根据本学期的模拟考试，能一次考过C级（含50分）以上的同学不到全班的1/3。而且，学校连续几年均有一半左右的同学需要补考2门甚至3门，有的同学甚至补考两次，一次是高三第一学期的1月份，一次是高考完的第二天（6月9日）。

背景：学生基础极差，我们的学生是第三批次录取的，第一批次是最好的龙头学校，第二批次是5间马车学校。中考总分700多分，我们学校普通高中录取的分数是286～353分之间的。

对此，该怎么办？经过再三思考，我想出了以下策略。

规划：认识现状，了解所想，理解需求，运用智慧。

提高思想认识：思想通了，纪律和学习就看到希望了。

马斯洛需要层次理论：生理—安全—社交—尊重—自我实现。

民主公平公正：发现问题，寻找问题根源，给出解决思路，共同制定规定，开展自我教育。

为了不打无准备之仗，我首先设置了无记名调查表（见图1），目的是了解学生的心声,调查清楚班级管理的现状。调查表主要对学生在班级纪律、学习上遇到的问题,令自己感到不舒服的五件事,感到幸福快乐的十件事,谈谈自己理想中的班级是怎样的,提出班级管理的建议五方面进行调查。随后,我还通过班委常委、科任老师、家长和学生个别谈话等方式进行调查了解。通过摸清学生的现实情况,了解学生所想,理解他们的需求,然后做好规划,实施策略。调查结果如图2所示。

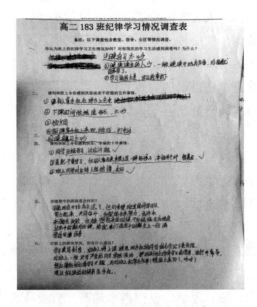

图1 高二183班无记名调查表

图2 调查结果汇总

看完这个结果后，我出了一身冷汗，因为一直以来班干部都没反映过班级情况，科任老师说还行，没有经常向我投诉。看完调查表后，我的第一感觉是什么呢？不知大家是否看过《暴力街区13》这部电影？我感觉这个班级就像电影里面的13区。因为我这个班45人，只有4个女生，其余41个都是男生。当然，实际情况可能不是这么糟糕的，要不我怎么不早出手整治呢？而且，学校百分赛里显示我班每个月的百分赛排名也是排在前列的。

调查后，我不断地思考：到底该怎么办呢？对学生采取强硬手段？学生不服从管理就回家？面对这些不良现象，继续发火？看能否唤醒学生的良知？或者我要让学生见到我就害怕？但面对这些成绩本来就不好、缺乏父母关心理解的处于青春期的孩子，这样会有效果吗？

于是，我开始认真思考如何激发学生的学习内驱力，增强班级荣誉感。

下面，我把我当时的做法归纳为以下三大策略。

一、重建班级免疫系统

（一）班纪班规

制定严格的符合班级实际的规章制度。严格的班纪班规是防止"破窗效应"出现的重要保障。古语说："篱牢犬不入。"只有用严格的班纪班规来扎紧班级管理这道篱笆，才能有效防止不良风气的侵袭、滋长和蔓延。

（二）考核制度

细化、量化学生的各项考核制度。例如，我尝试过开展班级精细化管理，但效果不太好，特别是对学业繁重的高中生而言。班主任应结合学校百分赛、班务日志、科任老师的反馈、领导的反馈、学生教官的反馈等，及时跟踪教育管理。只有这样，班主任才能发现哪儿出现"破窗"需要及时维修，从而及时有效地发现和解决问题。

（三）出现问题后及时处理

"亡羊补牢，未为晚矣"，把发现问题当作教育契机。我的想法是尽量通过活动等形式构建班本课程，让学生在活动中释放一下青春期的压力，发挥学生在班级管理上的主人翁精神，同时也能把问题消灭在萌芽状态。有时候，对学生的小毛病进行大维修，"杀鸡用牛刀"，更能起到防微杜渐、震慑歪风邪气的效果。比如对某件小事，我时而发一次火，学生可能又会把神经绷紧点。

（四）以表扬鼓励为主

班级评价要以表扬鼓励为主。一个班级如果经常被班主任和任课老师批评，整个班级就会产生"我们是差班"的心理暗示，学生就会产生自暴自弃的逆反心理，这样不利于班级的进步。例如，我前几天和一个老师交流，她任教的一个班级被公认为初一级非常差的班，班风不好，学风不正。但是这位老师发现学生亮点的时候会及时表扬，所以学生慢慢地就喜欢上了她的语文课。班主任应以正面的表扬鼓励为主，对品学兼优的学生要在班级里大力宣扬，发挥其榜样和示范的作用，尽量挖掘他们的闪光点。如我班的每月感动班级人物评选就是出于这个目的而开展的。

经过这些年的反思，我认为，从严管理班级，至少应包括以下方面：一是明确班级管理的指导思想，二是学生要遵守纪律，三是在处理学生违纪时要有严肃的态度，四是处理班级事务时要有严谨的步骤。

二、发现学生的闪光点，让优秀影响优秀

通过调查，我发现了身边感动自己和他人的同学。我比较喜欢拿着手机，把我们班同学上课认真的样子、互相探讨学习的样子、参加活动的样子等都拍照或者录一个小视频留念。当我展现这些充满美好的相片或视频时，同学们都很高兴。我也常在学生学习时"偷拍"（见图1），然后分享到朋友圈、班群、家长微信群、年级教师群等，学生变好了，我自然更加高兴。当学生和老师中有一批优秀的人影响更多优秀的人时，你就会发现班级很多学生变好了，家长高兴了，老师也幸福了。

图1

  教育，有时换一种方式，用一些智慧和技巧，我们就会收获很多感动与幸福。这种感动与幸福从何而来？从一个个后进生的转化而来，从走进学生内心世界而来，从学生明白不要把自己的快乐建立在别人的痛苦上而来，从学生明白要让身边的人因为自己的存在而幸福而来。

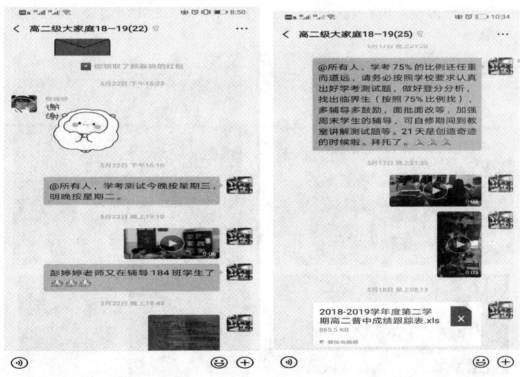

三、多路径让学生获得成功的体验，寻找成长的心灵动力

选择题：
下面选项中，你更喜欢哪个？
A. 面对老师不断的说教和惩罚。
B. 有一个有幽默感、喜欢带领同学们搞活动、亦师亦友的老师。

面对学生的问题行为，比如不愿上学而被父母逼着来学校，我们该怎么办？

在我们农村学校经常会遇到这种类型的学生，其实我们可以尝试做一个学生喜欢的老师，让学生喜欢所在的班级，让学生有成功的体验，学有所成，在这里找到一种归属感，找到其价值所在。为了预防和转化学生的问题行为，下面的图片展示了我们开展的主要活动。

（1）同甘共苦，师生同乐。

周末留校备考，天气太热，我和隔壁班班主任请同学们和辅导老师吃雪糕。

（2）师生同乐。

（3）共读一本好书活动。

（4）我们的水果文化节。

（5）我们的活动体验课"团体俯卧撑"等。

（6）我们的课间。

…………

世界上有两件事最难，一是把自己的思想装进别人的脑袋，二是把别人的钱装进自己的口袋。所以说，教育是急不来的。当我们把融入活动德育的时候，我们不仅仅增强了班级凝聚力，加强了学生的自我教育，也预防了很多问题行为的出现。

终于，皇天不负有心人。经过全体师生的共同努力，我们得到了以下回报。7月3日，学业水平成绩公布，高二183班通过情况如下：全班45人，政治50分（含）以上43人，通过率96%，只有2人没有通过；历史50分（含）以上39人，通过率87%，只有 6 人没有通过；地理 50 分（含）以上 35 人，通过率 78%，只有 10 人没有通过。

这一成绩是我们全体师生辛勤付出的结果，我也感谢当时高二级的师生，特别是 183 班的师生，让我学会了很多班级管理的技巧，也让我得到了一些班级管理的经验。

班主任在实际工作中，应该多一些民主，少一些专制；多一些鼓励，少一些批评；多一些活动，少一些说教；多一些情感，少一些烦躁；多一些共情，少一些责怪。

班级管理要严宽有据、疏堵相伴，这样才能把"堵"与"疏"结合起来，变"堵"为"疏"，或者以"疏"为主，以"堵"为辅，从而让学生增强明辨是非与自我教育的能力。

最后，和大家分享张万祥老师的一句话：教育的最高境界不是学生出了问题后如何有智慧地应对，而是问题发生前的引导，关键在于深究问题原因，寻找预防策略，设计教育方案，构建完备的学生成长引领课程体系，给学生以启迪，使教育与生活相通，让学生受到熏陶，学有所获，知而善行，幸福成长。

为了更好地构建幸福班级，我现在更注重班级文化建设，以文育人，如现在班级开展的竹苑班竹文化建设。

【讲座反馈】（节选）

预防"破窗效应"的策略讲座反馈
从心理学知识看班主任专业素养提升

——听刘志发老师讲座有感

志发在乡镇中学工作，条件一般却坚守教育理想，远离都市却思想前卫，身兼多职依然坚守班主任岗位，让我钦佩，令人感动。我总在想，我把午休时间都用来工作，还是忙得焦头烂额，他却在多个岗位上游刃有余且成绩斐然，原因在哪呢？听了他的讲座，我才明白，他手握利器才能事半功倍，才能把班主任、德育主任的工作搞得有声有色。作为一名心理学爱好者和从业者，我考取国家二级心理咨询师已有 7 年时间，在大学兼职讲授"学校心理健康教育"已有 6 年，我想从班主任专业知识结构的角度谈谈如何提升班主任素养，谈谈把班主任工作当作事业去追求的路径。

一、自我有专业定位

班主任工作属于专业岗位，班主任工作需要专业知识、专业能力、专业意识和专业精神。但目前我国几百万班主任多数没有持证上岗，主要是因为班主任专业待遇没有落实，各地都缺班主任，只能先上岗再培训甚至拉人头，强迫任课教师担任班主任，这种情况下班主任工作的积极性可想而知。要想做好班主任工作，我们在短期内无法改变现状的情况下，只能接受现实同时，在内心深处认同班主任工作的重要性，只有对班主任工作的意义有深度的认同感，才能在班主任工作中收获成长。群里很多老师把班主任工作做得有滋有味，他们在班主任工作中收获了快乐（情感受益）和家长、学生、领导的信任，社会评价极高（关系受益）。一言以蔽之，只有专业的定位，才会有专业的追求的开始。

二、日常有专业学习

班主任工作难做，因为工作对象是成长中的人，人是最复杂的个体，没有完全一样的两个学生，这就决定着我们的工作存在很多不确定性，没有一种方法可以解决所有问题，甚至多把钥匙才能打开一个学生的心扉。但教育学经过很多年发展，尤其是班级授课制走过了一百多年，教育中有很多共性的规律可循，这就要求班主任进行专业学习，了解工作对象，学习基本的管理知识，站在更高的层面去看待我们的工作，才能遇事不慌张，解决有方法，效果有保证。班主任亟须学习的专业知识是教育学、心理学和管理学知识，这是班主任工作中最基本的知识结构。比如志发讲的"破窗效应"实施策略，就是把心理学知识应用到具体工作中的典范，其实北京师范大学刘儒德教授和华南师范大学迟毓凯教授都有相关论著，通俗易懂，即使读者没有心理学专业背景，也能一看就明白。当然，在专业学习中要求精，要弄清原理，吃透要点，打通理论和实践的任督二脉，让理论成为方向，在实践中检验方法，并不断修正，不断提升，最终练成属于自己的"育生大法"。只有手中有利器，工作才能游刃有余。

三、工作是专业实践

班主任工作看起来琐碎平凡，但对老师的要求很高。同一件事，不同的班主任来处理，结果会有天壤之别，甚至会改变一个孩子一生的命运；同一个班级，不同的老师来带，就会呈现不同的状态，也许会改变一群孩子的命运和其一生的幸福。这既是我们工作价值的体现，也需要所有从业者时刻敬畏之。在日常班主任工作中，班主任要多从教育的角度、从孩子一生成长的角度思考，我该怎么做？为什么这样做？怎么才能做得更好？思考这次教育中的常量是什么，变量又是什么，能不能把这个方法用到其他学生身上，需要如何变通。当我们用专业的态度对待我们的工作，把日常小事当作专业问题对待，就会达到苏霍姆林斯基所说的研究性层面。在工作中研究，你就会获得无穷乐趣，自然就没有职业倦怠，也能收获自身成长。教育最美的状态，就是师生因为遇见彼此而完善彼此、成就彼此。

四、建立自己的工作方法论

班主任如能按照专业标准要求自己，注重专业学习，进行专业实践，打通理论和实践之间的任督二脉，就能在班主任工作这方小天地中收获职业的尊严、价值和快乐。班主任工作的终极目标是形成自己的风格，从而培养出更多优秀的学生，正像群里以永要为首的"大咖"们，拥有自己的独门绝技。我们可以从以下三个层面展开修炼：①基于教育原理，确保教育的方向；②结合自身的条件展开修炼；③形成自己的风格，这是我们的终极追求。

感谢志发的讲座，让我重新审视自己；感谢永要团队，让我们砥砺成长。离开班主任队伍7年了，我作为一名班主任工作的服务者和观察者，羡慕你们的舞台，羡慕你们在专业的路上不断飞翔。班主任成长之路没有终点，只要坚守，终有所成。祝福大家。

广东省湛江市第一中学培才学校　王德军

预防破窗效应　实现高效管理

心理学家研究发现，如果有人打破了一扇窗户，而这扇窗户又得不到及时的维修，别人就可能受到某些暗示性的纵容去打烂更多的窗户，这就是"破窗效应"。刘志发老师以预防班级破窗效应为主线，抓细、抓实班级管理，促进班级凝聚力的形成，使班级学风正、班级氛围浓。

刘老师根据入校学生的水平和实际情况进行规划，从学生的需求出发，运用智慧提升学生的思想认知水平。其思路为：从学生现有的问题出发—分析问题本质—找出问题根源—寻求解决问题的路径—和学生共商共讨—量身打造班级约定—开展自我教育。

在一个小时的讲座中，刘老师为我们展示了学生纪律、学习调查表，班级奖罚条例，班务日志，自我教育表。看着这些刘老师给予盟友的教育资源，我仿佛看到刘老师多少个日夜坐在电脑前冥思苦想，为学生设计调查问卷、收集问卷、统计数据、归类分析、思考解决方案；我仿佛又看到刘老师的专业魅力、专业智慧、专业情怀。志发老师重建班级免疫系统，善于发现学生的闪光点，寻找成长的心灵动力；那一条条奖惩条例凝聚了刘老师多少心血，指导学生商讨、制定细则，就是让学生学会做人、学会生存、学会学习。

我品味着志发老师的班级精细化管理策略，看着志发老师的班级日志，感觉是那么熟悉。熟悉的是我们在班级管理策略上的一致性。我所任教的班是从小学五年级开始记录班级日志的，内容大致与志发老师的相同。也许是我们心有灵犀，也许是我们目标相同，也许是我们有同样的情怀，也许是我们共同的担当与使命——预防破窗效应，实现班级的高效、可持续发展。透过班级日志，我们可以清楚地了解孩子的到校情况、了解班级课堂和课间情况。我们的班级日志由学生轮流记录，观察员和记录员是天天轮换的，这样可以给予每个孩子锻炼与成长的机会，让每个孩子参与到班级管理中，从中也能让孩子们思考管理与被管理之间的关系。常务班长是孩子们推选的，是不轮换的，主要由常务班长负责每日的班级总结。在总结中，特别是纪律方面、卫生方面、学习方面，我们都会直面问题，发现问题及时整改。这种方法有利于班级管理工作的良性开展。学生借助班级日志学会了管理自己的同时也学会了管理班级，为集体做贡献。这样学生也可以更好地发展自己。在精细化管理的过程中，我发现有些学生被批评得较多，被表扬得少。我便指导班长善于发现同学们的闪光点，多表扬，少批评。强化表扬的具体内容，形成一种激励、一种强化、一种方向,并为同学们树立榜样。在此过程中,不仅激发了同学们的积极性,也让班干部在班级管理中锻炼成长起来。

走进学生的内心,和学生一起共管班级,让学生进行自我教育的同时解放教师、发展学生。在看着学生幸福成长的同时,我们也收获着教师职业的幸福感、成就感、满足感,也许这就是我和志发老师共同的追求。

"每事必做,小事做细,细事做实。"班级精细化管理不仅点燃了学生的热情,也让班干部"职入人心",形成了良好的班级管理文化。这有利于老师和班干部发现破窗、及时维修破窗,避免破窗效应的发生、发展,使和谐的班级成为文明之窗、学习之窗,从而为学生打开一扇扇明亮的心窗。

北京市海淀区西二旗小学　刘瑞芬

新接手班级如何快速虏获学生与家长的"芳心"

广东省佛山市南海区南海中学　邓小满

【讲师档案】

邓小满，广东省佛山市南海区南海中学语文教师，高中语文一级教师，国际青少年生涯辅导师，全国永要德育联盟讲师团讲师，国家二级心理咨询师，南海区第五届名班主任，南海中学邓小满名班主任工作室主持人。佛山市优秀青年教师，佛山市青年教师教学能手，南海区优秀教师，南海区教育局直属优秀党员，南商奖助教学基金教学能手，南海区教学改革先进个人，南海中学标兵班主任。曾获"广东省第三届青年教师能力大赛高中组二等奖""佛山市青年教师语文能力大赛第一名""南海区青年教师语文教学能力大赛特等奖"等荣誉。擅长生涯教育、班级管理、学生问题分析、主题班会设计、教育研究等。

永要德育联盟的各位老师：

大家晚上好！

纳兰性德曾感叹："人生若只如初见，何事秋风悲画扇？"初见时的美好，让人印象深刻，难以忘怀。俗话说："铁打的营盘，流水的兵。"作为营盘的老师，总是在"迎来送往"间不断接过一批批的"新兵"，送走一拨拨的"老兵"。无论是新手接班还是中途换将，老师们都无法避免与"新生"的美好遇见。那么，如何在开学初就能快速虏获学生与家长的"芳心"，让好的开始为后面的工作保驾护航呢？

一、班情分析

一般来说，班主任新接手班级无外乎以下两种情况。

（1）刚升入新学校的同学，或是学生选科后组成的新班级，是新老师、新同学，彼此都陌生。陌生的环境，陌生的老师与同学，急切需要快速熟悉新的班级，了解新老师、新同学，让自己融入新的集体。

（2）班主任中途接手。这种情况一般是高一升高二或是高二升高三，中途换了班主任，是老同学、新班主任。此时同学的心理是想要试探新班主任的深浅，寻找师生关系的突破口。如果以前的班级不是特别优秀，同学们会带有一种期待，期盼新班主任的突破；而如果以前的班级很优秀，则同学们会带着一种挑剔的眼光来审视新班主任。当然，更多时候是第一种情况，因为一般带得好的班级，班主任都会跟上去。第二种情况，新班主任压力会比较大，需要提前做的准备工作会比较多。

当然也会有第三种情况，就是老同学、老班主任，但在新的学年，也想有新的开始。

好的开始是成功的一半，无论是哪种班情，新的学年，都应该有新的突破。那么该如何有个新开始呢？

在我 10 年的班主任经历中，除了第一届学生是从高一一直带到高三，其他 7 年都是中途接班的。在这多年的中途接班过程中，我慢慢总结出了一套"以心易心"的开学招。

二、利用心理学原则

首因效应由美国心理学家洛钦斯首先提出，也叫首次效应、优先效应或第一印象效应，指交往双方形成的第一印象对今后交往关系的影响，也就是"先入为主"带来的效果。虽然这些第一印象并不总是正确的，但却是最鲜明、最牢固的，并且决定着以后双方交往的进程。如果一个人在初次见面时给人留下良好的印象，那么人们就愿意和他接近，彼此也能较快地取得相互了解，并会影响人们对他以后一系列行为和表现的理解。反之，对于一个初次见面就引起对方反感的人，即使由于各种原因难以避免与之接触，人们也会对之很冷淡，在极端的情况下，甚至会在心理上和实际行为中与之产生对抗。

如果班主任在开学初就能够利用首因效应，取得家长、学生的信任，那么对以后的工作开展必然会产生积极的影响。与此同时，马斯洛的需要层次理论中也提人有爱与归属的需求。在新班组建中，学生也渴望尽快找到归属感，尽快融入新的班集体，与新老师、新同学一起迎接新学年的学习。

三、"以心易心"开学招

（一）开学前准备

一般在开学前 3 到 5 天，班主任就要开始为迎接新的班级做好准备。

1. 分析班情

比如班级的选科情况，属于哪种组合，为班级学习指引做好准备；班上男女生比例如何，考虑班级人际关系；如果是高一班，分析班级的成绩结构，分析学生初中毕业学校，以了解学生的学习特点与学习环境；如果是高一升高二，或高二升高三，需向原班主任了解班级的学风、班风、班干部、宿舍关系、人际关系、成绩分层、亲子关系、班级学习情况等。

2. 了解学生与家长的情况

如果是中途接班，可以在开学前让原班主任把你拉进班级与家长微信群，通过金山表单等工具，开展学情、家情的摸底工作。如果是接手高一班，这项工作可以留到第一周周末开展。

学生信息：兴趣爱好、所选学科特点、学习困难、工作能力。

家长信息：养育方式、职业身份、家庭住址、沟通方式。

学生的情况调查，是通过自评的方式了解学生，作为他评的补充。这项情况调查为之后挑选班干部、舍长做准备，也可以为之后做个别学生工作收集资料。

家长情况调查，主要是了解学生的家庭背景，特别是家长的养育方式，从而可以为学生之后的行为找到根源。职业身份的调查，可以便于组建家委会，以及在开展生涯教育时组织"家长进课堂"活动。了解家庭住址，是便于邀请附近的学生提前回校帮忙开展课室文化氛围的布置。

3. 熟记同学姓名与长相

所以，老师可以借助原班主任提供的班级合照，附上姓名，开学几天每天带着，熟记同学的长相与姓名。甚至可以让电脑技术比较好的同学帮你制作一张图像姓名座位表，这样更便于你通过空间记忆来记住学生的长相与姓名。

4. 课室文化氛围布置

开学前一天，老师可以让住在学校附近的同学提前回校帮忙布置课室，不仅打扫卫生，而且要把课室布置得温馨有爱，让同学们一回来就有宾至如归的感觉，同学们自然就会对这个班级产生归属感与幸福感。课室文化布置要注意几点：第一，突出班级的特色（可结合班名）；第二，突出班级的理念（带班理念）；第三，温馨有爱。同时，要在讲台、前后门张贴好座位表、学习标语等，让同学们回来之后可以快速进入学习状态。

（二）开学第一课

开学第一课，不是第一节正儿八经的班会课，也不是学科的第一课，而是指老师与学生的第一次会面。这是老师首次亮相，是个人首因效应的关键。

开学第一课分为开学前一课与开学第一课。

1. 开学前一课

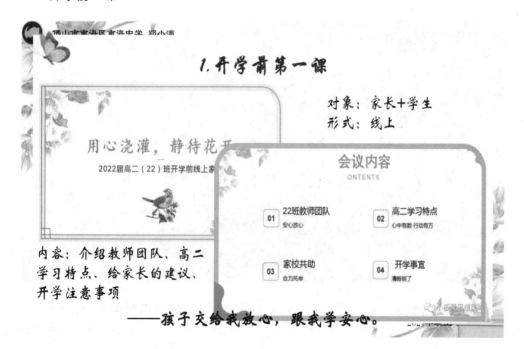

网络给教学带来了很多便利，老师不仅可以在网上发布通知和各项作业，也可以在网上完成班会。

开学前，想必家长与学生都会比较焦急、迷茫，此时急需来自学校的引领。如果在学生回校前一天，班主任能够通过网络给家长与学生开一个线上交流会，不仅可以给他们吃一颗定心丸，更可以让家长与同学看到班主任的用心，使他们从心底里开始认可你这位班主任。这可是"收买"人心的关键一环。而且，线下的家长会往往要到期中或是期末才召开，线上家长会可以让家校合作工作得以尽快开展。

开学前一课（线上交流会）可以着重介绍以下内容：班级教师团队、阶段学习特点、班主任的带班理念、学年学习计划、给家长的建议（家委会的组建、需要家长配合的事情）、开学注意事项等，让家长与同学提前了解教师情况、班级情况，以及学年的学习计划，可以让同学开学后更有目标与方向，更快地融入新的班级、新的环境。

2. 开学第一课

开学第一天的会面，是宝贵至极的时刻，是俘获学生"芳心"的时刻，也是让同学们对新班级产生归属感的时刻。我一般会这样做：

（1）开学之礼：一颗糖、一封信、一束花。

①一颗糖。寓意：甜甜蜜蜜、棒棒棒。跟老师、同学相处的每一天都是甜甜蜜蜜、值得回味的。棒棒糖，寓意身体、学习、活动都棒棒的。内涵：珍惜、奋斗。我把糖摆成班号的形象，寓意全班同学团结一心，共同为班级荣誉而奋斗。班会结束后，让同学们每人取一颗糖吃，让同学们感到甜甜蜜蜜。

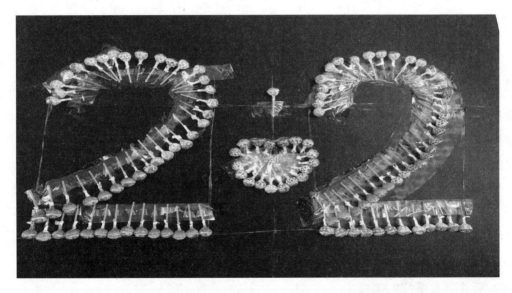

②一封信。分别给家长、同学各写一封信，如能亲笔写则更有温度，信件用信封装着，亲笔书写每一位同学、每一位家长的姓名。给家长的一封信，里面介绍自己的带班理念、青春期学生的心理特点、高中学习的特点、需要家长配合的具体事项等，目的在于唤醒家长家校合作的心，让家长积极配合学校的工作，支持班主任的工作。给同学的一封信，主要是介绍自己的带班理念、对班级的期待、对同学的期望与要求等，目的在于让同学喜欢、认可你这个班主任。

我当时来不及在家把信装入信封，于是就在同学们回校布置课室时，在课室里陪着大家一起搞卫生，然后在现场写信封、装信件。那些同学看到我的用心，都很是佩服，说从来没见过这么认真用心的班主任。那一刻，我知道，我已经虏获了这几个同学的"芳心"。群众口耳相传的力量是非常强大的，"一传十、十传百"，很快全班都会被"征服"。

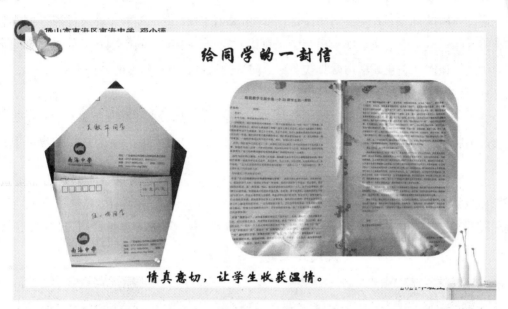

情真意切，让学生收获温情。

③一束花。文科班，我喜欢送太阳花。太阳花花语为温暖柔美而坚强。文科班女孩子多，我希望女孩子是温柔温暖而不带刺，但同时内心又是坚强的。理科班，我就会送仙人掌。仙人掌花语：坚强、温暖、刚毅、外表坚强内心柔软。希望理科班同学坚强刚毅，内心柔和温暖。借助花语，让同学们理解你对他们的期望。往往这束花就成了班花，成为班级的精神代表。

（2）开学第一次会面的小细节：

①穿着：阳光、积极、大方得体；②表情：亲切、微笑；③行动：亮字、送"礼"、明理（班级理念、班级目标）；④信念：我们是最优秀的班级（班级荣誉、归属感）；⑤回信：给班主任回信（谈谈我眼中的班级）。班主任在会面时注意以上几个小细节，就能够给同学们眼前一亮的感觉，那开学第一次会面的开场也就成功了。

（三）开学之乐

开学第一个月的班会都是非常重要的收心班会，对于一个新的集体而言，班会课更是收心之作。

1. 第一周班会课：破冰游戏

扑克牌游戏——让同学们彼此认识、熟悉。

信任背推——让同学们对彼此产生信任。

扑克牌回家——让同学们明白唯有团结一心才能完成任务。

破冰游戏的目的就在于让同学们彼此认识、熟悉、信任、团结。

2. 第二周班会课：优点大爆炸

通过一周的观察，结合同学们回信中"我眼中的班级"列举的班级优点、同学优点，将这些优点在班会课上展示出来，也可以在班会课现场让同学们写写同桌、邻桌同学的优点，让同学们在开学初就收获老师、同学的认可，收获学习的自信与快乐。

3. 第三周班会课：班级文化比赛

让全班同学参与班名、班徽、班级口号、班旗、班服、班歌设计比赛，在班会课上投票选出属于班级的文化象征。这个活动可以让同学们产生主人翁的意识，提升其归属感。

4. 第四周班会课：成立班委会、家委会

（1）班委会的成立。结合开学前的学生情况调查，开学后观察物色，了解学生担任班干的意愿，提供一个公开机会让学生展示自己、争取做班干。在课堂上采用埋头举手投票方式，快速选出班级的各项职位人选。

（2）家委会的成立。借助开学前第一课的线上家长会，呼吁热心家长报名；通过家长信息调查表了解家长加入家委会的意愿，私下询问，快速组建。若家委会人数多，则可设置不同的分工组别，调动家长参与班级活动的积极性。

5. 月末举办班级生日会

在第一个月，给8月、9月过生日的同学举行生日会，让寄宿制同学感受家的温暖，让他们对班级的归属感更强烈。

经过开学前准备、开学第一课与开学之乐这几个环节后，想必你已经把家长、同学"收得"服服帖帖了，新的班级也在这一个月中快速建立起来，而之后的班级管理也就会水到渠成。

教育意味着一棵树摇动另一棵树，一朵云推动另一朵云，一个灵魂唤醒另一个灵魂。你的用心，势必会收获用心的学生与用心的家长。

谢谢大家的聆听！

【讲座反馈】（节选）

感谢邓老师的分享。邓老师给我们详细地讲述了如果我们新接手一个班，在开学初我们应该怎么做，其中很关键的一点就是"首因效应"。一开学，如能让学生、家长们感受到这个班级的美丽与活力，相信大家也会为了让这个班级变成最优秀的班级而加倍努力。这次讲座让我感受颇深的有两点：一是班花。其实这朵花就相当于班级信念的一个象征，老师介绍班花的花语，班花放在课室当中，与同学们日夜相伴，这也会在无形之中引领同学们积极向上。二是"优点大爆炸"活动。这个活动教育同学们要有一双擅长发现美的眼睛。我觉得不仅在开学初要有这样一个活动，让同学们看到自己的优点，有着满满的正能量，后期也可以在班级设计一个"收集箱"——收集同学们的好人好事（由其他同学自己投进去），每周一公布，我相信这会让大家感到这是一个积极温暖的大家庭，从而自发地去努力学习。

广东省肇庆市第一中学　曾婉华

非常感谢邓老师为我们带来的讲座。一看到这个题目，我就心想：这说的可不就是我现在的这种情况吗？去年刚接手这个班级的时候，我心里也一直非常担心这个问题：我接手这个班级，做得不如原班主任好，甚至家长和孩子会一直拿我和原班主任对比，觉得我不如原班主任，那我该怎么办呢？转眼一年也快过去了，尽管这样的想法偶尔会在脑海中冒出来，但我也能应对了。邓老师的开学"四件套"非常实用，即便不是接手他人的班级，在新生第一课也非常实用。

第一，开学第一课。人与人之间因为沟通、了解而熟悉，所以我们有必要让家长和孩子了解我们老师，了解他们即将面对的未知的学习阶段，包括后面邓老师说的我们对学生做的调查也一样。师生只有互相了解才能互通有无。

第二，开学之礼。都说第一印象很重要，能够为孩子如此用心准备礼物的班主任，必将能够带领学生进步。这些小礼物都非常贴心，特别是给家长和孩子的一封信。我即将带领学生走完初二、迈入初三，进入最后一年的关键阶段，我想我也可以向邓老师学习，好好布置课室文化，给孩子们一些惊喜，给他们一个温暖、有温度的家，希望他们在初三最后一年能够有所收获。

第三，开学之乐。无论何时，我们应多看到学生的优点，对于缺点应该用合理、合适的方式去告诉他们。

邓老师的方法非常实用，感谢邓老师，感谢永联。一路成长，一路收获。

广东省中山市东升旭日初级中学　刘美燕

第三章　班级心理健康疏导策略

赏识每一个孩子

广东省河源市连平县附城中学　曾晓霞

【讲师档案】

曾晓霞，"永联讲师"，高中英语高级教师，河源市高考优秀指导老师，河源市优秀教师，河源市优秀班主任，河源市第三期百名青年骨干教师，广东省骨干教师。从教21年，担任班主任11年，主持完成省级、市级课题各一项，发表论文20余篇。

永要德育联盟的各位老师：

大家好！非常荣幸有这个机会跟大家分享我的教育心得，感谢永要德育联盟，感谢每一个在聆听的前辈和同行。今天我分享的主题是"赏识每一个孩子"，主要从以下几个方面来谈。

一、缘起：在家庭教育中引发的思考

对于赏识教育理念的认识源于我对女儿的教育。

我女儿今年上三年级，过去两年的生活让我体会到做新时代家长的酸甜苦辣。当我把女儿跟她同学比较时，讲成绩，分数无优势，常常考八九十分，而有些同学能考100分；讲才艺，更无优势，她学舞蹈学了4年，连一字马都做不出来，而她有的同学是琴棋书画、舞蹈、体育项目样样精通；写作业时会磨蹭分心，时常让我火冒三丈；老师似乎也没太关注她，什么班干都没她的份。我作为一个母亲真是焦虑万分，总忍不住感叹，为什么自己的孩子这么不争气？我开始反思自己，提醒自己要沉住气。一方面，不断鼓励她，耐心陪伴女儿；另一方面，通过各种途径学习育儿方面的知识，比如阅读《正面管教》和《好妈妈胜过好老师》这一类的书籍。当我读到周弘老师的《赏识你的孩子》一文时，我恍然大悟，我感动万分又感触良多。他说得太对了，赏识导致成功，抱怨导致失败。我们老师和家长要多竖大拇指、少用食指，要想尽办法鼓励孩子、肯定孩子，找到并放大其闪光点，而不是处处拿孩子跟别人比较。皮格马利翁效应告诉我们，观察者决定被观察者。当我们认为孩子能行，他们多数都能行。如果我们认为他们不行，那么他们就算行都可能会变得不行。

于是，我开始以积极思考的方式看待自己的女儿：她成绩虽然拿不到第一，但她至少还能及格，学习成绩不是衡量一个人的唯一标准；她舞蹈虽然学得不够精通，但她能够坚持下来，而且每次考级还是能通过；她写作业磨蹭，也跟我没有想办法激发她的学习动力有关。不管怎么样，她是自己的孩子，是独一无二的，自己不能总是拿她跟别人家的孩子比较。我时常抓住机会表扬自己的女儿，她慢慢地在我的赏识中取得点滴进步，上学期她还拿到了学习进步奖。这让我尝到了赏识教育的甜头，也开始把它运用到自己的班主任管理工作之中。

二、赏识教育的内涵和意义

赏识教育是教师以赞赏的眼光看待学生，以平等、尊重的心态对待学生，给予学生适时适当的表扬和鼓励，使学生在情绪上得到满足，在心情上保持愉悦，感觉、知觉、记忆、思维等都处于良好的活动状态，并使学生产生强烈的求知欲望和积极正面的情感的教育。

苏霍姆林斯基说："教师无意中的一句话，可能造就一个天才，也可能毁灭一个天才。"老师的一句话，甚至是一个眼神，都会对学生产生重大影响。赏识教育不但能够保护学生的自尊心，增强他们的自信心，还能发掘他们的潜力和创造力，从而引导学生健康成长。它不仅能拉近教师和学生的距离，促进教师和学生之间的沟通交流，更有助于师生关系的和谐发展。

三、赏识教育在班级管理中的实施

班主任作为班级的领导者、组织者和管理者，采用不同的管理方式所获得的教育效果就会不同。班主任若能善于运用赏识教育技巧，发挥学生的主观能动性，那么就可以更好地提高班级管理的效率和效果。

（一）用赏识教育增强学困生的自信心

自信心在心理学中是指个体对自身成功应付特定情境的能力的信任程度。教育就是要让每个孩子都抬头挺胸走路。每个孩子都期待被肯定、被赞誉，我们要善于把握每一个教育的机会。赏识教育具有鲜明的激励功能，教师的赞美和认可会使学生的自信心大增,更能让学生相信自己有能力克服困难,更容易达成自我目标。

苏霍姆林斯基说:"在有经验的教师的教育实验中,最困难、最复杂的问题,正是如何使最差的学生也能看到自己的劳动成果,并体验到思考劳动者的自豪感。"也就是说,要让学生看见和体验到他在学习上的成就,不要让他们由于功课落后而感到一种没有出路的忧伤,感到自己好像低人一等。要让学生体会到成功的喜悦,让他更愿意为新的成功付出更大的努力。教师对学生的评价直接影响学生的情绪。如果老师能对学生进行及时而中肯的评价,学生就会感到自己被赏识,就会产生愉快、积极的情绪,从而增强自信心。德国心理学家阿德勒说,他在念书时,认为自己完全缺乏数学才能,毫无学习数学的兴趣,因此考试经常不及格。后来有一次,他出乎意料地解出了一道连老师也不会做的数学难题,老师大力表扬了他,这成功改变了他对数学的态度,找到了数学天才的感觉,结果他成了学校里的数学尖子。

下面分享两个我的教育案例。

第一个是小谢梦想成真的故事。小谢是我从高一开始带到高三的学生,她胆子比较小,平时说话都不敢太大声,但非常懂事乖巧。她学习虽然很勤奋,但除了英语成绩还不错,总成绩一直上不去。2019年高考第一天考完,她突然胃部疼痛,导致第二天的考试发挥欠佳。她后来决定复读,同时还做出了一个大胆的决定:要读传媒专业,要做编导。开始我对她的这个决定感到非常不可思议,但后来想想,人的潜力是无限大的。于是我没有给她泼冷水,反而鼓励她遵循自己的选择,勇敢向前冲。术科考试成绩出来后,她是他们班上最高分的那个。我再一次肯定了她的能力和潜力,鼓励她继续冲刺高考,理想的彼岸一定能抵达。今年的高考,她顺利考上了心仪的大学和专业。

第二个是有关调班风波的故事。这个学期刚开学时,我带了一个高三重点班。上了几天课后,有3个学生跟我说他们要转回普通班去上课。我非常惊讶,人家巴不得来重点班,怎么他们这么死脑筋,要转到普通班去?我忍住心中的怒气,平心静气地询问原因。原来是因为他们英语基础不好,第一次模拟考试,他们刚好就是班里英语倒数前三名。他们感到特别自卑、羞愧,觉得如果去普通班的话,他们就不至于是倒数前三名,也不会拖全班的后腿。我理解了,是他们的挫败感、自卑感导致他们想要转班。我因势利导,对他们说:"我特别感谢你们跟我说了实话,也感谢你们这么为班集体考虑。假如你们能坚定信心,坚持努力,成绩一定会提高的。名次不是最重要的,假如你考了20分,就算是第一名又有什么用呢?"我知道其中有位学生的数学成绩特别好,我说:"你的数学都能考那么好,你要相信你的英语也一样可以考好!"同时,我也帮助他们制订了学习计划。他们终于解开了心结,打消了这个念头。在第二次单元测试中,他们都取得了进步。由此可见,在教育孩子的过程中,要善于发现孩子表现好的一面,并且要及时对此给予表扬和鼓励,消极的一面也会被积极的一面影响而化之于无形。

（二）用赏识教育转化纪律差生

大多数班集体都有几个不听话、爱捣乱的纪律意识差的学生。许多班主任往往采取简单、粗暴的方式来对待他们。他们总板着脸、目光严厉，振振有词地指出学生身上存在的种种缺点，如果没有改正，就报告家长、校长等。但结果是许多学生依然"死不悔改"，有个别班主任为此甚至做出体罚学生的不当行为。

转化行为习惯差的学生，班主任首先要有一双慧眼，努力寻找他们的闪光点，寻找转化突破口，为他们重建自信，使他们不至于"破罐子破摔"。下面分享我的一个教育案例：去年我班有位同学小曾，她染了一头黄头发，还经常迟到。有一次她迟到了，我找她谈话，她说："你可千万别告诉我妈妈，她正怀着孕呢，我不想让她担心。"听她这么一说，我感到她是个懂事孝顺的孩子，于是及时肯定和表扬了她能够替妈妈着想。她听了之后很感动，从此便严格要求自己，把头发染回了黑色，后来再也没有迟到过。我再次感受到，巧用赏识教育，善于寻找纪律意识差的学生的闪光点，有利于促进学生的成长。

另外，班主任给纪律意识差的学生更多的关注，会重塑他们的自我形象。人的内心是渴望被重视、被关注的。违反纪律很可能是纪律意识差的学生吸引老师和同学注意的方式，班主任平时要多给他们一些关注和爱，多找他们谈谈心，多表扬他们。老师的表扬如同一剂"兴奋剂"，会让他们努力纠正自己的不良言行，争取再次得到表扬。只有得到教师足够的关注，他们的表现才会好起来，才会减少违纪行为。与此同时，让他们顺利地以新形象展现在同学面前，推动他们进一步成长。

（三）用赏识教育开发优等生和班干部的潜能

作为老师，赏识优等生一点都不难。优等生多数受过较多赞誉，他们通常学习态度端正、积极，求知欲旺盛，知识接受能力和组织能力也较强。尤其是班干部，是班集体的中坚、班集体建设的核心，也是班主任的得力助手。发挥好班干部的示范带头作用，能够促进良好的班风和学风的形成。班主任可以用更高的目标指引班干部，引导他们树立远大的理想，做到志存高远。

下面我先分享我班书法生小婷的故事。她是一个优等生，高一时就展现了对书法的兴趣，经鼓励她进行了书法的学习和训练，后来她决定成为一名书法考生。过去的一年，她既要进行高强度的书法集训、高难度的书法单考和联考，又要攻文化课。第一次模考，虽然她考的是我们特长班全班第一的分数，但数学才考了 10 分。作为班主任，我鼓励她要树立更高的目标，严格要求自己，坚定信心，加强训练。她也特别自律和刻苦，迎难而上。当她感到焦虑的时候，我经常找她谈话，鼓励她全力以赴。高考时她考出了 413 分的成绩，数学考了 59 分，顺利被岭南师范学院书法学专业录取，成为我校乃至我县的第一名书法大学生。

另外，还要分享班长小黄的故事。今年上半年，我带的高三美术班有位小黄同学，他高二时一直担任班长。在回校前，他曾经向我提出："老师，回校后另选班长吧。"我说："为什么呢？"他说："我成绩不太好啊！"我鼓励他说："没关系，不是成绩最好才可以做班长，你热心又有责任心，在同学中威信较高，你以后努力把成绩追上来就好了！"他接受了我的建议，不仅工作积极负责，学习劲头也更足了，高考时顺利考上了本科院校。

四、结束语

"没有爱就没有教育。"同样可以说，没有赏识就没有教育。教师的赏识源于发自内心对学生的关爱、对事业的热爱。赏识教育是教师与学生精神相融、心灵交汇的桥梁。班主任老师如果学会信任、尊重、激励、赏识自己的学生，便能走进学生的心灵，在班集体这一方沃土上使学生轻松、健康、快乐地成长，培养出绚丽的花朵。

我的分享到此结束，谢谢大家！恳请多多指教和包涵！

【讲座反馈】（节选）

感谢有爱心、有温度的曾老师带来的分享。赏识教育是一种教育观念和方法，教师与学生快乐互动，达到和谐的美好境界，让学生在得到教师赞扬后产生一种愉悦的心情，学生通过赏识教育不断激发自己的优点和长处。曾老师有爱心的赏识，增强了学生的信心和勇气。从心理学的角度分析，我认为赏识教育就相当于我们的教师进行更好的二次反馈，教师对学生的学习状况进行有针对性的赏识，促进孩子更加努力学习，提高孩子的学习效率，这一现象也称为反馈效应。曾老师在分享中提到她能够有针对性地赏识孩子，这样孩子能够对自己的学习结果有更好的了解。感谢分享，感谢永要德育联盟！

黑龙江省大庆市萨尔图区政治教研员　陈亮亮

教育是一门艺术，教师只有掌握了这门艺术，才能把孩子教育成人、成才。赏识教育是一种尊重生命规律的教育；赏识教育是人性化、人文化的素质教育的好理念。它是实现自身和谐、家庭和谐、亲子和谐、团队和谐的秘方；赏识教育是生命的教育，是爱的教育，是充满人情味、富有生命力的教育。人性中本质的需求就包括渴望得到赏识、尊重、理解和爱。每一位孩子都渴望被赏识，赏识教育的特点是发现并表扬孩子的优点和长处，让孩子建立自信。

孩子是脆弱的、敏感的。适当的赏识是一种正确的爱，也是对孩子的一种鼓励和赞赏！

重庆市第七中学　杨清

他们并不只是不高兴
——班主任如何有效跟踪抑郁症学生动态

广东省佛山市三水区华侨中学　樊书君

【讲师档案】

樊书君，广东省刘永要名班主任工作室核心成员，永要德育联盟讲师团讲师，广东省家庭教育指导师，三水区班主任专业技能大赛一等奖及笔试单项第一名获得者，多篇论文获三水区德育论文评比一等奖、二等奖。

永要德育联盟的各位老师：

大家晚上好！

在近些年的班主任工作中，我频频接触到患抑郁症的学生。在此，我想借本次分享，抛出这个话题，引起更多同行对这个问题的关注、思考与研讨。接下来我跟大家分享一下我在接触到抑郁症学生时的一些想法和做法，仅为抛砖引玉。

相关资料显示，我国青少年抑郁症患者人数越来越多，占抑郁症患者总人数的比例越来越高。这使我们对这个群体的心理健康状况越来越重视。

一般人很容易把"抑郁症"和"抑郁"画上等号，因为抑郁症患者所表现出的认知及行为偏差，让人以为他们只是不高兴、情绪低落，甚至会被误以为是懒惰、懈怠。所以，如果是非心理专业的老师，包括家长，在遇到抑郁症患者学生的时候，往往会说："有什么大不了，出去运动运动，打一场球、跑一跑步就好了。"事实上，如果一个学生真的患了抑郁症，在我们正常人眼里看起来很容易做到的事情，他们做起来却非常困难。学校的心理老师曾做过一个比喻：正常人如果口渴了，想喝水，那么他会自觉地端起桌上的水来喝；但是如果抑郁症患者口渴了，他也会想喝水，并且他也知道喝水就能解渴，但他却很难有去拿起这杯水的意愿。

鉴于此，我认为作为班主任应该具备一些基本的心理学知识。在学生出现心理状况时，起码可以初步判定他到底只是一时的情绪低落还是真正患上了抑郁症。如果是后者，那就不能简单地通过我们的一己之力去安慰、劝解，以期让他们的病情好转。我们要意识到，抑郁症是一种病，它和身体出现感冒发烧一样，只不过是心理的"感冒发烧"。目前部分中小学对学生心理健康状况的重视程度比以往大大提高，在经济较为发达的地区，大多数学校都有设置心理咨询中心，并配备专业的心理老师，学校也会定期地对学生进行心理测评，这些手段可以辅助我们及早发现学生的抑郁症情况。下面我想针对我所接触的患有抑郁症的高中学生的情况，谈谈我的一些想法和做法，不妥之处，还请大家批评指正。

一、善于观察、多途径了解、及早发现

抑郁症按照程度可分为轻度抑郁、中度抑郁和重度抑郁。抑郁症程度不同的学生，他们的行为表现也不尽相同，那么我们要做到及早发现的方法也不一样。

轻度抑郁症学生的表现主要有情绪低落、倦怠、思维迟缓、学习上难以集中注意力、学习动力不足、意志力减退等。但他们往往在一些特定的时间、场合还是愿意对信任的人吐露心声。因此，对于轻度抑郁症学生而言，我们可以根据他们平时的行为表现或者同学的反馈信息进行初步的判断。

小Y在我的心目中是一位乖巧懂事的女生，刚和她接触时，我就发现她上课回答问题的时候声音特别小，一开始我以为只是她性格比较内向。后来在一次班会课上，她被同学点到上台玩游戏，在大家都投入游戏中大笑大叫的氛围下，轮到她发言时，她的声音小到几乎没有人听得到。我还注意到一个细节，她站在讲台上时，眼睛自始至终都没有看过一眼台下的同学，而是一直望着天花板，也许当时很多同学也意识到了她的奇怪表现。后来我找她聊天，她告诉我说，她在公众场合讲话极易紧张，不仅如此，最近在上课听讲时，听着听着思绪就不知飘向了何方，晚上也经常失眠。我意识到她的问题应该不简单，于是在征得她的同意后，立即帮她预约了心理老师，心理老师根据她的情况建议她立即就诊，最后被确诊为轻度抑郁症。

如果学生的抑郁症程度达到中度或重度，我们就很难根据他们的表面行为来判断了。有些学生在被抑郁症困扰的时候，会选择主动地寻找心理老师的帮助，他们会自主地或叫同学、班主任或信任的科任老师帮忙预约心理咨询。在他们接受心理咨询后，心理老师通常会把结果第一时间反馈给班主任。这对于我们班主任而言，这无疑是掌握学生抑郁症情况的最便捷的途径。

但有一些学生，即便是已经出现了比较严重的抑郁症状，甚至已出现了自杀念头，他们却不愿意主动寻求帮助，而且还特别善于隐藏自己的情绪，不仅让人看不出他们的心理状况，他们甚至还会表现得极为乐观，让我们误以为他们就是天生的乐天派。这样

的孩子既不会在行为上表现出异样，也不会向身边的同学吐露心声，更不可能去找心理老师咨询。这样的孩子，我们很难通过表面的现象去发现他们的心理状况，但对于一些异样的蛛丝马迹，我们都不能忽略。

上学期刚接手这个班没多久，级组就对整个年级的学生做了一次心理健康测评。当我看到结果的时候，内心感到特别不可思议：第一，我们班竟然有6个同学测试的结果显示为抑郁症倾向红色预警；第二，我完全没想到我眼里乐观开朗的小S竟然也在红色预警名单内。虽然我的内心希望是测评出了问题，但对这些学生我也丝毫没有掉以轻心。

小S留着一头利落的齐耳短发，是那种第一眼看上去特别讨喜的女孩子。她对老师很有礼貌，和同学相处也很融洽。她还擅长画画，每次班上黑板报的绘画部分都是由她负责。在学习上，虽然她的成绩不太突出，但是有很强的上进心。无论如何我也无法把她和抑郁症联系在一起。

但一想起心理测评的红色预警名单上有她的名字，我内心对她的关注自然更多了几分。第一次阶段考后，年级要举行家长会。在准备家长会时，我给学生布置了一项任务，就是让他们写下自己想对父母说的话，可以匿名。在收上来的信中，很多同学没有署名，包括小S。我一眼认出了她的字迹，她在信上说，她的父母以前是如何不喜欢她，甚至厌弃她，她无论怎样想方设法去讨好父母，以期待得到父母哪怕一丁点的关爱，但父母常常都是冷眼相对。她说她感到寒心，想不通天底下为什么会有这样的父母。如今不知父母是良心发现还是觉得她长大了有用了，反过来想对她好了，但是她觉得自己心已死，不接受也不相信父母是真心对她好的。

看完小S的信，我的心情无比沉重。当天晚修到班常规检查后，我就找了她聊天。她的讲述很平静，仿佛心湖没有任何的涟漪，讲到动情处，她的眼里似乎也闪过一丝泪花，但很快就又看不出任何情绪了。我试探性地问她是否愿意跟心理老师谈谈，她的反应在我的预料之中，全身的每一个细胞似乎都在拒绝。但我想到她在抑郁症红色预警名单内，我还是立即把这封信拍了照片发给了她妈妈，同时提醒她妈妈一定要多关注她的心理动态。

时隔20天，事情发生得有些猝不及防，但仿佛又是冥冥之中要发生的。小S在家因为和家人发生冲突而割腕自杀，所幸家人及时发现，没有酿成大祸。因为这次自杀事件，在她治好了身体上的伤之后，家人立即带她看了心理医生，最后她被确诊为重度抑郁症。

像小S这样的学生，并不像大多数人看到的抑郁症患者那样，表现得悲观、精神萎靡、对所有事物缺乏兴趣。相反，他们似乎比一般人更加乐观开朗，但他们不过是以"乐观"这个面具来掩盖自己的内心，这种现象被称为"微笑抑郁"。2017年6月19日，英国东米德兰兹的诺丁汉郡16岁少女Maisie以自杀的方式结束了自己的生命。在周围人的眼中，Maisie是个活泼开朗的姑娘，学习不用父母操心，笑起来没心没肺，对他人永远露出最可爱的样子，悲剧发生前没有任何人觉得她哪里不对。

反观小S的案例，与Maisie的案例类似，如果我没有留意她的心理健康测评结果，就不会想到她患有严重的抑郁症，也就无法第一时间把她的情况反馈给家长。所以，对于学生每年所做的心理健康测评结果，我们必须给予足够的重视。

二、及时沟通、引起家长重视、建议就诊

在我们通过多种途径发现学生有抑郁症倾向后，须及时和家长沟通，向家长反馈学生的心理状况，如果心理老师建议要立即就诊的，我们就要马上约家长面谈，建议家长带孩子及时就医。与家长面谈的时候最好有心理老师在场，这样和家长谈话的时候会更有说服力。还要注意，不是所有的家长都能接受自己孩子患抑郁症的事实。有的家长在得知自己的孩子有抑郁症倾向时，会表现出十分抵触的情绪；有的家长则认为孩子只是"矫情"；甚至有家长认为我们小题大做，他们觉得自己的孩子没有任何问题，只是情绪状态不好罢了，因此拒绝带孩子就医。在这种情况下，我们要施以足够的耐心，动之以情，晓之以理；我们还要有足够的信心，让家长相信我们是为孩子的健康和终身发展着想，最终家长们是会理解的。在和家长面谈结束后，我们还要和家长签署一份学生心理状况家长知情书，这份知情书上会详细罗列学生的心理状况及行为表现、学校的建议等。

三、关注病情、存相关资料、帮助转化

家长带孩子就诊并确诊后，我们要第一时间和家长联系，弄清楚学生的病情。如果是轻度抑郁症，一般医生会建议其一边学习、一边治疗。在这个过程中我们需要做好以下几点：第一，保存好患病学生的诊断书复印件等相关资料，便于学校存档。第二，关注学生的用药情况。不少抑郁症学生在服药的过程中，会出现嗜睡、手脚麻木甚至抽搐等身体反应，他们可能会因此而停止服药，许多家长因为不忍心，也会默许或主动让他们不服药，但这极容易导致治疗半途而废。因此，在学生服药期间，我们要随时把学生的情况告知家长，便于家长及时询问医生。我们也可以适当监督，但切不可擅作主张，当他们出现一些身体不良反应时，还是建议他们遵医嘱。第三，提醒患病学生定期复诊。对于较严重的患者，通常医生会建议其休学。我们要做的就是帮助其办理好休学手续。

小S休学在家后，我也会时不时跟她的家人联系，问问她的情况。她加了我的微信，她在医院接受治疗的那段时间，我翻看她的朋友圈，颜色一片灰暗，她说："看到一棵美丽的树也觉得它是忧伤的。"她说："做治疗做到什么都忘了，偏偏就是记得，我想死。"有时我们会聊聊天，一开始她总能把天聊死或至少是尴聊，慢慢地她越来越会和我开玩笑。我跟她说："车到山前必有路。"她回我："船到桥头自然沉。"完了发来哈哈哈的表情。也许我们所做的这些，对他们病情转化所起的作用微乎其微，但我想，在他们绝望

的心底，哪怕突然出现一丝微光，我们也要努力让那微光闪亮起来。

疫情期间，我们很少出门，不知不觉，我发现道路边的黄花风铃木已经开花了。我站在阳台上，阵阵南风吹来，拂过脸庞，觉得格外舒服。我想，等疫情过后，等我们可以脱下口罩互相问好的时候，我再见到那些孩子时，他们也已卸下心里的沉重枷锁，和其他孩子一样沐着春风，笑靥如花。

抑郁症孩子不只是不高兴，也不是懒惰、懈怠，更不是"矫情"。我仅仅从一线班主任而非专业心理老师的角度来做此分享，希望能唤起更多更专业的力量，来帮助他们走出"阴霾"，重获"阳光"。

感谢大家的聆听！

【讲座反馈】（节选）

抑郁症是一个很专业的话题，但是樊老师的着力点并不是要跟我们讲专业的知识，而是讲通过她发现、了解、理解的抑郁症学生的不同，从而采取的不一样的教育方式。可以看到，在她的讲述当中，她用心用情，有方法有技巧，这当然来源于她内心对学生的关爱，更来源于她对抑郁症病理的把握。

患抑郁症的学生在这两三年开始增多。仅仅用以往针对一般学生的教育管理的方法去面对有抑郁症倾向的学生，其实是远远不够的。我在2年前接触过一个患抑郁症的学生，他有一天在课室里面大发雷霆（我那时候还不知道他是重度抑郁症患者），我只是静静地在课室后面看着。我可以冲上去吗？当然可以，我还可以批评他。但是我没有，因为在学生情绪爆发时，只有让他的情绪平复过来，我们的对话才会更加有效。后来我还来不及找他，他就给我写了一封信，他说："老师，我是重度抑郁症患者，一直在吃药控制。我只要碰到让我受约束、有压力的事，我就会控制不住我自己。"我回想起当时的情况是后怕的，如果我在他大发雷霆的时候冲上去和他"对战"一场，那么这很显然会是两败俱伤，有可能我就是压垮他的最后一根稻草。

所以老师应该先控制自己的情绪，再去处理学生的情绪。

樊老师在讲座中讲她跟抑郁症学生的交往，听起来云淡风轻，但是只有真正接触过、教育过、处理过这样的学生，我们才会发现这当中的难度，如果老师没有爱心、耐心和专业的素养，是很难做到这么从容淡定的。

感谢樊老师的娓娓道来！

广东省深圳市格致中学　刘永要

班主任要做好学生心理危机的吹哨人

——听樊老师讲座有感

管理好遭遇心理危机的学生，是对班主任极大的挑战。听了樊老师与抑郁症学生的故事，我很感动。她有做好老师的必备素质——爱心、责任心，学生能遇到樊老师是幸福的。但班主任毕竟不是专业心理老师，在与有抑郁症的学生交往过程中被卷入或介入过深会给班主任自己带来创伤，给自己身心健康带来极大的危害，也可能会因处置不当而给学生、学校、自己的职业生涯带来一定的负面影响。

  作为国家二级心理咨询师、广东省心理学会儿童青少年危机干预委员会的理事，近10年我介入过数百名心理危机学生的处置，尤其是在处理遭遇抑郁、精神分裂、自杀等严重的心理危机的学生案例中，我自己的身心健康也受到极大的影响，好在我有专业的督导师。在近年的个案研究中，我渐渐关注青少年的学习问题、行为问题等创伤比较轻的危机。助人自助是心理老师的工作，抑郁症等严重心理问题应该是心理医生的工作。班主任应该在教育工作中树立边界，履行好自己的职责，借鉴心理咨询接纳、倾听、建议等技巧，最好做好学生心理危机的吹哨人，而非咨询者或者治疗者。在与人有关的工作中，若关系错位则满盘皆输。

  以下是我个人建议的要点，不一定对，请大家讨论。

  班主任与有心理危机的学生交往的策略：①关注，让学生感到温暖；②陪伴，赋予学生成长力量；③吹哨，给家长、学校预警。

  专业学习，做一个合格的吹哨人。①学习心理知识，有鉴别危机的能力；②恪守角色边界，防止"温暖的伤害"；③自我人格成长，用生命影响生命。

广东省湛江市第一中学培才学校　王德军

如何引导学生做好生涯规划

广东省汕尾市田家炳中学　兰艳菊

【讲师档案】

兰艳菊，全国永要德育联盟讲师团讲师，汕尾市名班主任工作室主持人，汕尾市青少年心理健康辅导协会副会长。她喜欢的教育格言：教育是事业，事业的成功在于奉献；教育是科学，科学的魅力在于求真；教育是艺术，艺术的生命在于创新。基于此，她以无私奉献、求真务实、善于学习和不断创新的思想，把青少年心理健康教育、生涯规划引导与家庭教育指导方面的理念和方法融入班主任日常工作中，提出了"双核驱动，3+X协同育人"构想，并在广东汕尾这片红色土地上渐渐得到广泛认同。

永要德育联盟的各位老师：

晚上好！

我是广东省汕尾市田家炳中学的兰艳菊老师。今晚，我将从四个方面分享"如何引导孩子做好生涯规划"这一话题。

首先，让我们来了解一下生涯和生涯规划的概念。

一、了解生涯及生涯规划，有意识地引导学生

什么叫生涯和生涯规划呢？根据美国生涯学者舒伯的描述，生涯是人生活中各种事件的演进方向与历程，是人一生中所扮演的各种角色的总和，以及由此表现出的个体独特的自我发展形态。简单地说，"生涯"是一个人一生中与学业、职业有关的心理与行为的总和。人的一生主要包括：学业阶段（0～20岁）、职业阶段（20～60岁）、退休阶段（60～90岁）。

"生涯规划"，是指通过唤醒个人的生涯意识，进行自我探索，增进外部认知，做好生涯决策，并在此基础上进行生涯管理的过程。

生涯规划，一般分为四个阶段。

0～14岁，成长期，确认自我概念及工作态度。

15～24岁，探索期，探索角色与职业。

25～44岁，建立期，建立职业并建立关系。

45～64岁，维持期，维持既有职业与成就、应对挑战。

从生涯规划的阶段划分可知，0～14岁是成长期，受家庭的影响最大，其次就是老师。在幼儿阶段，学生主要通过老师和父母或家人认识社会。这个时候的学生会表现出某些方面的兴趣、爱好和天赋。因此，对学生的生涯引导，应当从这时候就开始了。

15～24岁，还是求学阶段，是生涯规划的探索期，是学生从学校走向社会的过渡期。在这一阶段，除了学科成绩，更应该让学生了解自己（兴趣、爱好、智能特点等），了解社会（有关的政治、经济形势，国内外专业技术发展的现状），了解各种职业发展的前景，了解知名高校的专业优势，从而在关键的升学和就业时做出合适的生涯决策。

2013年新闻热点人物刘丁宁，首次参加高考便取得668分（含加分10分），成为当年辽宁省文科第一名。随后，刘丁宁被香港大学录取，并获得香港大学72万港元全额奖学金。但令人出乎意料的是，她在进入香港大学一个月后选择了退学，回到自己曾经的母校——本溪市高级中学复读。经过一年的积累沉淀，在第二年高考，刘丁宁以666分的成绩又获得辽宁省高考文科最高分，进入北京大学中文系读书。据媒体报道，刘丁宁本人表示，因为不习惯香港的教育方式和文化氛围，当理想和现实发生冲突时，选择重新再来。

很多高三学子在高考后填报志愿时，基本是听老师和父母的，到大学后才发现自己并不喜欢这个专业，导致在大学期间沉迷于手机游戏、谈恋爱等，严重的会出现挂科、退学问题。这些案例说明，我们的学校和家庭在学生的生涯引导方面做得还很不够，学生对高校的专业和文化不是很了解，导致其进行生涯决策的时候出现失误。

因此，老师和父母一定要了解学生的生涯和生涯规划，才能够有意识地引导学生。要知道，老师和父母对学生的生涯引导越早，效果越好。

二、用梦想管理人生，激发学生的内在动力

作为家长或老师，应当如何唤醒学生的生涯意识，帮助学生主动进行自我探索，增进外部认知，做好生涯决策，并在此基础上进行生涯管理呢？我们通过课题研究发现，每个学生的家庭背景不同，老师和父母所受的教育不同，所处的生活环境不同，成长历程不同，这个答案就会有些不同。比如我的成长故事，可以给大家一些启发。我出生在湖南的一个小山村。在我4～5岁期间，母亲离开我3个月，到贵州的舅舅家旅游。她回来后讲了好多好多故事给我们听。每次讲完故事，母亲总会说一句话"多读点书，就可以走出大山，去城市里生活"。从那时起，我就有了一个走出大山的梦想。在读四年级

时，我没有跟随我们村里几个女同伴辍学；初中毕业时，也没有随着打工潮外出，而是坚持一个人走几十里山路去上学，天黑了也不怕；读大学时与同学分吃一份菜，省下钱来买书。在别人眼里的坚强和进取，都是这个梦想给予自己的力量。

这两年，我把"梦想管理人生"作为学生的第一课生涯规划内容，把"制订梦想计划书"作为学生的第一次生涯作业，收到了良好的教育效果。

"梦想计划书"大致分为六个部分。

（1）标题为"×××的×××梦想"。一定要写出自己的名字，敢给梦想计划书冠上自己的大名，说明这个梦想计划书是出自学生真心的，学生有足够的勇气去克服以后可能遇到的困难。

（2）构图。实现时间的景象（图片），可以是一张相片，也可以是自己画的画，如梦想实现的时候有哪些标志性景象。美好的图片，能够让梦想产生真实感，更具有吸引力。

（3）情绪体验。联想自己实现梦想的时候，是幸福的、愉快的、自豪的、受人尊敬的。愉快的情绪体验能让学生产生动力，会让其很想去为之努力、为之奋斗。如果是不愉快的情绪体验，学生一般不愿意做这样的事。

（4）条件与资源。自己家庭有哪些资源可以帮助自己实现梦想，实现梦想需要什么能力？自己已经具备了什么，还缺少什么？

（5）明确目标。根据条件与资源情况，划分几个阶段，再确立自己的近期目标、中期目标和长期目标。

（6）行动计划。引导学生把梦想与当下的学习活动联系起来，这会让学生感觉到"我每做一道题，我每学习一个新的知识点，都会让自己离梦想更近一步"。

建议学生完成梦想计划之后，把它贴在自己卧室的墙面上，同时不断分享给自己的亲友、同学和老师。当他们说到20次、200次、2000次时，就会感觉到实现梦想就是自己应当去做的事。

三、了解多元智能理论，相信每个学生都能成功

在生涯引导实践研究中，还有一个好用的工具——多元智能理论。

多元智能理论是由美国哈佛大学教育研究院的心理发展学家霍华德·加德纳在1983年提出的。不同的人会有不同的智能组合，如建筑师及雕塑家的空间感（空间智能）比较强，运动员和芭蕾舞演员的体力（肢体运作智能）较强，公关的人际智能较强，作家的内省智能较强，等等。加德纳认为，人类的智能至少可以分成八个范畴，分别是语言、数理逻辑、空间、运动、音乐、人际、内省、自然探索，后来又增加了"存在"这一智能。

2015年12月10日，美国总统奥巴马签署了《让每个学生成功法案》。这项法案也

是基于多元智能理论提出来的。他们相信，每个学生都是宝藏，每个学生都会成功。这30多年来，多元智能理论对美国的教育影响非常大。

作为一个心理学工具和生涯引导的工具，多元智能理论的量表非常好用。我们曾用简易儿童量表，在班级为每个学生测量。根据测量的结果，与家长进行沟通，让家长相信"每个孩子都是一个宝藏，成绩暂时落后也没什么，鼓励孩子努力才是最重要的"，从而减缓了家长的焦虑。

有这样一个案例：小琪同学现就读于我市某重点高中。在高一第二学期开学不久，小琪几次数学考试都没有考好，这几天都在学校哭，没心情上课。原来，小琪上高中后，很喜欢历史，而她在物理这个学科没有了初中阶段的优势，学习上感觉有些困难。因此，在"3+1+2"的选科模式中，她想选历史科，而她的好朋友几乎都选了物理科，老师和同学对她的选择并不理解。特别是她父亲，更是以比较强硬的态度要求她选择物理。她父亲的教育背景是中山大学物理专业的高才生，他期望小琪选择物理专业。父亲的不理解让小琪非常烦恼。她想努力说服自己选物理科，却又有些不愿意放下自己喜欢的历史科，这样纠结了2个月，导致她无心上课，晚上失眠，食欲不振，沉默寡言。在这种状态下，她的优势学科数学连续3次考试都不理想，这让她的信心大受打击，也遭到家长和老师的批评。

小琪做了一次多元智能测试，结果显示，她的三大优势智能是"语言、逻辑和自省"，三个弱势智能是"人际、体育、音乐"，自然观察和空间处于中等水平。小琪这样的情况，学习物理一般不会有什么困难。后来，小琪选择了物理，一段时间后她的成绩逐步上升到班级第十名左右，她的自信心也越来越强了。

四、体验式生涯规划教育，丰富学生的阅历

青少年选择自己的理想职业时，如果只是从父母或老师那里获取信息，可能会有些偏差。只有通过体验，才能深入全面地了解职业发展前景，才能科学地确立自己的目标，以制订学习计划和阶段目标。

为了让学生通过体验更深入地了解自己的兴趣、爱好、能力和职业的匹配度，我们利用节假日开展职业访谈、影子体验活动、招聘会现场体验等活动，得到了不少家长和校友的支持。下面介绍一下影子体验活动的一些做法。

（1）对班主任进行培训。在寒暑假前通过主题班会的形式，对班主任做动员和指导。让班主任充分了解影子体验活动的意义、要求和具体做法。

（2）发放体验卡。发放体验活动工作卡，了解学生基本信息。

（3）回收体验卡。班主任初步选择做得比较好的学生回收体验卡，上交到生涯社团。社团干部让这些学生进行分享，从中选出表现优秀的学生。

（4）体验分享会。在年级分享会前后，安排心理老师进行指导。

（5）总结经验。总结成功或失败的经验，做好宣传，以便下次更好地开展活动。

要达到体验活动的目标，老师或父母需要注意以下三点：一是要说明跟岗活动的意义。二是要帮助学生选择优秀的跟岗对象。三是要给予充足的时间，及时开展反思和分享活动。

以上为本人近年来在生涯规划引导方面较成功的做法或体会，希望能够给永要德育联盟的盟友们一点启发。如有不当之处，请多多批评指正！

【讲座反馈】（节选）

兰老师是一个既有高度又有温度的老师，也是一个典型的开得了讲座、上得了示范课，又能引领潮流的名师，受教了。

听讲座的过程中，我想到的第一个问题是，我的生涯规划是什么？想想只能苦笑了，我没有过人生规划，因为没有人引导我做人生规划，我也没有思考过这个问题，想想有点可悲。如果我们的人生，每一步都有老师或者父母合适的教育，我想，我们就不会有牛汉在《我的第一本书》中的各种遗憾了。

但是，我还是可以对自己的将来做规划的：我想夯实自己的专业基础，强化班主任的理论建设，提升自己的管理能力，用三年形成自己的体系，五年干出点名堂（想想挺美好）。等下回去继续认真读读书，坚持改变思想，改变灵魂，让自己脱胎换骨吧。

我想到的第二个问题是，我如何引导我的学生做生涯规划？兰老师的讲座中的各种方法我会保留和慢慢吸收，甚至运用到自己的工作中。不过，针对中学生，我们可能要换一种思维，不能唯中考论、唯重点高中论，而应让学生挖掘自己内心的渴望，寻找自己内在的需求和动力，找到自己的优势以及确认对将来的理想。如此，规划就不再是遥远的，而变成了每天具体可依的计划了。

同时，作为老师，不能每天对着学生，除了教材就是教辅，如此循环，别说生涯规划，估计学生的生涯都会毁在那批自认为负责任的老师手中。你越努力，学生就越受伤，因为南辕北辙，孩子的生涯愿望实际毁在这些故步自封的老师手中。

我想到的第三个问题是，家长如何引导孩子做生涯规划？其实，最终孩子怎么走，是老师能说了算的吗？我们在孩子心中种下了一粒种子，告诉他"山的那边是海"，孩子便努力改造自我，认真学习，翻山越岭，找寻山那边的海，可是，家长如果泼一盆冷水过来——山那边还是山，你老实听话，认真读书，别想那么多。估计学生的生涯会就此止步。所以，我们要引导孩子，更要引导家长，因为，我们最多陪伴孩子三年，可是，父母是要陪伴孩子一辈子的。只有改变家长，才能真正改变孩子。

也许，认清当下，了解自己是第一步所求；知之为知之，寻找契合自己的目标是第二步所为；制订每日计划，认真做好每天的学习是第三步所行。如此，吾生也有涯而知也无涯。

广东省东莞市望牛墩中学　范志武

"慧"爱插班生

佛山市南海区桂城街道文翰中学　张美菊

【讲师档案】

张美菊，全国永要德育联盟讲师团成员，广东省家庭教育指导师；佛山市南海区"教坛新秀"、南商基金"教学能手"、南海区教育教学科研先进个人；多篇论文获得省、市、区奖项，主持南海区中小学德育科研"十三五"规划课题及佛山市家庭教育专项课题。

永要德育联盟的各位老师：

大家好！插班生，大家在工作中大概都有遇到，您是否还记得第一次接触插班生时的心情呢？今天我想和大家分享我和插班生陶陶的故事。

陶陶是初二来的插班生。在带她的2年里，我给她写的书信估计都有好几万字了，这是个让我操碎了心的孩子。她刚来时，薄薄的一层齐耳短发下，竟是大半个光头，还有手上的配饰等，我看到满满的叛逆在涌向外面的世界。后来她在课堂上与各科任老师对抗，在宿舍影响同学休息，在教室影响同学学习……每天都有新的花样！不过，这是以前的陶陶，现在的陶陶阳光开朗，知书达礼，自修法律，正在准备专升本的考试，和以前判若两人。其间发生了什么，让我们把时间回到我与她相遇的时光。

一、积极暗示，"先入为主"

按照学校的惯例，如果有插班生来了，在班级人数相同的情况下，通过抽签来决定该生去哪个班。但是，陶陶却是"空降"到我班的。当时我带的班级人数是年级最多的，按惯例是最不可能来我班的。但在开学前一晚，我接到了领导的电话，被领导"夸赞"了一番后，我很快就"迷失"了自我，频频点头答应了。

而实际上，那一夜，我失眠了！领导亲自打电话来督促，足见这个学生是个"非同一般"的熊孩子。我的心情很是复杂！一方面，我刚出来工作，领导能如此信任，看到我的能力，让我感觉受到了赏识；另一方面，这样的特殊安排，让我感到这个插班生的"威力"非同一般。她会是个怎样的"熊孩子"？会给我带来哪些"麻烦"？会给班级带来什么？我又该以什么姿态去面对她？

　　想着明天一早就要见这个学生和她家长了，我睡不着，脑袋里一直在想这个学生是什么样的，怪异的穿着？新奇的发型？看人斜眼？说话带刺？她又经历了什么？我越想越睡不着。教师的自觉，让我自己也意识到，这样的胡思乱想毫无助益。于是，我用抄写经文的方式，让自己先静下来，给自己积极的正能量。同时不断告诉自己：我一定可以做到的，我一定可以为这个学生的转变做点什么。给自己积极的心理暗示，"先入为主"，让自己先接受这件事。

二、放下偏见，坦然面对

　　时间终于到了第二天早上，我给自己"精心"打扮了一番，挑选了一件自己最喜欢的衣服，化了淡妆，尽量让自己看上去成熟稳重些，也希望自己可以在第一次见面时赢得这个学生的喜欢。对于不善打扮的我来说，这几乎已是极限了。

　　陶陶的妈妈很直白，她见到我后，向我讲述了女儿之前的种种问题。与家长沟通的过程中，我发现陶陶的父母文化程度较高，事业上颇有成就，但也因为常年忙于工作，基本没有时间照顾她，一年中，陶陶很难得吃上父母做的一顿饭，饿了就点外卖。这使得她终日与平板电脑为伴，慢慢地就迷上了网游，也谈起了网恋。问题出现后，父母经常接到老师的投诉电话，他们才开始着急，最后没有办法，把她送去了少年军校，相当于休学了一年。所以，她比班上的同学要大一些，而且看上去也成熟些。

　　在聊天中，我了解到，陶陶很喜欢唱歌，字也写得很秀气，在外人面前表现得很乖巧，也会去讨其他人的喜欢。但是直面父母时，就不同了！

　　在单独和陶陶相处的时间里，我跟她分享了自己的初中经历。我来自江西农村，父母都没有什么文化，小学都没有读完，一来忙于生计，二来文化程度有限，所以，从小到大，父母基本从未管过我的学习，也从未辅导过我的作业。尤其记得，中考结束后，我独自一个人大包小包扛着所有的物品回家（我当时是住宿生），走回家大概用了2个小时。当我回到家时，父亲的第一句话是说："咦，东西都拿回来了，不用读书了吗？"他都不知道那时候我已经中考完了（记得当时我考了我们学校的第三名，被县城重点中学的重点班录取）。

　　我告诉陶陶，我很能理解被父母忽视的感觉。同时也很羡慕她，因为她的父母有文化，一点即通，且家境又很不错。陶陶眼眶有点红了，我拍了拍她的肩膀……

第一次的见面，感觉还不错，据陶陶妈妈反馈，那天回去后，她说她很喜欢我。很庆幸，自己没有先入为主，没有对陶陶产生刻板印象。

三、想方设法，助其融入

接下来就是要让她尽快融入新集体，而且要让她感受到新集体的温暖。

在准备开学事宜时，我给陶陶写了封信。写信其实是与学生沟通的一种特别好的方式。这是我写给她的第一封信。（在带她的2年里，我给她单独写了5封信。这些信，她都好好保管着。）

在信中，我向她透露了我们第一次见面的感受，充分肯定她的表现，也介绍了班级的基本情况，表达自己有信心带好他们；然后鼓励她和过去的自己告别，在新学校开启新的人生。

利用周末的时间，我给她挑选了一份生日礼物。（因为我承诺过学生，初中阶段的第一次生日由我们一起度过，而且每个同学都能收到老师送出的小礼物。）第一次见面时，我知道了她喜欢听歌，于是，我买了副耳机，还买了个很大的空礼物盒子。我告诉她，老师是希望她在新学校的生活能够如音乐般美妙，也希望这段新旅程能成为值得她珍藏的回忆！

利用QQ班级群，我和班上的同学做好铺垫，并且私底下和班干部打好招呼，让他们多照顾新同学，而且在安排座位时，也特意把她安排在几位热心的女生周围。

在这样的安排之下，陶陶很快有了新朋友。笑脸也越来越多了！

四、及时表扬，增其自信

开学周，一般都比较忙，我也特意没有在刚开学就去找她谈话，而是在暗中观察。开学一周后，我给她写了第二封信，大力表扬她在学校的表现，充分肯定她的人际交往能力。

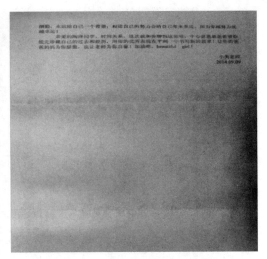

在融入新集体、与同学渐渐熟悉后,陶陶原来的不良习性也慢慢显露出来。一天,陶陶在物理课上和老师发生矛盾,同学来办公室叫我去处理。为了不影响课堂,我把陶陶带到了球场,没有在走廊对她进行教育,因为她是个自尊心很强的女孩子。我们坐在跑道旁的观赛台上,在一番交流后,陶陶承认了自己的错误,但是对于向老师道歉这一条,她始终很迟疑。她说长这么大,从没有给大人道过歉。我告诉她说,只要你能真诚地道歉,我可以一直站在旁边陪着你。那天,物理老师很惊讶,因为在他看来,这样一个"纨绔"的学生竟然会说道歉的话。那一天,我明显感觉到陶陶在道歉的时候,声音在颤抖。

再后来,在学校组织的募捐活动中,陶陶的表现让我又惊又喜。她捐了200元,给我留了张纸条,让我不要告诉班里的同学。一般学生捐款数额较大时,我都会问下家长是否知情。家长得知陶陶的做法后,很是赞成。于是,我借此机会,又给陶陶写了封私信。这封信并不是表扬她捐的钱多,而且充分肯定她的善良,说明她有一颗柔软的心,然后提出自己的期望,希望她能一直呵护和保持自己的善良!加上她之前向老师道歉,我也大力赞扬了她知错就改的勇气!

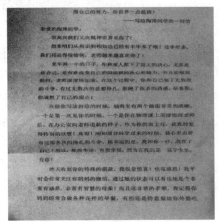

五、用心用情，护其成长

到了初三，学校进行了分班。得知不在我班上时，陶陶闹情绪了。当晚她妈妈给我打了很长时间电话。毕业年级要进行分层教学，按照陶陶的表现，她跟不上快班的进度。一直带着她也有感情，我也不太放心她。于是，我向学校反映了她的情况，最终，陶陶调到了我带的班。

但是，在一个快班里，陶陶显得那么不协调。

记得那时候初三的体育中考快要到了，陶陶的体育训练效果极差，体力和耐力都跟不上，文化成绩也是年级垫底，更别说在快班的排位了。

我自己在高一时，曾经在很长一段时间里成绩是班里垫底的，而且稳在班里倒数前五名。那种垫底的滋味，那种刻骨铭心的自卑感至今还记得。所以，对于陶陶在班里的境遇，我很能理解。陶陶对于这种压力的应对方式，就是各种搞事情。那时候我住在学校，晚饭后常常会去班里走走，每个晚上基本就是在处理陶陶的事情了。我察觉到了陶陶的自卑和对成功的渴望，于是和她家长进行了沟通，建议她换一种学习方式。当时也有一种政策，读五年制的中专直升大专，且可以选择自己喜欢的专业。暂时离开她所恐惧的应试环境，家长对此非常认同。

陶陶说她对法律感兴趣，于是我介绍了我的大学同学（西南政法大学硕士研究生）给她认识，并向她推荐了一些法学入门的书籍和学习网站。现在的她一边在准备专升本考试，一边在律所见习。

我发信息告诉她："听你妈妈说起你近期的忙碌和充实，真为你感到高兴和骄傲！咱们第一次见面的情形还历历在目呢，丫头，未来可期，老师祝福你哦！"

"遇见你，遇见美好！爱你哦，小美老师！"这是来自陶陶的回复。

入职第一年，同事曾和我说，学校就像是一个花园，里面有各种各样的植物。是花的种子，就尽力让它美丽绽放；是树的种子，就努力让它茁壮成长；是草的种子，就努力让它青青绿绿……我想，教育，当如此！让学生获得幸福感，发现更多人生的可能性！

美国心理学家威廉·詹姆斯说："人性最深刻的原则就是希望别人对自己加以赏识。"他认为，一个没有受过激励的人仅能发挥其能力的20%～30%，而当他受到激励后，其能力可以发挥80%～90%。

苏霍姆林斯基说："教育者应当深刻了解正在成长的人的心灵……只有在自己整个教育生涯中不断地研究学生的心理，加深自己的心理学知识，才能够成为教育工作真正的能手。"

在《礼记·学记》中，也有对于教师的要求："教也者，长善而救其失者也。"这句话是说，教师要善于发现学生的长处，善于因势利导，把他们的缺陷转化为优点。教育急不得，慢工出细活，需要为师者有足够的耐心，更需要积累和沉淀教育智慧。愿在自己的努力下，播种的花园能够包罗万象，拥有各自最好的姿态。

【讲座反馈】（节选）

因为懂得，所以慈悲

懂，是一种没有距离的陪伴；懂，是一种心灵的默契；懂，是此时无声胜有声的语言交汇。因为懂得，所以慈悲；因为慈悲，所以宽容。

张老师用她强大的共情力，让徘徊在十字路口的陶陶选择了一条光明大路。面对问题学生，相信很多班主任都经历过几个失眠的夜晚。"孩子为什么会这样，为什么会出现这样的问题？"辗转反侧是找不到答案的，唯有面对学生，用柔和的方式走进孩子的内心，才能找到解决孩子问题的那根线头。

孩子出现问题与家庭或多或少都有关系，或者是父母忙于工作，或者是离异家庭，或者是父母教育孩子的方式有问题。从教这么多年，我觉得想要改变孩子的父母是很难的，他们根深蒂固的思想不是靠一学期两学期就能改变的。一个缺爱的孩子，只有给他足够的爱、足够的关怀，他才能够向阳而生。

每一个少年都是质朴的，也是敏感的，他能从伙伴和教师的一言一行中感受到他们身上的情绪和能量，让每一位向日葵少年向阳而生，茁壮成长！

广东省惠州市仲恺二中　李慧

用心用情，教育更有温度

一张照片，带来感动，让我们认识了勤奋好学的小美老师。她参加永要德育联盟、加入成长共同体后，自行下载讲座实录，打印成册研读学习。在医院病房里，陪护病床前写出感悟，令人敬佩。

两年时间里，小美老师用心用情，捂暖顽石，打开陶陶心扉。首因效应，积极接纳令人头疼的个性插班生，分享自己的成长故事，自己人效应拉近心理距离，帮助陶陶融入集体中。

几封书信，尺素传情。在这个信息时代，与学生书信交流是多么可贵的事。写、读书信能让人平静心绪，审视内心。陶陶在老师的书信里读到了欣赏，读到了期待，得到激励与力量。自己的点滴表现都被老师关注，被老师挂怀，这对于长期缺少父母陪伴的孩子，如同甘霖滋润心田。

亦师亦友，联结紧密。2年里的关注引导，给予陶陶一份特殊的关爱，帮助陶陶规划未来。在陶陶成长历程中关键的几步，小美老师的帮助把偏离航向的陶陶拉回正轨，让她充满信心面对风雨，走向未来路途。

感谢小美老师的分享，因为用心，教育更有温度；因为真情，世间更多美好！

安徽省淮北市人民路学校　魏雪雁

如何培养得力的班干部队伍

广东省佛山市三水区三水中学 邓佩芳

【讲师档案】

邓佩芳，全国永要德育联盟讲师团讲师，广东省刘永要名班主任工作室核心成员，三水区优秀教师，三水区名班主任三水中学教育集团优秀班主任，三水区英语学科中心组成员，全国中学生英语能力竞赛优秀指导教师。在广东省计算机教育软件评审活动中获得"高中组省级二等奖"，所上的课曾获得广东省"一师一优课，一课一名师"省级优课，撰写的课例获佛山市中小学"有效教学"智慧课堂评比一等奖。

永要德育联盟的各位老师：

大家好！

大家都知道，班干部是联系班主任与学生的桥梁，是班主任的助手，他们的工作能力、工作方法，往往能够决定一个班级的精神面貌与风气。因此，培养一支善于管理、严于自律、敢于创新、责任心强的班干部队伍成了班级管理的重要组成部分。班主任可以根据班干部们的性格、能力的差异来安排相应的工作，继而进行有效的培养和教育，使他们成为班级的"领头羊"，从而带动整个班级积极进取、快乐成长。

那么，怎样才能培养出优秀的班干部队伍呢？下面，我从班干部的选定、班干部的培养和为班干部创造舞台三方面谈谈我的实践与成效。

一、班干部的选定

（一）观察发现，打好基础

罗曼·罗兰说过："美无处不在，我们只是缺少一双发现美的眼睛。"开学之初，我会请学生们填写基本情况，其中包括"特长、爱好"和"曾任职务"等。但是，这就够了吗？不，班主任还得抓住一切机会仔细观察学生。

为了更好地观察，开学的第一个星期，我会"撒手不管"。没安排人擦黑板，有没有人提议按学号擦黑板呢？谁把学号写在黑板上？谁主动擦？没有清洁小组长，谁提议分工合作？谁搞清洁最认真？没有班长，谁叫大家安静下来？谁的性格比较开朗？谁最乐于为老师服务？

第一个星期"撒手不管"的原因有二：一是"乱世"方可出英雄。若班主任什么都管好了，学生还有用武之地吗？二是初期为后期铺路。初期无班干部管理时的"丑"反衬出后期有班干部管理的"美"。这样既有助于班干部声望的快速提高，又能让班干部尽快享受到成功的喜悦，让他们更有信心开展工作。

（二）动之以情，鼓励参选

为了让未来的班干部有一个展示、锻炼的机会，为了树立班干部在同学中的威望，以及测试他们在同学心目中的地位，我会实行班干部竞选制。可是，高中生大多数不愿当或者不敢当班干部，要他们主动参与竞选，那是难上加难。

怎么办呢？在竞选前，我会私下找经我观察发现的"千里马"谈话。谈话要有艺术，先表扬学生的优点："上星期，我看见你主动擦了3次黑板，还组织大家把作业本收上来了，你很有奉献精神，而且组织能力很强哦。"然后，我会根据他们的性格特点，或者诉苦，或者求助，或者真诚地请教。

真诚的谈心拉近了我和学生的距离，让学生明白老师需要他、班级需要他。最后，我真诚地邀请这些学生积极参与班干部竞选，参与到班级民主化管理中。

（三）唤醒雄心，点燃激情

为了避免错失一些我没有关注到的人才，更为了让全班同学投入到这件集体的大事中，我会在竞选前做全班总动员，例如我会跟学生讲一个故事：

有一匹年轻的千里马，在等待伯乐来发现它。

商人来了说："你愿意跟我走吗？"

马摇摇头说："我是千里马，怎么可能为一个商人驮运货物呢？"

士兵来了说："你愿意跟我走吗？"

马摇摇头说："我是千里马，怎么可能为一个普通的士兵效力呢？"

日复一日，年复一年，这匹马仍然没有找到理想的主人。钦差大臣奉命来民间寻找千里马。千里马找到钦差大臣，说："我是你要找的千里马啊！"

钦差大臣问："那你熟悉我们国家的路线吗？"

马摇了摇头。

钦差大臣又问："那你上过战场，有作战经验吗？"

马摇了摇头。

钦差大臣说："那我要你有什么用呢？"

马说："我能日行千里，夜走百步。"

钦差大臣让它跑一段路看看。马用力地向前跑去。但只跑了几步，它就气喘吁吁了。"你老了，不行！"钦差大臣说完，转身离去。

类似的励志故事还有很多很多，只要稍加联想、思考，都能找到支持你观点的好文章。讲完故事后，我会提出问题："若千里马跟随了商人，它能熟悉国家的路线吗？""若千里马跟随了士兵，它有作战经验吗？"答案当然是肯定的。然后，我发自肺腑地说："罗马非一日可建成，凡事不可一蹴而就，我们要把握每一个锻炼的机会。同学们，老师坚信你们就是'千里马'，在你们的漫漫人生路上，我或许只是你们遇到的一个'商人'，一个'普通士兵'。但是，现在我想郑重地邀请你们协助我管理好我们的班级，请同学们积极参与竞选。"

（四）水到渠成，营造氛围

竞选分三个环节，第一个环节是个人演讲，竞选者上台一展风采。第二个环节是问答环节，班主任和台下的所有同学都是评委，向竞选者提出问题。第三个环节是投票、唱票、公示。

在第一个环节里，因为有了之前的鼓舞动员工作，也总有几个同学受到感染，大胆登台，绽放异彩。

在第二个环节时，一开始大家不敢提问，我就带头提出挑战性的问题，例如："假若你是纪律委员，一次你跟A同学闲聊了几句，之后每次你叫A同学不要吵，他都反驳你：'你以前不也吵吗？凭什么管我！'那你怎么办？""假若有学生没有回来上课，考勤员不在，你是生活委员，你会怎么办？""假若你是班长，自修课时讲话，卫生委员大声叫你别吵，你会怎么想，怎么做？"等等。做好示范后，我会鼓励全班同学们发问。我会先点名叫两类学生发问：一是活跃好动、跃跃欲试的学生；二是有过违纪记录，看起来不太好对付的学生。接着就会有更多的学生提出问题。破冰后，学生双眼发亮，充分展示他们的本色——幽默、自信，气氛瞬间轻松愉悦，加上老师带头鼓掌，竞选活动达到了高潮。

第三个环节是投票、统票、公示。全班同学投票,选出10位大家最信服的同学,然后请3位同学统票(一人读、一人记、一人监管),统完后把所有票保管好,直到3天公示期满。

二、班干部的培养

(一)权力下放,层层负责

高中的学生能力很强,只要班主任稍加指点,给予他们舞台,班级就能形成班主任在幕后指挥、班干们在前台理事的管理格局。投票结束后,我根据各个当选的班干部的性格类型和能力差异,本着"层层负责,分层管理"的管理理念,对班干部进行了岗位分工。通常,我会选1个人缘好、有奉献精神的男生当班长,统筹班级一切工作。选2名优秀的女生当副班长,其中活泼开朗、组织能力强的那位负责外交,负责指导宣传委员、体育委员、文娱委员、男生委员、女生委员开展工作;另外一位心思细密、严肃认真的女生负责指导学习委员、纪律委员、考勤员、劳动委员、卫生委员、安全委员开展工作。其他班干部各司其职,各负其责,有困难先找负责的班长商量。我每周日晚找3位班长聊天,3位班长每个月召集班干部召开一次班干部会议。

(二)定期培训,提升素质

凡事"得法"则事半功倍,要培养学生的自律能力和自主学习的习惯,使他们真正以主人翁的姿态投入到学习中,就要充分发挥班干部在班里的"领头羊"作用。通过定期培训,提升班干部的工作能力、管理能力和组织能力,激发他们的积极性和创造性。一开始,培训工作由班主任来做,班干部做好笔记,然后提出问题,讨论解决。接着,邀请已经毕业的或者高年级的在校优秀班干部来给学生传授经验,班主任旁听。最后,由3位班长召开班干部会议,班主任从旁听过渡到不参与。

必须培养班干部的三种素质。

1. 学会观察

班干部必须用心观察身边的同学,把同学所做的每一件细小的好事随时登记在一个小本子上。善于发现同学细微的心理动态,是否生气了?是否失恋了?是否因为考试考得不好沮丧了?是否因为家庭问题闷闷不乐了?然后主动与该同学谈心,给予该同学及时的安慰、开导、陪伴。这样的班干部就能深入民心,得到同学们的感谢与支持。

2. 言传身教

班干部在班级要起模范带头作用,尤其是纪律方面,一定要严于律己。首先,我会

组织所有班干部做一份问卷,问题如:

你认为班干部应该具备什么素质?(A. 学习成绩好　B. 有威信　C. 能力出众　D. 有热情　E. 人缘好　F. 其他)

你觉得班干部的主要任务是什么?(A. 为同学服务　B. 帮老师做事　C. 管理班级事务　D. 向老师报告班级情况)

然后,我会组织班干部展开讨论,指导他们多换位思考、宽容待人,并通过讲述案例,让他们清楚班干部的作用之巨大、责任之重大和任务之艰巨。最后,我会通过民主评比的方式对班干部进行考核,发现问题及时指出,并帮他们认真分析同学们给予他们的肯定及指出的不足,定期评选出班级优秀班干部。

3. 大胆管理

星星之火,可以燎原,一切不良现象必须扼杀在摇篮中。班干部要敏锐地发现一些不良的苗头,摆脱"老好人"思想的束缚,及时严肃地教育同学,且要及时向班主任反映情况。我请班干部信任我,让他们相信我是有能力很好地处理好这些问题的。为了消除班干部的顾虑,我会告诉他们我了解情况后的一般做法:首先,调查事情的前因后果。其次,找该同学谈心,更深入了解情况,并对其进行思想教育,若确实有必要,再进行相应的惩罚。惩罚或许是写一份"心理分析书",或许是"社会服务"。每个人都必须对自己所做的事负责,且学校里的惩罚,比起毁了他的学业,甚至毁了他的人生,算得了什么呢?为了让班干部明白他们对同学的纵容可能是一种伤害,我还跟他们讲了一个《那一场事故》的故事。

(三) 积极沟通,共勉进取

巴纳德说过,管理者的最基本功能是发展与维系一个畅通的沟通管道。作为班主任,我们一定要给学生创造沟通的环境。与班干部的沟通,不仅仅局限于班干部培训、会议等。我在班里设了一个"班干部日志"的笔记本,让每天值日的班干部写上当天值日情况以及感受。一开始,我诚恳地写上1000多字的班主任寄语;接着,我在班干部写的感想后面有感而发,表达理解、支持、鼓励,偶尔出个点子、提个建议。这个笔记本记录着我们的点点滴滴,到了学期末,班干部们总争着收藏这本珍贵的日志,也许因为这本子里蕴藏着什么吧。

除此以外,我深信民以食为天,唯美食与青春不可辜负。所以,我偶尔会从家里拿来一些糖果、自制的糕点,从超市买来一些香蕉、巧克力等召开班干部会议。似乎食物可以启发学生的思维,班干部们往往会在吃东西时想出特别有创意的主意。

三、为班干部创造舞台

正所谓"疑人不用,用人不疑"。信任是对班干部无言的支持和鼓励,班主任只需给班干部搭建舞台，班干部们的能力、创造力就能得到淋漓尽致的发挥。

（一）班会课

班会课是班干部的亮丽舞台，同学们的欢乐海洋。班干部可以利用班会课上主题班会、开展辩论会、组织户外游戏，还可以进行考后分析会、颁奖典礼、工作报告会、活动分享会、期末述职会等。对于主题班会，若学校有规定主题，我就让班干部以规定主题为蓝本，自由发挥。若没有，则让班干部自行决定主题。班主任一开始要跟学生说说往届学生的经验，给他们适当的指导，燃起他们的热情，叩开他们的智慧之门，之后只需提前一两天问问他们计划的操作流程，偶尔给予一点小建议即可。班干部们的创意是无限的，他们想到的比我们老师想到的更有趣，更符合同学们的口味。例如，他们上的班会课会分享他们喜欢的偶像，收集的资料全面又有趣，全班同学兴奋无比，谈得热火朝天；他们举办了辩论赛"中学生该不该在教学楼内使用手机""刘慈欣的《流浪地球》是否抄袭"，辩论双方据理力争，难分胜负；他们举办的颁奖典礼隆重且趣味十足；他们组织的户外活动刺激且意义深远；他们的考后分析、工作报告、期末述职感人肺腑，打动人心。

（二）学校组织的各项活动

学校组织的大型活动，如校运会、班级大合唱活动、英语晚会、文艺晚会、艺术节、拓展节、成人礼、百日誓师等是凝聚班级能量、团结班集体的大好契机，也是发挥班干部能力的最佳时机。例如，校运会时，班干部要组织全班同学进行入场仪式训练、大本营设计、集体项目的练习，还要安排啦啦队、护卫队等，工作极具挑战性，但班干部们却乐在其中。在与其他班同学的较量中，我们班更团结、更亲密了。

（三）家长会

家长会的第一个环节是向家长汇报情况，由6位班干部负责，他们分工合作，有的做课件，有的剪辑视频，有的站在讲台上侃侃而谈。家长们不但透过课件、视频了解到我们班的情况，还真真切切地看到了班干部的风采。

家长会第二个环节是情感交流。学生要理解家长，家长也要了解、体谅学生，所以我请2位班干部作为学生代表把我们班同学想对家长说的话都表达出来。他们可以比我更不客气地指出家长们的问题，如家长们沉迷手机、麻将等；他们可以比我更大胆地提出对他们的要求，如用奖励代替责骂；他们是当事人，他们的表达比我更激动、更有感染力，家长听了班干部的真情表达或如同受到当头棒喝或如梦初醒。这影响是深远的，为班主任的下一步工作——家校合作奠定了很好的基础。

班主任只要用心观察、适当培训就能培养出一批优秀的班干部，只要抓住一切契机并且尽力为他们创造舞台，他们的能力就能得到更大提升。最后，班干部因为"伯乐"的赏识成为"千里马"；班级因为"千里马"的带领，奋力奔跑、驰骋万里！

【讲座反馈】（节选）

听完邓佩芳老师的讲座后，我获益匪浅。

邓老师通过"班干部的选定""班干部的培养""为班干部创造舞台"三大环节打造班干部队伍。首先，在"班干部的选定"环节，让我印象最深刻的是"观察发现"，这个做法能够让教师在短时间内最大限度地挖掘学生特质，为培养班干部打好坚实的基础。其次，在"班干部的培养"环节，邓老师实施的"班干部日记本"让我特别欣赏，因为这种及时记录、及时反馈的做法，非常符合当前强调的"形成性评价"理念，对班干部以及学生的成长有重要作用。最后，邓老师巧用活用杂志上的寓言为学生讲故事，在潜移默化中让学生悟出道理，这一点也非常值得我学习，因为干巴巴地讲大道理，会给学生带来厌倦感，毕竟"道理谁都懂"。感谢邓老师的分享！

华南师范大学2019级研究生　沈嘉琳

听了邓老师的分享，在她的讲述中，我的感受主要有两个关键词："深度"和"温度"。

班干部的选拔、培养，是每个班主任都会面对的最平凡的一项工作，邓老师用伯乐的智慧去发现"千里马"，并且让"千里马""奔跑起来"，发挥出潜在的实力。邓老师把普通的一项教育工作做得如此有深度，此处必须点赞。

在有得力班干坐镇的班级中，邓老师主要做的似乎是"幕僚"的工作。但一篇篇沟通心灵的千字文，时不时"从天而降"的一颗颗巧克力，让学生感受到"甜蜜暴击"，也让学生得到心灵滋养。

广东佛山三水华侨中学　樊书君

第四章　家校共育策略

基于问题解决的学校家长教育创新

广东省湛江一中培才学校　　王德军①

【讲师档案】

王德军，湛江一中培才学校德育处主任，历史学硕士，中学高级教师，广东省"百千万人才工程"培养对象，全国历史教师教育专业委员会会员，广东心理学会会员，儿童青少年心理援助专业委员会理事，广东省家庭教育教师团讲师，岭南师范学院兼职讲师，国家二级心理咨询师、学习指导师，湛江市教育局兼职教研员。其个人研究兴趣为学习问题、学校德育、心理健康教育。擅长青少年学习问题咨询，十多年来，咨询案例累计达800余例，在青少年学习问题、学校心理健康教育、青少年问题行为咨询与治疗、家庭教育等方面积累了丰富的经验。在《中国德育》《中国教师报》《班主任》《湖北师范大学学报》等刊物发表文章80余篇。主持省、市级课题5项，研究成果获得广东省基础教育成果奖二等奖。在全国各地做专题分享150多场，深受家长和一线教师欢迎。

永要德育联盟的各位老师：

大家晚上好！今天晚上，我和大家分享我校在家长教育方面的所做、所思和所想，希望能抛砖引玉，以回应当下教育共育热潮，提升家校共育效果。我主要谈三个方面的内容：一是为什么进行家长教育课程开发，二是如何实施家长教育课程开发，三是谈谈家长教育课程开发中的一些反思。

---

① 本文是永要德育联盟的网络分享的讲稿，是2020年度广东省中小学德育课题"问题导向下的学校家长教育课程的建设研究"成果，课题编号：2020ZXDY149。

一、为什么进行家长教育课程开发

2018年9月，习近平总书记在全国教育大会上说："办好教育事业，家庭、学校、政府、社会都有责任"，"全社会要担负起青少年成长成才的责任"。从系统论的角度看，学生成长是家庭、学校和社会等因素综合作用的结果，三者之间要分工合作。当前，信息社会对学校教育提出严峻挑战，社会提高了对人才教育的要求，学校教育除及时改进自身机制外，还必须寻求合作伙伴。家长是学校最佳的"合作伙伴"，近年来家校共育理念深入人心就是例证。在实践中，因家长在教育理念、态度、能力、意识等方面的缺失让家校共育效果大打折扣，家长教育素养的提升成为家校共育乃至学生教育的关键因素。

家长教育是学校发展的必然要求，是提升教育水平的重要保证，政府、学校和社会乃至家长本人为此都付出了较大努力，取得一定成效。作为家长教育的重要组成部分，当前学校家长教育在师资、课程设置、教学效果、考核等层面都存在实践困境，学校家长教育与预期还有一定差距。在过去十余年中，我校基于学校实际，以问题解决为目标，家长教育在师资选拔和培养、课程设置和实施、教育教学评估标准等实践中都取得一定成效。现赘述如下，以便请教于专家学者。

二、如何进行家长教育课程开发

（一）基于问题解决建设家长教育团队

华东师范大学教授周彬说，"有好的教师，才有好的教育"，这句话在家长教育中同样适用。目前，学校家长教育教师队伍多为兼职，能力上的不足和时间上的缺失严重制约家长教育效果。在短时间内无法解决师资问题的情况下，学校家长教育就需要另辟蹊径，找到一条适合本校实际的选拔培养路径。

1. 组建多元化、专业化的教育团队

教师队伍是制约学校家长教育的重要因素，因此组建一支"有意愿、有能力"的教师队伍是学校家长教育的首要问题。我校结合实际情况，由学校心理咨询中心心理老师作为专职老师，负责家长教育日常工作，在德育领导、班主任、任课教师和家长志愿者、高校学者、行业专家、社会志愿者团队中招聘兼职教师，走多元化选拔路径，以教师专长组建教育团队。

（1）学校师资选拔重解决具体问题的能力。学校根据教师个人意愿、教育教学水平，在德育领导、心理教师、优秀班主任和教师中选拔家长学校储备师资，尤其是在学生学习、学生管理、家校沟通、行为问题纠正等具体事务层面经验丰富、能力突出的老师。

（2）校外师资招募重解决问题的专业能力。家长教育的教育者一定是家庭教育指导方面的专业人员，我们在组建校外团队时，除了重视意愿，还重视专长。我们外聘具有理论指导水平的教育研究者，在实践上具有指导能力的专业人员，如儿童保健专业人员、医生或心理咨询方面的专业人员，法律、公安部门专家，以及关工委、妇联等部门专家。

（3）招募社会公益团队重实际效果。我校在整合社会公益组织、妇联等外聘团队、大学生志愿者团队等师资时，主要考虑这些团队开展的课程是否符合我校家长教育需求，充分发挥这些专业团队在家长教育活动类课程中的作用。

（4）优秀家长团队重典型性和代表性。优秀家长是家长教育的重要资源，他们兼顾学员和教员的双重角色，更懂得家长的期待和困惑。在选择优秀家长时，要考虑不同层次家长的需求，注重家长师资的典型性和代表性，最大限度地发挥不同类型家长的榜样作用。

2. 以问题解决能力为目标的教育团队培训

不管是学校教师团队，还是校外聘请的专家团队，多数都是兼职家长教育者，他们对家庭教育目标、教学流程、活动开展等事项的了解有待提升，因此对老师进行培训，考核合格后方能上岗，就成为关键。我校以国家家庭教育指导师课程为参考，结合学校家长教育实际，对备选师资在知识、技能、活动开展、管理等方面进行培训，备选师资在考核合格后方能成为家长教育正式师资。

（1）通过落实教学常规提升教师能力。家长教育虽然是成人非正规教育，但同样需要备、教、辅、批、改等教学环节，只是形式上更灵活、更多样，这对于非教师出身的授课专家是非常大的挑战。我校为了解决这个问题，一是采取经验分享法，由有经验的老师进行实例示范，全体授课教师观摩，然后授课老师结合授课情况进行说课，重点突出教育目标如何设定、教学过程如何设计、课后反馈效果如何等内容，让全体教师理解教什么、怎么教、为什么教等教育问题；二是整体研讨和分类研讨相结合，我校根据教学内容主要设置了理论知识教育团队、活动教育团队、个案教育团队等三个教研组，以问题解决为研究方向。

（2）通过教育教学跟踪提升教师能力。为了帮助授课教师提升教育水平，我们对每一次授课进行跟踪，在上课前给听课家长下发授课提纲的同时，也给家长发授课效果调查表。家长从课程内容、上课方式、授课效果和您的建议等几个方面对授课情况进行评价，并按照10分制给授课老师打分。授课结束后，家长和学校工作人员对数据进行处理，并结合网络同步课程进行分析，教研组对教学效果进行评估，给授课老师提出改进意见，把上课、反馈、反思结合起来，促进教师成长。

（二）基于问题解决加强家长教育课程建设

学校家长教育讲什么内容、采取什么形式对教学效果至关重要。一般而言，家长教育内容应该包括家长在教育子女过程中应该具备的知识、技能、动机、情意、思维方式和行为模式等，可采用"听、说、读、写"等授课方式。家长教育是非正规教育，教学内容有内容体系和课程结构非标准化、强调学习效果的应用性、不以证书为目的、时间上较为灵活等特点。基于此，学校家长教育课程设置要基于学校实际，如学段、生源、地域文化等不同特点，课程内容选择要有助于解决家长教育问题、便于家长进行学习、符合成人学习的特点。

1. 课程设置菜单化

家长教育是统一性和个性化相结合的教育，同一学校、同一学段的家长既有共性问题，也有个性问题。因此，我校用"必修＋选修"菜单式课程模式解决统一性和个性化的问题。必修课包含家长必须达到的基本要求，如掌握孩子成长的基本特点、家庭教育的基本理念、育儿的基本内容和方法、学校管理要求等内容，然后家长根据自己家庭的不同情况和要求，选择符合自己需要的选修内容。这种课程设置尽可能满足了家长的个性化诉求，达到"因材施教"的效果，提高了家长解决问题的能力，保证了良好的教学效果。

我校是一所民办公助的优质学校，生源较好、家长素质较高；与此同时，家长对孩子的教育要求很高，对学校教育要求也很高。有鉴于此，我校向全体家长开设的共性课程主要包括中学生身心发展特点、学校管理要求、家庭教育基本方法、家校共育中的方法和途径等普适性课程；针对部分家长的需求还开设了"男生课堂"、"女生课堂"、初中生问题行为预防和纠正、家庭教育类型及提升、家长教育能力测试和提升、孩子学习问题解决等个性化课程供家长选择。

2. 课程学习网络化

家长教育属于非正规教育，家长们参与学习的意愿常常被工作和生活消解是家长教育的症结之一，让课程更具灵活性是学校家长教育必须做到的。在实践中，我校规模较大，初中一个年级有40个教学班，学校没有场地能满足整个年级的家长同时听课，即使某些选修课程只有部分家长参加，也很难找到合适的场地。近三年来，我校采取现场直播的形式，让不方便来现场学习的家长可以通过网络直播学习课程；如果没有及时学习，也可以通过校园网视频系统或者网络平台错峰学习；如果在观看视频时有什么困惑，可以通过网络平台与授课团队即时互动，或者在讲座微信群、QQ群提问，留下联系方式，由工作人员将问题整理后交由授课老师进行书面回答，在校园网家长园地栏目及时公布；如果家长还有疑惑没有解决，可以咨询学校心理老师或在登记后由专业人员约访家长，直到问题解决。

3. 课程开发协同化

家长教育的核心目标是提升家长家庭教育胜任力，包括家庭教育动机与情意、知识与技能、思维与行为模式等。在传统家庭教育中，家长多作为学习者被动接受社会或学校安排，极少有机会参与家长教育课程设计和开发，无法发挥家长的主观能动性，影响家长参与学习的热情和效果。有鉴于此，我校通过亲子活动、家校共育、个案分享等途径，让家长参与家长学校课程建设，取得了较好的效果。

（1）亲子活动系列化唤醒家长角色意识。亲子活动是密切亲子关系、提升家长胜任力的重要途径。亲子活动有助于唤醒家长角色，有助于家长获得教育成就感。为此，我校从七年级入学前的亲子参观校史馆到高三18岁成人仪式，在不同年级、不同阶段开展不同内容的亲子活动项目，让家长参与亲子活动策划、实施和效果评估，从中学习青少年教育知识，提升教育能力。为了弥补学校教育力量不足的现状，我联合妇联、社区、大学生志愿者和社会公益团队，按照每学年至少三次亲子活动的规划设计初中三年和高中三年的亲子教育活动。

（2）家校共育常态化提升家长教育能力。孩子成长需要家长、学校和社会三方协作，学校和社会要对家长教育进行指导，家长也要参与学校教育教学，家校共育就是形成教育合力的重要途径，家长也通过参与学校教育活动提升自身教育能力。在实践中，我校家校共育形式有家长会、家长培训、家长志愿者、家长委员会、家长论坛和家长开放日等，其中的家校联系本、家校微信群、家长讲堂的开展各具特色，反响非常好。

家校联系本是根据学生综合素质评价体系的框架，设置成绩、行为表现、自我评价、教师寄语、家长寄语、家教宝典等常规栏目，让学生、家长、教师参与其中，有助于家长全面认识、评价孩子，增强对学校教育的了解，有助于达到家校共育的效果，提升家长对教育的认知和实践能力。

利用班级微信群提升家长解决问题的能力。具体做法如下：定期征集家长关注的问题，及时展开研讨。中学生虽然个性鲜明，但在其成长中有许多共性问题，我定期向家长收集比较有代表性的问题并在班群展开研讨，研讨采取主发言人＋群聊的方式，让家长们分享自己的做法，家长们在交流探讨中进行思维碰撞，大家取长补短，主持交流的老师或家长将聊天记录进行整理后发回家长交流群分享，然后配上音乐、班级活动图片推送到班级微信公众号，扩大研讨的影响，提高专题研讨的收益。个案解决有利于提升家长教育水平。学校指导班主任在微信群中分享自己收集的教育案例，让家长在阅读中对照自己的教育行为，取长补短，家长们在阅读、研讨和反思中能够提升教育水平。

（三）基于问题解决开展家长教育定制服务

家长教育包含家长角色唤醒、教育能力提升和家庭教育问题解决，三者相互依存、相互促进。家庭教育问题解决能提高家长参与学校家长教育的积极性，也是提升家长教育能力的途径，如果家长在参与家庭教育相关学习后发现学习"没有用""见效慢，无法及时解决问题"等，就会影响其进一步接受学校家庭教育培训的积极性。在家长教育实践中，多数课程都是面向家长群体，这必然会出现预设课程与个体家庭的需求之间的矛盾，影响解决具体问题的效率。针对此情况，我校开展个案定制服务，为有需求的家庭提供服务，取得了不错的效果。

1. 组建专业团队解决家长求助问题

根据已有研究成果并结合学校心理咨询中心家长求助统计数据，我校组建了"厌学""自我管理差""亲子关系紧张""极端行为""沉溺网络""早恋""关系适应""自我认同"八个专业团队来解决家长求助问题。学校整合专职、兼职专家资源，为每个专业团队配备包括学校教育专家、心理专家、家庭教育专家、学习专家和个案班级班主任专业团队。每个问题团队设负责人 2 名，由他们负责相关问题的处理、研讨和相关问题的培训工作。

学校接到家长通过网络、来访反映的问题或者由学校老师上报的求助信息后，会立即将求助问题上报学校心理咨询中心，由心理咨询中心的专业老师初步判断问题类型，然后启动学校的"家长求助预定方案"，流程主要分为"信息收集""专业团队组成""方案制定和实施""干预效果评估"等几个环节，直至求助问题得到解决，情况严重的则转介到其他专业机构。

2. 家长在参与方案制订中提升胜任力

让求助家长参与方案制订是提升家长胜任力的重要举措，也有助于求助问题的解决。让求助家长加入，首先有助于问题解决团队了解学生的家庭背景、以往教育情况以及家长心理预期，发挥家校共育的作用。其次，家长参与方案制订也有助于在解决家长问题时对家长进行参与式培训，这有助于家长了解以往家庭教育中自己成功的地方、不足的地方，以及努力的方向。在研讨和方案实施中，家长不仅知道"怎么办"，还明白采取相应措施的原理，即"为什么"。在专业团队指导下，家长通过解决一个问题，进而具有解决一类问题的能力，不断提升家庭教育的认知水平和实践能力。家长通过参与、观摩、问询、接受指导、反思和实践操作，最终提升家长家庭教育胜任力。

3. 在服务家长中提升家长教育胜任力

服务家长就是帮助家长解决家庭教育中存在的问题，现代家庭教育包括两个方面的内容：一是家庭教育本身，是由家长提出，围绕家庭生活而产生的；二是配合学校教育在家庭实现的。学校服务家长工作主要有两种类型：一是面向所有家长的服务，比如学校开展家长课程、亲子活动、家校共育活动、指导家长进行家庭文化建设等，在具体事务上，指导、督促家长配合学校完成接送、照看孩子生活、检查督促孩子完成作业等。二是面向遭遇家庭教育问题的家长的服务，就是前文所阐述的"家长教育定制服务"。

在服务家长中提升家长教育胜任力，学校首先要在教育方法上进行指导。家庭教育的内容是围绕孩子生活而展开的，家庭教育要在家庭生活中渗透其意图和要求，而非简单粗暴地说教，家庭教育方法就是生活指导法。学校在具体的事务中对家长进行专业服务，进而提升家长教育胜任力。其次，学校要提升家长解决具体问题的能力。"定制方案"是问题解决的开始,学校专业团队要在执行环节加强对家长的指导,让家长根据方案开展工作,并及时处理家长在实践中的困惑,解决他们在教育孩子时遇到的困难,并根据情况指导家长完善方案,进行阶段性评估,直到问题解决。在问题解决中,要缓解家长的焦虑情绪;在问题解决后,要鼓励家长进行反思,总结成败得失。

三、我校家长教育课程开发的反思

基于问题解决的家长教育课程开发收到了良好的效果,基本达到了课程开发的预期目标。在实践中,我校家长教育在以下方面卓有成效:一是基于学校情况的校本课程开发。我校是粤西名校,生源、教师素质、家长素质等方面都比较好,学校领导有家长教育意识,有助于活动的开展、推动和落实。基于学校情况的校本课程开发,也有助于提升家长教育的效果。二是引入专业教育团队和培育学校教育团队相结合。我们和文质研究院在课程开发、实施、考核等各个环节深度合作,利用文质研究院等专业团队开展工作,也让学校家庭教育骨干参与具体事务,通过实践锻炼队伍,提升其能力,为其独立开展工作做准备。三是基于问题解决的个案定制服务效果良好,受到家长、学生、教师的欢迎。

当然,没有完美的模式,更没有完美的课程开发。我校的家长教育实践也有以下困惑:一是家长参与度尤其是主动参与率有待提高;二是基于问题解决的定制服务效果虽然好,但是效率不高,牵扯大量的人力物力,不利于模式推广;三是家长教育骨干培养速度远远跟不上课程实施需求,尤其是缺少独当一面的领头人,这严重制约着活动的进一步推广。

各位朋友,以上分享是我校家长教育课程开发和实施的一些做法和反思。我们的工作刚刚起步,并不成熟,希望有更多的同行参与讨论,不吝指导,让我们能进一步完善课程体系,从学校课程到班级课程,从家长教育向家庭系统教育迈进。再次感谢大家的聆听!

【讲座反馈】(节选)

家校共育始于家长教育,完善与多方联动
——听王德军老师讲座有感

近年来,家校共育成了学校教育与家庭教育相结合的一大流行趋势。可是,"共育"到底育什么?怎样育?如何评价育的效果?没有明确的指引,没有形成系统的培训,很多班主任老师的家校共育工作只局限于与家长沟通、建立班级微信群等表面的工作,共育的效果也不明显。

今晚，我听了德军老师的讲座，这个讲座条理清晰，框架结构完善。我边听边列出提纲，一个小时下来，讲座解答了我一直存在的许多疑惑，真是酣畅淋漓，收获满满。

讲座中提及的"基于问题解决"，把家长教育相关的问题形成课程，清晰地列出"课程设置菜单化""课程学习网络化""课程开发协同化"，唤醒更多的家长转变认识，先教育好了家长，让家长成为参与学校教育重要的一员，夯实家校共育的地基。

家长教育定制服务的提出，也是非常前沿和具有个性化的。这一步工作锻炼了班主任老师，加上专业团队的指引，使得整个家长教育体系完善起来。这也是我印象最深的一点。回顾过往几年进行的家长培训，面对不同年段学生的家长提出的不同问题，班主任们遇到的情况，只做"头痛医头，脚痛医脚"的辅导，效果一直不够明显。当孩子出现端倪，其实家长是能感受到的，可是家长往往会依赖于"班主任帮忙说上一句，远远比家长说上一百句好"的想法，采取"避免亲子冲突最有效的方法"——让老师管。而班主任老师因为孩子上课的状态、交友不当和作业等问题与家长联系时，有的家长会以如上面的理由推搪，使得家校共育进入僵持状态；有的家长会按照老师提供的方法积极配合，也取得短期的有效成果，便误认为孩子的问题已得到解决，而缺乏跟踪；有的家长会在问题反复出现、老师表示没办法时，感到不知所措……

德军老师所在的学校组建了"厌学""自我管理差""亲子关系紧张""极端行为""沉溺网络""早恋""关系适应""自我认同"八个专业团队来解决家长求助问题，学校整合专职、兼职专家资源，为每个专业团队配备包括学校教育专家、心理专家、家庭教育专家、学习专家和个案班级班主任专业团队。从基本层面到专家引领，让我们看到了家校共育的实效体现。在教育家长、家长教育的闭环链接中，不断提高家长教育的胜任力，不断修整家长教育模式。期待德军老师的再次分享，更期待能组织学校的班主任团队、德育教育团队进行深入交流。

广东省佛山市三水区实验小学　黄诗梅

家庭教育是所有教育的基本，没有家长支持和参与的教育，是很难取得成效的。很多家长在面对孩子的教育问题时，是十分茫然的。他们不知所措，无从下手。因此，开设学校家长教育课程是非常有必要的。学校作为教育的主体，有先进的教育理念，应该承担起家长教育课程的开发和实施的责任。那么，学校应如何进行家长教育课程开发呢？王德军老师的讲座给了我们非常明确的指导。王老师从家长教育团队建设、家长教育课程建设和开展家长教育定制服务等方面进行了详细的说明，为我们学校进行家长教育课程开发指明了方向。

家长需要对孩子各个方面进行教育，其中感恩教育、挫折教育、学习习惯教育和心理健康教育等都应该成为家长教育课程的重点。教育需要家庭、学校和社会通力合作。

广东省惠州市永汉中学　袁春琼

如何让家委会工作充满活力

内蒙古自治区包头市第三十六中学　陈彩霞

【讲师档案】

陈彩霞,内蒙古自治区包头市第三十六中学小学部教师,曾获得内蒙古自治区优秀文学辅导员、包头市优秀班主任、包头市最美教师、包头市首届中小学班主任带头人、包头市班主任工作室领衔人、包头市教学能手、青山区教育局"陈彩霞名班主任工作室"领衔人、青山区优秀教师、青山区模范交流教师、青山区学科标兵等荣誉,在内蒙古自治区中小学班主任基本功展示交流活动中获得小学组一等奖。

永要德育联盟的各位老师:

大家晚上好!

我是来自包头市第三十六中学小学部的陈彩霞。我分享的主题是"如何让家委会工作充满活力"。

很多班主任对组建家委会存在困惑,有的说:"我们班也组建了家委会,可是名存实亡。"有的说:"我们班的家委会在低年级的时候积极性很高,但随着年级的升高,似乎越来越起不到应有的作用了。"那么,如何让家委会工作充满活力呢?我将从三个方面进行分享。

一、家委会角色定位要准确

家委会不是摆设,每个成员有事做、有责任,这才是家委会。

在新生入学第一个家长会后,要引导家长自愿加入家委会微信群。指导家委会组长作为骨干成员,带领各家委会组员认真完成各项任务。在家委会组建后,制定宗旨、原则、组长职责、组员职责等一系列规章制度,为后面工作的顺利进行奠定坚实的基础。

比如，2017级四班的宗旨：我们是一个团结的大集体、大家庭，我们大家要努力做一年级四班师生们的坚强后盾，和老师们一起努力让一年级四班成为青山区一年级的强者。

原则：紧跟老师任务，按组轮班。

组长职责：协调组内成员，圆满完成任务。

组员职责：和组内成员共同协调，圆满完成任务。

推选出的家委会主任全面主持班级家委会工作。负责管理班级组织纪律，完成老师临时安排的学校工作，班级教辅书费用收取，班级物品购买（书信活动中的信封、表扬信等），班级共读活动主持词撰写，班级文化（低年级时板报定期更换）、班级亮化、班级账务管理等工作，要一一落实到具体的人员。

二、家委会有地位才会有作用

（一）空白之处能补位

班级的教育工作烦琐复杂，难免挂一漏万，所以家委会要有补位意识。

在班级慈善募捐活动中，家委会成员连夜制作了募捐箱，在募捐仪式上，我因为参加学校其他活动缺席，家委会成员主动承担主持和拍照工作，顺利完成了募捐任务。学生捐赠物品，需要填写邮件封皮，又是家长们来帮忙。在学生独立值日时，我每天要亲自检查值日情况，并且督促孩子离开时关好电器和门窗。在我外出学习时，家委会成员到校负责督促，拍了小视频，发了语音，告诉我已经按照要求检查过了。家委会成员的举动让我倍感温暖，让其他老师以更大的热情投入到教育教学之中，以此来回报家长的支持和配合。

（二）合作之处不失位

家校合作中，老师与家长之间是同盟军、合作伙伴，但是彼此之间又应该各司其职、各负其责。

一开始家委会很多成员都想干活又不知道如何干，有热情却无法下手。班主任会对家委会主任进行指导、提供建议，家委会主任又会把这些建议和自己的想法与其他家委会成员分享和交流，并得到成员们的赞同。家委会主任鼓励大家献计献策，这样就很好地发挥了各个家委会成员的优势，并很好地调动了家委会成员工作的积极性。家委会公示出来的"我们的经验"由完成任务组总结，比如黑板报如何画、做表格怎样省时省力等。家长们为班级所做的一切事情都会被详细记录下来，并汇报到家长群里，让班级所有人明白孩子取得好成绩的背后有家长们的真情付出。

（三）延伸之处不越位

家校合作需要拓展空间，需要深耕，走向家庭，彼此同心同向同力。

家委会组织"爱劳动"21天好习惯养成记的活动，每天有家长督促孩子认真完成，拍照片发到群里，然后家长自愿报名制作小视频，以激励孩子们努力完成任务，同时也为班级每一个孩子留下了成长的足迹。后来又组织了"爱运动"21天好习惯养成记、天天阅读等活动，孩子们在活动中掌握了技能，逐渐养成了良好的习惯，学习和生活能力得到了提高，家长们在指导、拍照、做小视频的过程中感受到了孩子的变化。

鼓励家长记录孩子成长的心得，让他们在家长会上介绍经验，指导他们修改讲稿并发表在班主任公众号上，以此激励家长们。

三、家委会工作精准持续有动力

（一）让家长站在班级的最佳位置，不要让家长边缘化

班级家委会人才济济，每个家长都各有所长，给家委展示的机会，让他们时刻体会到自己在班级中的价值，是每个班主任必须考虑的问题。最主要的是他们都有一颗无私为班级发展、愿意为每一位同学竭尽所能服务的心。想方设法调动他们的积极性是重中之重。因此，要给家长一个发挥特长、展示风采的平台，不遗余力地鼓励他们为班级进步出谋划策。

在布置班级环境时，家委会主任接到任务后马上组织成员讨论，确定负责人。每位家长所做的点点滴滴，我都在班级群里发照片并用文字加以说明，及时表扬。当班级文化建设评比成绩出来时，我首先将班级获得优异成绩的好消息发到了家委会群里，感谢家长们的付出。同时她把这一好消息发到班级群里，全班家长都特别激动。通过这样的方式，其他家长受到感染，纷纷表示也要争取为班级做贡献。

（二）放大每一次家长参与的活动，激励表扬要时刻跟上

每次的活动情况我都会及时在班级群里反馈，让家长们得知家委会究竟做了什么。同时我在微信公众号上发表图文并茂的总结，在总结中不忘对参与活动的家长进行表扬，肯定他们在活动中不可或缺的作用。每次的总结发表之后我会转发到班级群和朋友圈，其他家长和老师的留言让参与者倍感光荣，也让班级里其他家长跃跃欲试。

2018年六一儿童节总结《精彩背后的故事》发出来之后，有一位参与的家长特别感动，觉得自己做的事情微不足道，但老师的报道让很多家长认识了他，尤其是在其他班的家长祝贺他时，他决心下一次要做得更好。在2019年六一儿童节文艺会演中，除了家

委会成员参与管理学生，还有更多的家长积极报名参与相关工作，例如，在训练中轮流管理，彩排时各家长帮忙接送学生到会场，正式演出时入场前帮学生化妆，入场后分片管理学生纪律，演出前帮学生补妆，负责学生上下场……家长们的参与使我们班在活动中纪律有序、演出精彩，大家共同圆满完成了各项任务。

我还会在每次家长会上安排家委会汇报表彰环节，让班级家委会主任总结家委会工作，表扬做出贡献的家长。虽然没有奖品，但每一句中肯的评价都能赢得家长们热烈的掌声，家委会工作的开展因而也更加顺利了。

（三）鼓励家委会成员全部向后转，走向自己的家庭，从做事走向教育研究

诗溢妈妈是家委会成员，工作积极主动。她的孩子调皮，自我控制能力较弱，听课时老是开小差，学习上比较困难。经过多次沟通，我及时发现了孩子的不足，然后为他"量身定制"改进策略。两年里，诗溢妈妈在老师的鼓励下坚持不懈地根据实际情况教育孩子，诗溢从和同学沟通不畅到能和睦相处，成绩从良好到优秀。现在，诗溢妈妈对孩子的教育充满信心，觉得自己有方法、有底气了。她用自己如何转变孩子的事例告诉所有家长，只要不放弃，用心学习、研究，一切都有希望。

（四）家委会成员向左向右转，面向其他家长，拉着他们的手一起共建和谐的班级

2018年端午节到来之际，家委会策划举办了一次"庆端午，包粽子"活动。星燃爸爸策划活动方案，在群内问：现在主要是食材问题，哪位亲能帮忙准备一下粽叶和糯米？家委会群里马上有了回应，大家纷纷出谋划策，从数量、谁来教、如何煮、需要的工具、玫瑰酱等方面展开了讨论。有的家长建议分组包，而为了活动内容更加丰富，有的家长则建议煮粽子的间隙让孩子了解端午节的来历，以及插艾草、戴彩绳等的相关习俗。谁来教孩子们包粽子呢？家委会发出招募辅导老师的通知，奶奶们、姥姥们主动报名，组成了包粽子导师团。晟凯妈妈认真写完了活动的主持稿。

活动当天，我带领孩子们观看包粽子视频，来到了由家长提前精心布置、节日氛围特别浓的学校餐厅学习包粽子。

在包粽子环节，导师们教得认真，孩子们学得专心。瞧！一个个粽子在他们的巧手中一会儿就成形了。分步教学运用得当，孩子们跟着导师们一步一步去操作。有的孩子此时显得有些手忙脚乱，顾得了左手，顾不了右手，他们发现看起来简单的事情做起来原来并不简单。于是，他们不仅认真听，还和同学互相探讨。粽子包成功了，他们欢呼雀跃，免不了在同学面前炫耀一番。在煮粽子期间，大家回到教室观看端午节习俗的视频，了解了端午节的来历和相关习俗。孩子们特别感兴趣的是星燃爸爸中午专门去郊区割来的艾草。艾草人人有份，老师顺势引导孩子们观察艾草的颜色、形状、味道，并讲

述了艾草的作用。同学们通过看一看、闻一闻、说一说进行现场写作。之后，家长们在每个孩子的手腕上系上了五彩绳，有的孩子举着艾草，亮出五彩绳让老师拍照，脸上洋溢着快乐的笑容。

"粽子熟了！"好消息一传来，教室里沸腾了。孩子们排队走进餐厅，开始品尝粽子。场面令家长和老师们兴奋：孩子们有的拿起粽子闻一闻，香气扑鼻，小心地剥开粽叶，露出了晶莹透亮的糯米，轻轻咬一口，软糯可口，葡萄干、红枣让粽子的口感更佳；有的孩子迫不及待地吃起来，米粒粘在嘴角上也不在乎，有的蘸上白糖吃得津津有味，有的一边吃一边说"自己包的粽子就是不一样，太好吃了"，连平时不爱吃粽子的孩子都在这种氛围中大大地咬了一口。

赵梓涵同学看到老师一直在组织活动，就把自己的粽子送到老师面前，真诚地说："陈老师，您吃个粽子吧！"那一瞬间，老师的心都被融化了。家长们也加入了品尝粽子的行列，大家都觉得这粽子比自己家里的粽子更有味道。因为这些粽子包含了家长的爱心、孩子们的用心。

这次活动的成功举行，离不开家委会的大力支持。从活动方案的制订，到所需物品的采购，招募包粽子家长，写主持词，去野外割艾草，布置场地，一直到做最后的清理，不仅是家委会成员，还有受到他们影响的其他家长都为这次活动的成功举行提供了有力的保障。

虽然活动结束了，但是活动的意义是深远的，它不仅让孩子们认识了传统节日，同时还提升了他们的综合实践能力，让家长和孩子们分享了劳动的乐趣。

这样的亲子活动还在继续，家委们散发出的正能量带动着其他家长一起来参与。2018年7月8日，由家委会组织的参观华唯酒庄亲子活动如期举行。在活动筹备阶段，家委会成员代表亲自到现场考察，然后开始制订方案。其中有家委建议：妈妈们平日里很辛苦，此次就将做午餐的任务交给爸爸们。于是，他们招募"炖菜爸爸""烧烤爸爸""拌凉菜爸爸"等，让爸爸们以接龙的方式自愿报名。大家很踊跃地为这次活动做着充分的准备。

活动当天，孩子们以组为单位玩拼图游戏，大家齐心协力，你追我赶，为集体争光的意识体现得很明显。

爸爸们开始准备午餐，其中诱人的羊肉串供不应求。厨房里，爸爸们炖羊肉、拌凉菜的一招一式都相当专业。当负责摄影的爸爸将照片传到群里时，大家不禁十分期待大厨爸爸们的作品快点上桌。流水席上来了，大盆装，那叫一个豪放！色香味俱全，真是一场实实在在的盛宴。孩子们迫不及待地选择自己喜欢的菜吃起来，家长们也纷纷品尝着与众不同的午餐，乐在其中。

活动结束返程时，孩子们在恋恋不舍中告别了华唯酒庄，但是快乐还在朋友圈里延续着。

通过亲子活动，孩子们放飞自我。这样的亲子活动不仅让孩子们了解了相关知识，而且使亲子关系更加和谐。家长们参与的积极性更强了，一致表示这样的活动让自己有了展示的舞台从而得到了家人和周围同伴的认可，自信心大增。

2018年8月底孩子们升入二年级时，家委会主任韵霏妈妈发来信息说她可以安排值日。在分好工后，她还提出了建议：部分家长带孩子来就可以了，否则人多了反而杂乱。第二天顺利搬教室后遇到教室楼上漏水、墙皮被破坏的问题。短暂的现场交流之后，家委会一致决定粉刷教室。雇人粉刷费用很高，于是大家马上买来涂料准备自己完成，其他家长一看，也加入了粉刷教室的劳动中。下午家长会上，我代表全班同学对上午帮忙更换教室并布置教室环境的家长表示感谢，大屏幕上展示了教室原貌和后来的窗明几净的照片对比，照片上家长们挥汗如雨积极劳动的场景让所有家长感动。

在参加班会课大赛前一天的下午，我看到部分墙皮又有脱落现象，就在家委会群里寻求快速补救之法，大家各抒己见，有的建议第二天上午粉刷，下午正好不耽误开班会，有的说时间太紧来不及。当我晚上八点多准备回家路过教室时，发现教室门开着，里面散发出了涂料的味道，开灯一看，墙壁粉刷一新。再看，班级群里已经有了很多留言，原来是家委会负责亮化的家委赵昊然爸爸利用下班时间为班级粉刷了墙壁。当我对他表示感谢时，他说自己平时工作忙，参与家委会活动并不多，这次粉刷墙壁正好是他的强项，也是他的责任，而因他白天忙，只能晚来帮忙，而且涂料的味道晾上一晚上后对孩子们的身体没什么影响，也不耽误明天的班会课展示。朴实的话语让人特别感动，大家纷纷留言表示要向他学习，这件事对大家的触动很大，尤其是不少平时沉默的家长也说，以后有用得着他们的，一定会努力去做。

家委参与感很强。到儿童福利院献爱心、去挚爱养护中心看望老人、假期和老师一同前往家访等，都有家委会成员的身影。他们常说："只要对孩子们有好处，我们愿意干！只要对班里有帮助，我们乐意干！"我们班事事有人帮，人人勤参与，件件很精彩。

正因为这样，我有了更多的时间、更多的精力在教育教学上钻研。班级形成了团结向上的氛围，各项成绩都名列前茅，家委会一如既往充满活力地为班级的发展保驾护航，他们的积极努力，让更多的家长受到影响而参与到班级活动中来，为孩子们的健康成长助力！

【讲座反馈】（节选）

知性的陈彩霞老师：

彩霞映日，家委给力。

良师生非异也，善假于物也。真美慕，家委素质高；更难比，家委有料到。有位，有为，有味。家委乃一支彩笔，宛如一道霞光，映照班级，缔造传奇。

奇哥诗云：

陈师别样家委会，彩笔勾勒活力推。

霞光一道映桃李，乐于定位亦有为。

——广东省惠州市仲恺中学　曾瑞奇

听了陈老师的讲座，我特别感兴趣的是陈老师鼓励家委会成员全部向后转和向左向右转：向后转走向自己的家庭，从做事儿走向教育研究；向左向右转，携手共建和谐的班级。很多时候我们习惯了一对一地与家长沟通，考虑得更多的是家校共育的效果。可是陈老师的做法提醒我家长并不仅仅是一个个独立的点，还可以是一个家长带动一个家庭形成教育合力，更可以是一个整体，一个有共同育人目标的整体，大家齐心协力做好每一件事情的感觉实在是太好了！

——广东省佛山市三水区实验小学　陈锦颜

巧设活动，促家校合力

广东省佛山市三水中学　高金妮

【讲师档案】

高金妮，广东省佛山市三水区首批"千百十人才培养计划"学科骨干培养对象，三水区优秀教师，三水区英语学科优秀辅导员，三水区三水中学优秀班主任、优秀科任。所带班级多次获得校"文明班""班级成绩优胜奖""高考成绩优秀奖"等。在教育中坚信：教育就是生长，教师所需要做的就是挖掘、鼓励、刺激和辅助学生天赋和潜能的发展。

永要德育联盟的各位老师：

大家好！

我是广东省佛山市三水区三水中学的高金妮老师。很荣幸今天能在这里和大家分享，我分享的主题为"巧设活动，促家校合力"。

现为班主任或曾为班主任的各位，有没有过以下的经历：你花了很多时间对学生反复"动之以情，晓之以理"，以期他们在这最美好的年龄为梦想拼一把，但不管你怎么引导，一些学生就是没有学习的动力，或者说没有持续的学习动力，要么懒散随意，要么勤奋几天，劲头就"干瘪"下来了？

对于我来说，作为班主任，最让我烦恼的不是学生当前的成绩和基础，而是学生没有学习动力。让没有学习动力的学生学习，就如俗话说的"强按牛头不喝水"。没有学习动力的学生，就像不渴的牛，就算你想方设法，好不容易把它拉到河边，摁下牛头，你也没有办法让它把水喝下去。所以，要帮助学生提高学习成绩，最重要的是激发学生学习的积极性，即学习的内驱力。对于这一点，作为班主任的我们有什么办法呢？其实，激发学生学习动力的办法很多，而我发现，我们常常忽略了一个很好的资源，那就是家长的作用。我这里说的"家长的作用"并不是指家庭教育，而是家长在学校教育中的作用。现在就跟大家分享一下我在这方面的几点做法。

一、发挥家长的力量，建立班级奖励机制

我们都知道，学习动机对于学生的学习来说有着至关重要的作用。我们在教育过程中强调学习的内部动机的同时，也不能忽视外部动机的作用。当学生的内部学习动机缺乏的时候，外部的刺激就显得格外必要了。而适当的奖励可以使学生获得精神上的愉悦和满足，增强其学习动机，同时改善教育活动的氛围。通过奖励，充分肯定学生的进步，能调动学生学习的积极性，提高学生的自信心。但是学校的奖励非常有限，为了让更多的学生有机会受到奖励的刺激，可以利用家长的力量，建立家长集资、家长颁奖的班级奖励机制。

我的具体做法如下：

（1）成立家委会，并由家委会成员发起和募集班级奖励基金。

（2）利用班级奖励基金，对每次大考中取得优异成绩和进步的同学进行奖励。

（3）邀请家长亲临教室，举行隆重的颁奖仪式。

我通过家长自荐和我主动邀请的方式成立家委会，然后由我建议、家委会发起、家长参与建立班级基金。在整个过程中，家长的捐款是自愿的，募集款项由家委会负责收集、登记、汇总和发放。作为班主任的我，在考试之前做好奖励方案，在考试之后做好奖励名单的汇总，同时发给家委会。家委会准备好奖金和奖品，安排好时间，在班会课的时候来学校为学生颁奖。颁奖嘉宾可以是家委会的家长，也可以是其他家长，一般是家长自愿参与，有时家委会或班主任也可私下邀请家长。对学生的奖励可以是学习用品或食物，也可以是奖金。在实践中，我发现个人奖奖励奖金、团体奖奖励食物这种做法的效果比较好。

为了让奖励机制真正能激励每个学生，公平、公正、合理的奖励方案非常重要。每次颁奖，家长亲自发奖金、奖品，还合影留念，照片分享到家校群，分享给各位家长。这种轰轰烈烈、沸沸扬扬的颁奖仪式让获奖的学生特别自豪，而没获奖或没中奖的同学看着别人拿着奖金、吃着美食，会受到刺激并暗自努力；另外，颁奖仪式感强，还有一些形式轻松又活泼的环节，如抽奖环节。因此，每次考试后的颁奖，对学生来说都是一个非常大的动力刺激。在这种班级奖励机制的刺激下，班级学习氛围非常浓厚，慢慢地，原来没有学习动力和比较懒散的同学也深受感染，开始努力了。在这种外部刺激和浓厚的班级学习氛围带动下，"努力"慢慢就变成了很多学生的一种学习习惯，学生们开始自觉地学习了。借助家长的捐款和家长颁奖的力量，外部的刺激在不知不觉中变成了学生内部的学习动力。

实际上，对于快成年的高中生而言，奖金和奖品对他们来说并不是最重要的，这点钱对于零花钱较多的他们来说并不算什么，但这种有家长、老师和同学共同见证的、正

式、隆重、有仪式感的奖励对他们来说才是一种极大的肯定。我觉得，这个奖励真正对他们起到刺激作用的关键。

二、巧用班会课，邀请家长为学生做讲座

每个家长都是一本书，他们有着不同的成长经历，不同的行业见识。对于学生来说，家长是非常宝贵的教育资源。家长分享自身成长经历，可帮助学生开阔视野，增长见识；家长分享不同的行业见识，可帮助学生初识职场，形成职业规划意识。同时，这些做法也能从侧面刺激学生在校的学习动力，活化教育的形式。从后来的学习效果以及学生的直接反馈来看，家长的讲座分享，比老师的说教和家长的唠叨更容易走进学生的内心。

记得在一次讲座分享活动里，做分享的家长是企业主管，负责招聘工作。他跟学生分享了他们企业在招聘时的要求和他的招聘经验。他说他们很看重应聘者的素质。他提到他们喜欢名校毕业生，因为从总体上看，名校毕业的大学生见闻更广，实践能力更强，对生活更积极，工作上也更敢拼。他的话激发了那些一直不愿意努力的学生，尤其是那些自我要求低，认为"能上大学就行"的学生。同时，这位家长也提到，相对于那些名校毕业但表现得好高骛远、眼高手低、自命不凡的大学毕业生，他们则更愿意录用那些来自普通大学但务实且积极上进的学生。这段话又给班里那些平时成绩好却自以为是、不太愿意服从学校和班级管理的学生深刻的启发。这些来自家长的分享，无论是对学生学习动力的激发，还是对学生人格品质的培养，都起到了非常好的促进作用。

在另一次讲座分享活动中，来分享的是一个学生的哥哥。工作两年的他谈到他在工作中的一些经历，他感慨走上职场之后才领悟到"真心愿意帮助你的人都是你生命中的贵人，不仅包括那些提携你的人，还包括那些对你的工作给予建议，甚至是善意批评的人"。他说他以前在校的时候觉得老师的帮助是理所当然的，曾经也很反感老师的批评，而工作之后才知道，没有人对你的帮助是理所当然的，能得到别人的帮助是多么幸运的事情，因此要深怀感激。这种看似无意的感恩教育怎能不走进学生的内心呢！

通过家长的讲座和经历分享，学生可以多方面了解社会、职场、待人处事，并初步近距离、多方位了解将来他们要面对的生活，让他们能更明确学习的目标和方向，让他们对当前的学习更有动力。

听别人的故事，想自己的人生。把家长请进课堂，分享他们的人生经历和职场经验，是能很好地激发学生学习动力、广受学生喜爱的一种教育的方式。

三、抓住契机，开展"家长送关怀"小活动

在某些关键的节点上，联合家长们，组织一些小活动，为学生们提供精神激励。某

年,在高考前的停课自主复习后,家委会买了印有"金榜题名"的书签,家长代表在班会课的时候到校亲自给每个学生派发"吉祥物"。派发的时候,家长与学生或握手、或拥抱,表达家长给予学生的鼓励和无限的精神支持。到了高三最后阶段,学生的压力很大,此时的这个小活动给学生带来了家长的关怀,也带给了学生一些积极的心理暗示。此外,高三学生一个月才回家一次,有些学生几个月才回家一次,尤其是最后阶段停课改自习之后,学生的学习生活更加单一、枯燥,这时候家委会代表家长出现,给予他们鼓励,在一定程度上还可以调剂一下他们单调的学习生活,在平淡中增添一点色彩。

抓住契机送关怀活动还包括:寒假放假前一天或寒假后回校的第一天,家委会给每个学生一个激励小红包;本地有"冬至大过年"的习俗,因此在高三这一年的冬至当天,家委会给学生带来汤圆等小吃,让学生在寒冬里倍感温暖。这些小活动让长期在校住宿的学生们能感受到家长切切实实的关怀,让他们学习起来更加有动力。

没有家长的参与,作为班主任的我如巧妇难为无米之炊。依靠家长的力量建立起来的班级奖励机制激发了学生的学习动力,提升了班主任的学习氛围;家长的讲座和分享,增加了班级育人的多样性,极好地补充和调剂了学校教育;家长参与的班级小活动,给学生带来了家长切实的关怀和鼓励,让学生时刻感受到家的温暖。我想,我们提倡的家校联盟、家校合作,不应该仅仅局限于家校平时的沟通。家长是一个很大的群体,家长中有很丰富的教育资源,我们为何不把这个资源利用起来呢?

【讲座反馈】(节选)

高老师从一个新的角度和我们分享了如何激发学生的学习动力——巧设活动,发挥家长在学校教育中的作用,这使我受到了很大的启发,非常感谢高老师。我们通常对于家校交流的理解还停留在教室外这个地点,一般我们会请家委会的成员到会议室和校方进行交流或是线上交流。而今天我知道了家长这个群体也是可以进入教室的,并且他们的教育和班级教育完全可以融合在一起。运用模型思维来看其实我们可以写这样一个等式:家长=教育资源,而这部分资源既可以为我们提供资金支持,也可以直接被用作人力教育资源,尤其是可以凝集各个行业和领域的经验和智慧,大大地拓宽了学校教育的范畴。家长不同于外请专家的是,他们本身就和受教育的对象有着亲缘的关系,这种亲密的关怀能够给予学生们更大的鼓励,更能够从内部去激发学生的学习动力,这真可谓是妙啊!再次感谢高老师非常具有智慧的分享!

北京市清华附中大兴学校 徐然

周六,在那样一个美好的春夜,有幸聆听了高老师的讲座,心中煞是感动,感动于高老师作为一名高中老师,眼中不是只有高考,而是围绕高考这一重要事件,更多地关注学生学习的心理状态,充分地发挥家长的作用,从而从心理到行动更好地促进学生的学习。高老师的举措，把家长对于高考的焦虑巧妙而自然地转化到了和学生的共同学习成长中，既有效地融洽了亲子关系，又极大地提升了学生的自主学习能力，为高考打下坚实的基础。

高老师从设立班级奖励机制、请家长进课堂为学生现身说法、邀请家长参与班级活动三方面给我们详细阐述了如何让家长参与班级管理，如何实现家校共育。这些方法非常接地气，都是拿来就可以用的好方法。当然，不同的地区，不同的学校，不同的班级，针对自己的实际情况，可以做一些适当的调整转换。但毋庸置疑的是，高老师的理念和方法给我们做了一个很好的指引，让我们明白在班级管理当中，无论是小学还是中学，都不能抛开家长这个重要的育人资源，只有学校和家庭同时使力才能够更好地发挥育人作用。再次感谢高老师的精彩分享，希望以后可以听到更多的精彩的讲座。

云南省楚雄开发区永安小学　赵学英

家长督学解困境，另辟蹊径开新篇

河南省荥阳市龙门实验学校 黑江丽

【讲师档案】

黑江丽，全国永要德育联盟讲师团讲师，荥阳市优秀班主任，荣获第二届"领雁杯"全国新生代魅力班主任风采大赛二等奖。作为一名班主任，她始终关注学生的长远发展，和学生一起成长。她以自身良好的状态带动学生的学习状态，并以丰富的班级活动激发学生的学习兴趣，增强班级凝聚力。

她注重赏识教育，提倡家校合作，对家校协同教育有深入的研究。她鼓励更多的家长参与到班级活动中，了解学生们的学习与生活动态，促进亲子关系的和谐。

她似一朵黑玫瑰，低调地绽放着自己的光华，用自身的魅力，推动教育的发展。

永要德育联盟的老师：

大家晚上好！感谢主持人的介绍，感谢永要老师给我这次线上讲座的机会！

我是一名普通的初中一线班主任，而且是一名"大龄新手"——刚入职的时候做了四年的班主任，时隔十年，再次接任班主任这个熟悉而又陌生的工作，经验无从谈起，一切从零开始。

一、结识永联，如沐甘露

幸运的是在2019年的7月，听到了刘永要老师的讲座，加入到了永联讲座一群。众多讲师的讲座启发了我的工作智慧，同时也激发了我的工作热情，让我懂得了教育需要爱，也需要智慧。自此，我在班主任工作中萌生了很多想法，也尝试了一些做法，更加喜欢上了班主任工作，进而也更喜欢班上的每一个孩子。跟着永联的步伐，我喜欢记录班级发生的事情，写下自己的想法，今天就跟大家分享一下我们班的"家长督学"。

我在一篇文章中看到这样一句话：家长和老师如同三角形底边上的两个顶点，孩子是三角形的高，家长与老师的距离，决定孩子的高度。不喜欢和老师沟通的家长，很难走进孩子的内心；不善于和家长沟通的老师，工作起来会很累。

作为教师的我们无法让家长放弃自己养家糊口的工作来全身心地陪伴孩子，我们能够做的是改变家长的关注度——对孩子的关注，对班级的关注，对教育的关注。

二、置身困境，巧思良策

2019年8月底开学之际，由于学校生源爆满，教室紧张，学校在宿舍楼改造出一间教室，我们班"荣幸"地被安排到了宿舍楼。我们班处在学校的"西南边陲"，"山高皇帝远"，在管理上与学校脱节，也经常处于被遗忘的境地。但是我依然信心满满地迎来了新一届的学生，我对自己的班主任工作充满期待，一个假期的学习与思考，让我预设了班级可能会发生的种种情况，并且都准备了相应的解决办法。一个月后，我惊觉我高估了自己，低估了学生，班上的种种状况让我措手不及：教室垃圾成堆，课堂纪律很难维持，读书不出声，爱说话的多，说话带脏字……各种预想的方法都收效甚微。第一次月考我们班总成绩在年级倒数第一。这可怎么得了！长此以往，"班将不班"！

"痛则思，思则变，变则通"，我一定要改变这种现状。寄希望于领导为我指点迷津，领导给的锦囊是："相信你，一定行。"天呀，我该怎么办呢？我想到了家长，我们目标一致，最应该成为亲密的伙伴，为何不能和家长携手呢？

三、家校合作，美美与共

当机立断，我召开了第一次家委会会议，和他们一起寻求解决的办法。面对班级现状，孩子需要引导、鼓励，也需要监督。最后，经过家长们的协商，决定采用"家长督学"的方式，让家长走进教室，近距离了解孩子的学习情况。家长自主报名，并且约定督学的家长要关注到每一个孩子。

为了规范家长督学，我们设计出"家长督学记录表"，参与督学的家长要记录课堂情况、课间情况、作业情况和自己的感悟。有任务就会有思考、有作为。

程前妈妈第一个报名，她的到来震撼了我，她比我更早到班，而且早早地提醒孩子们读书。家长的提醒似乎比老师的提醒更管用，当听到孩子们朗朗的读书声时，我心里暖暖的，眼睛有点湿润了。我拍下了这一场景，发到了班级群，众多家长为她点赞。程前妈妈把孩子们的学习状态和一天的感悟发到了班级群，她从家长的角度观察每一个孩子，发现孩子的优点，感受老师的辛苦，这也掀起了家长报名的热潮。

很多家长或私信或在群里建议由我把每个孩子的家长进行排班，让每个孩子的家长都参加。但我并没有那样做，一方面因为有些家长工作确实很忙，周一到周五很难抽出时间来督学；另一方面，我考虑到强加给家长的工作，会引起个别家长的不满，即使没有反抗也会出现应付了事的情况。家长自愿是最好的方式。

每一天，不同的家长出现在教室，他们遵守约定自觉将手机调至静音，课堂上和孩子们一起听讲，时不时地看看孩子们有没有认真听讲，悄悄地站起来提醒做小动作的孩子；值日时，和孩子们一起打扫卫生；和孩子们一起用餐；自习课上，维持课堂纪律，检查孩子们的作业；和孩子们一起上体育课、做游戏；阅读课上，和孩子们一起静静地徜徉书海。有严格也有慈爱，有监督也有鼓励，最重要的是家长用放大镜般的眼睛发现每个孩子身上的优点。

班上有这样一个孩子，父母离异，和爷爷奶奶一起生活，在小学就抽烟、逃学、打架，爷爷谈起这个孩子总是连连摇头，唉声叹气。家长督学过程中，有家长在班级群里表扬这个孩子热爱劳动，并配有孩子劳动的照片。还有的家长表扬这个孩子读书声音大并配有视频。我也多次表扬这个孩子有礼貌，见到老师、家长会主动问好。爷爷觉得不可思议，这个让自己伤透了心的孩子竟然还有这么多优点。孩子也表示以前很少受到表扬。爷爷一次次打电话感谢老师和督学的家长让他看到了生活的希望。

四、真诚携手，共赢未来

苏霍姆林斯基说："最完美的教育就是学校与家庭的合作。"家长督学，架起了家校沟通的桥梁。老师和家长的沟通更顺畅，家长走进学校、走进班级，近距离地看到老师的工作状态，理解了老师工作的辛苦，体会到老师对每一个孩子的用心，也在老师的引导下发现了孩子身上更多的优点，明白了成绩并不是评价一个孩子的唯一尺度。

家长督学也让我们享受到更多的教育资源。陈诗琪的爸爸很健谈，课间的时间和很多孩子聊天，谈人生，谈理想，谈生活现状。晚饭间，我们举行了"知心叔叔"讲坛。诗琪爸爸讲了自己的生活和工作经历，对学习的看法以及和女儿的沟通情况。王培硕爸爸是一家工厂的老板，进教室前还在电话中安排生产事项，课间也听到他在电话里不停地催账，但是上课铃一响他便立马挂掉电话，进入督学状态。读书分享会上，他精彩的点评赢得孩子们阵阵掌声。高明辉妈妈是我们班的"书法客串教授"，利用饭间教大家写字的姿势、笔画的写法以及字的结构技巧。孩子们享受到了更多的教育资源，提升了学习的兴趣，也促进了亲子关系的和谐。

一群如此可爱的家长参与到班级管理中，班级风气明显好转，学习氛围空前高涨，孩子们的自信心大大提高，亲子关系也更加和谐。作为班主任的我更加热爱自己的工作，赏识班上的每一个孩子，在班级群里大力表扬每一位督学的家长：陈若彤的妈妈和孩子们一起打扫卫生并利用假期带领孩子们开展社会实践活动，李佳鸿的妈妈组织的自习课很高效，程前的妈妈、刘烨霖的妈妈多次参与督学……老师表扬得多了，家长的积极性更高了，对班上每个孩子的关注更多了，孩子们身上的优点也就更明显了。

时光斑驳了围墙，岁月拉伸了方向，天空定义了凭栏远眺的梦想。家长督学让家校联合不再是口号。教育的未来，我们在路上。

感谢大家的聆听，欢迎各位的批评指正，也感谢永要德育联盟这个平台，让我学到了更多的教育理论和方法，谢谢！

【讲座反馈】（节选）

黑江丽老师的家长督学，相信在全国很多地方都还没有实施。广东地区在家校合作方面走得比较前，有些地方让"家长进校园"，这是需要底气的。因为家长进校园，必将近距离接触学校管理、班级管理，老师的一举一动，也会呈现在家长的面前。

黑江丽老师敢于亮出问题，让家长走进教室、走进课堂，这是很有底气的，是能够经受起家长的检验的。

黑江丽老师让家长们进课堂，不是让他们走马观花，而是真真切切地让他们参与到班级管理当中。从她分享给我们的家长记录表可以看出，家长们用心记录，这表明他们是全身心投入的。这当然离不开黑老师的指引和表扬，毫无疑问，这是充满智慧的。

我所在的学校和年级，上个学期也开展过家长进校园活动，但是我们仅仅是让他们来看看，很多细节性的配套设施还跟不上，这也让家长进校园的效果大打折扣。应该要向黑江丽老师学习，让家长进校园更细化一点，让家长们也劳有所获，这样更能够形成良性循环。

黑江丽老师有很多管理班级的创新做法。永联学院刚刚上线了她的一个视频，是讲班级垃圾如何处理的，很受欢迎。这些看起来是小事，却很考验一个班主任的专业修为。

黑江丽老师能有那么多的班级管理小窍门，表明她是一位善于思考和富有创新精神的老师，非常有激情和耐力，能够解决班级建设中的"硬骨头"问题。

有人说，如果面对班级和学生问题，我们常感到无能为力，那是因为我们能力还不够强。像黑江丽老师那样，不断提升自我的反省能力，提升总结能力，不断拓展思路，开启新的育人模式，或许我们便能解决越来越多的问题。

广东省佛山市三水区华侨中学　刘永要

黑江丽老师的讲座，让人如沐春风，也勾起了我瞬间的回忆——去年的六月份，我们东莞家庭教育"慧导师"一行到重庆学习家校共育，印象最深的就是重庆渝北区新城港学校陈中梅校长引领的家长督学管理模式。

在这里，我大胆预测，今晚的主讲黑江丽老师前途不可限量。

敢想敢拼，善思乐行。一个班空间上的隔离并不可怕，可怕的是这个班的师生自我封闭；一个班成绩上的落后并不可怕，可怕的是这个班的师生自我放弃。这个班，出了问题，不逃避，不气馁，而是在班主任的积极带领下，敢想敢拼，善思乐行，让人感动，变化的岂止是班风和成绩，更是家长和孩子们的心。

　　善用资源，化为教育。黑江丽老师善用家长资源，请家长进入课堂，带动学生，这不仅需要智慧，更需要方法和策略，一个老师如此有勇有谋，实在令人佩服。

　　善于观察，及时表扬。这个世界，聪明的人很多，但成功的人并不一定是聪明者，因为他们看得太透，而不愿屈就；普通的人很多，但成功者往往是一些表面普通却暗含大智慧者，因为他们能让别人看透自己去成就自己。黑江丽老师的教育智慧，来源于她对家长、对学生的细致观察，及时的表扬和总结。我想，她一定会有更为辉煌的将来。

　　为此，我要向黑江丽老师学习，学习她的教育情怀，学习她的教育智慧，学习她的教育人生。

　　建议，家长督学这一块"水很深"，黑江丽老师可以继续探索和深化，并且形成自己独特的理论和操作系统，期待黑江丽老师下次的讲座。

广东省东莞市望牛墩中学　范志武

破冰·合作·共赢

——家校共育的策略及实践

广东省广州市天河中学 杨换青

【讲师档案】

杨换青，广州市天河中学语文高级教师。从教21年，担任班主任15年。全国永要德育联盟讲师团讲师；广州市天河中学名班主任工作室主持人，获评广州市高考突出贡献奖、广州市骨干班主任、天河区育人奖；获评感动广州的最美教师提名、天河区感动天河的好教师、天河区骨干教师；所带班级获评全国书香状元班、广州市班级文化建设优秀班集体、天河区示范班。

永要德育联盟的各位老师：

大家晚上好！很高兴与大家相逢在全国永要德育联盟公益讲座平台。我今天分享的主题是"破冰·合作·共赢"，主要就家校共育方面谈谈自己的一些做法。

鲁迅说："教育是植根于爱的。"习近平总书记强调："教育是一门'仁而爱人'的事业，爱是教育的灵魂，没有爱就没有教育。"爱是教育的源泉，教师有了爱，才会用伯乐的眼光去发现学生的闪光点，对自己的教育对象拥有耐心，充满信心，才会有追求卓越和创新的精神。

作为班主任，对孩子有爱心、对工作有爱意，是做好班主任工作的提前。道理我们都懂，可是，有时候，我们很苦恼，也很委屈：对孩子尽心尽力，对家长真诚相待，自己付出了那么多，可并不是都能得到预期的回应，有时候，可能还会受伤。大家是否想过，我们不仅要有爱，还要能让孩子及家长懂得我们的"爱"，感动于我们的付出，佩服我们的智慧，敬佩我们的人格，真正消除沟通的壁垒，真正主动参与班级建设。当由完成任务式的被动变成请缨式的主动时，那效果完全不一样。如果能更进一步，把"幼吾幼以及人之幼"的大爱精神传递开去，让家长口中"我的孩子"变成"我们班的孩子"，让家长心里"只要我的孩子好就行"变成"大家好，才是真的好"，这样的家校共育才魅力无穷。大家可能觉得，这也太完美了，太难了吧？没错，有难度，但不等于没办法。至少我们可以在骨感的现实里，用自己的爱和智慧，让理想的羽翼丰满一点点嘛。我呢，一直是家校共育的受益者。这么多年来，我经常中途接班，几乎一年一波家长。我们都知道，现在的班主任其实带的是三个团队：家长、学生、科任老师。哪个团队带不好，都直接影响你的班级运转。年年遇到新家长、新班级，任务重、时间紧，如何快速取得家长们的信任，让他们心甘情愿帮助我一起进行班级建设呢？我主要从破冰、合作、共赢三个方面进行介绍。

一、破冰行动——让家长懂得我的"爱"

（一）行动1 写好第一份书信

在家校联系的过程中，我常常借助书信，把自己的教学理念、班级观察、带班思考等反馈给家长。接任一个新的班级，在家校共育破冰阶段，我更倾向以书信为媒介，迅速建立与家长的链接。如果是高一，我就会以"家长如何帮助孩子适应高中生活"为话题给家长写信指导。如果是高二，我会以"高二，高中的转折点"为话题指导家长如何助力孩子在高二阶段有效学习。如果是高三，我的第一封信，往往是以开学第一次模考为契机，用写信的方式指导家长召开家庭会议，帮助孩子分析成绩，制订提分措施；指导家长正确看待成绩，合理分析成绩。在刚刚接任 2020 届高三 5 班时，我在摸底考试后写了一封长达两千字的信。以下节选一段如下：

> 家长朋友们，结合孩子们的近段表现（特别是摸底考试后），我给出一点自己的看法和建议，希望给大伙儿一点启示。高考，一定是习惯、勤奋、思维、思想、身体、情绪等的综合较量。希望这个周末大伙儿跟孩子们都沟通一下哈。希望大家跟孩子达成共识：高三，赢在习惯，赢在勤奋，赢在自律，赢在气场，赢在状态。

收到这封信后，家长们不仅认真地召开家庭考试分析会，还认真地给我反馈了家庭会议情况和家庭备考策略，也收到家长发来的热情洋溢的感谢信。

因为文字的力量，有了这些互动，家长与我的关系亲近了许多。当然，这些考试指导的书信，我一直坚持写。因为有这些及时的考试指导，我班的家长和学生都能正确对待考试成绩，不急不躁，稳打稳扎，成绩总能稳中有升，在高考中能呈现最佳状态，考出满意的成绩。

（二）行动2　开好第一次家长会

班级管理当中，家校共育能够助力班级的管理和成长。如何有效破冰，发挥家校共育的合力，开好第一次家长会很重要。接班后的第一次家长会，我不仅会精心备好课、设计流程，还会设计邀请函、打印会议流程。在仪式感上下功夫，能有效引起家长的重视，给家长留下良好的第一印象。

家长会上，重点做好几件事：听取家长们对班级的期待和建议，现场采访一些家长的育儿心得，家长与家长之间的互动，分享我的教育理念、带班特色和对家长们的建议。

（三）行动3　实播班级动态

要真正发挥家长的作用，就要让家长感觉到班级时时在他们眼里、心中。这么多年来，我养成了一个习惯，就是每天至少转播一次班级实况。在破冰阶段，更是每天花样翻新，让家长全方位感受新班主任的温情和新班级的温暖。通过文字沟通、图片分享等方式发布班级每天的重大事件、学习生活场景等。小组晨会、班级目标诵读、学习讨论场景、班会实况、班级活动等，都成为家长群分享的内容。当一张张鲜活的照片、一张张快乐的笑脸呈现在家长们的面前时，家长们的心暖了，他们的心离班级就更近了。当初家与校之间的疏离感、家长与班主任的陌生感、心与心之间的冰块也就在温暖中一点一滴地融化。一位家长在看到孩子的笑脸后，在家长群说："感谢杨老师有温度的教育，让我孩子的内心充满阳光，十分幸运孩子能成为您的学生。"

在播报班级动态时，既要做到有情境、接地气，符合孩子成长和班级发展的规律，又要能够体现出有高度、有格局的教育观。例如，我在接任一个新的班级时，都会举办几期爱国主义主题系列班会。我把"爱我中华"的系列班会活动照片做成一个音乐相册，在家长群分享，并配以文字"有格局，方可成大器"。有家长在群里互动说："这些班会开得太及时，太有必要了。我们的孩子生长在和平年代，他们太幸福了，一定要对他们进行爱国主义教育。谢谢老师及时给他们补上了这一课。"我回复道："没错的，无论何时，无论何地，祖国都是第一位的。"这样就形成了一个良性的家校之间关于爱国主义教育的共识，也体现了一个班级的高度和班主任的德育站位。

（四）行动4　开展个别家庭交流

如果说，前面几个行动是从"面上"去为建立良好的家校关系做文章，那么，个别谈话，就是从"点上"下功夫。班主任都知道，个别交流，是走进学生的有力法宝。但破冰阶段任务重、时间紧，如何快速突破与家长的关系呢？在首期个别家庭上我坚持

"抓两头，放中间"的原则。两头指的是特别优秀的孩子的家长和特别调皮的学生的家长。这些信息哪里来？可以从前期的家庭调研中捕捉，也可以通过与前任班主任教师等的交流获知。与优秀学生的家长谈话，是期待他们继续发扬优势，成为班级的领头羊；与调皮学生的家长谈话，是尽快给他们安抚，至少不能让他在接班初期，对班级开展的工作起破坏作用。在这里，我重点突破的是与调皮学生的家长的谈话。这需要做很多前期准备工作，充分了解学生的个性特点、家庭构成，特别关注单亲家庭的情况，做到稳、准、狠，能一语中的，抓住学生的特点，把话说到家长的心坎里，那是极好的。交流中，既要体现班主任的能力和原则，又能体现新班主任的温情和真诚。

（五）行动5　举办集体生日会

因为有了前期的各种面上和点上的沟通和准备，我对班级大部分学生的家庭情况、家长的脾性有了一个大致的了解。接下来，就是用一个集体互动的方式把家长、科任教师、学生都连接在一起。生日会，是一个不错的选择。在接任新班级的一个月后，我会举办一个"班级集体生日会暨月度叙事"活动，精心设计生日会邀请函，制订了详细的议程。

下面我给大家介绍一下具体的内容安排。这些活动设计里，基本上每个家庭、每个科任教师、每个孩子都有自己的任务安排和准备工作；活动过程也是全员全程参与，在家长与家长、学生与老师、老师与家长、学生与学生的互动中，大家消除了生疏感，真正地感受到我们是一家人。

在班级月度叙事环节，孩子们诉说新班级的感动瞬间，能够再现新班级的温暖，体现新班级的温情。这些叙述，最能打动家长，也是极具说服力的。

活动最后，我会带着感情为孩子们朗读一封热情洋溢的生日贺信。有一年，时值火热的夏季，西瓜备受欢迎。我以"西瓜"为媒介，巧妙地融入了成长启发，表达祝愿。为了增加仪式感和情境感，我特意抱回一个大西瓜做道具，给了家长和孩子们一个大大的惊喜，也带给他们深深的感动。

其乐融融、充满仪式感的生日会后，家长们亲身感受了孩子们的幸福，对这个班级放心了、有信心了。生日会后的家长群热闹非凡，家长们纷纷点赞。家校破冰工作基本结束，家校共育阻力扫除。接下来，就是怎么搭建平台、发挥家校合力的环节了。

二、合作——让家长表达他的"爱"

（一）行动1　开办班级家长讲堂

家长当中，有很多可用资源。来自各行各业的家长经历丰富、资源多、人脉广，有些家长自身的成长就是一本励志书。如何有效利用家长资源，助力班级成长？我决定把家长请进课堂，开办班级家长讲堂。开办以来，家长讲堂经过摸索改进，到现在已经日臻完善。从筹备选拔到运行反馈，已经有一套非常完善的流程。我们成立了家长讲师团，选出了讲师团的团长和核心组成员。有专门的开班仪式、核心组定期会议和专门的讲座排期。讲坛内容及主题，由班主任和核心组成员协商确定。家长讲师开讲之前，必须准备好PPT和讲稿，由班主任审核把关。讲座过程中，全体家长讲堂核心组成员均到场观摩助阵。家长讲堂结束之后，我会布置学生在班级日记本上写下课堂心得、对家长教师的感恩之情等。这既是把听课内化为力量的一种措施，也是对家长教师的一种激励和感谢。例如，这个学期，我们就开办过《齐心协力往前冲》的合作教育、《我和我的孩子》的亲子活动、《向目标出发》的励志教育、《金融学小知识》的理财教育等。由于仪式感强、内容精彩，学生收获丰富。家长讲坛已经成为我们班级很受欢迎的第二课堂，家长们争着上讲台，学生们渴望家长来。

（二）行动2　建立榜样家长团

每个团队，都需要有引领者和示范者，家长团队也不例外。如何让家长团队有序运转并高效配合班级工作是班主任需要思考和解决的问题。在带领家长团队时，我运用了金字塔式的家长团队管理模式，重点打造几个优秀家长小组织。如家长讲师团（由家长讲坛的家长组成）、家长导师团（由每个学习小组组长的家长组成）、家委会（由热心班级事务的家长组成）等。每个团队有专门的负责人，他们负责团队的运行，我只需要与负责人进行工作布置和对接即可。实践证明，这些团队能承担班级重大活动的组织和开展，他们对班级的发展和成长起到了很重要的作用。这些家长以他们的行动和付出赢得了其他家长的尊重，他们也有了开展和推动家长工作的话语权。无疑，他们也成了我开展家校活动的重要支持者和支撑者。

为了发挥示范家长的引领作用，让正能量得到最大的传播和发扬，我在班级选出并宣扬榜样家长。这些家长本身的素质就高，富有大爱之心，在教育观念上与我相同，脾性、做事的节奏，也基本与我保持一致。他们成为我带班管理的合伙人。冬至当晚，学校没有放假，我想在班级举办一个饺子节活动，于是有一些家长主动承担了包饺子的任务。最让我感动的是有一位妈妈当天过生日，她取消了其他庆生方式。她说，今年庆生的最好方式就是为班上的孩子们包饺子，整整一个下午她包了好几百个水饺。那天晚自习的时候，家长们送来热气腾腾的汤圆和水饺，教室里面充满了欢乐和幸福。当我把家长包饺子和孩子们吃饺子的图片发到家长群时，家长们无不感动。这样的良性互动，家长榜样的辐射作用就形成了。我也趁机大力表扬和宣传这种"幼吾幼以及人之幼"的大爱之心。之后，我们的教室里面常常会有家长们免费赞助的水果、牛奶等。有一天，我看到教室后面摆了七八箱牛奶，一打听才知道是博华爸爸几天前送过来的。我跟他留言致谢，博华爸爸说，相比于老师们和其他家长的付出，我这点不算什么。当家长们把为班级做贡献内化为一种自觉行为时，班级已经不再仅是老师的，也是家长的了。真正的家校合力就形成了。

（三）行动3　设立班级文化建设中心

一个班级的成长离不开活动和文化。在开展班级活动和打造班级文化时，引入家长的力量，既能省心省力，又能提高家长参与班级事务的积极性。我请家长参与班级的养绿植活动，由家长负责购买绿植，并指导孩子养护。组织家长参与照片成长墙的建设，定期更新家庭故事。在成人礼活动之后，我让每个家庭做一集孩子成长照片。要求选出孩子成长过程重要节点的照片，剪辑成一张张能代表孩子成长的照片。我在班上开辟出主题为"保持童心，不忘初心"的一面墙，专门悬挂孩子们的成长照片。这样的一面照片墙刻录了36个孩子成长的印记，成为教室内一道绚丽的风景，引来不少外班学生驻足、参观。在班级成长档案的建设过程中，家长与我一起制作班级成长视频和照片，编制班刊。过去一年，我们编制了10本班刊、2本成长相册和两个大型视频。特别值得一提的是，在家长们的帮助下，我所在的班级获得了全国书香状元班、广州市班级文化建设优秀班、天河区班级文化建设示范班。从材料的准备到印刷，家长们功不可没。甚至可以说，在高三教学任务那么重的情况之下，如果没有家长的帮助，我根本不可能完成那么烦琐的材料准备。

（四）行动4　设立家长纠纷委员会

在班级管理当中，难免会遇到家长不理解甚至误解的情况。遇到一些不太好相处的家长怎么办？借助家长的力量让他们相互教育和自我教育，是不错的选择。有一位家长因为不满级组工作的安排，在家长群留言："我比较好奇，周六一天考四科，这样的考试意义何在？"面对这样明显带着情绪的质疑，我保持沉默似乎不妥，但怎样回应才合适呢？这有点伤脑筋。这时，我想到了家长讲师团的团长。他是一位识大体、有威望的家长。由他出面解释，估计会更容易让那位家长接受。我跟他简单解释级组安排的原因。他在家长群说："小宇妈妈，谢谢你！其实你说的代表了所有作为父母的我们的心声，心疼孩子！在我家，孩子学习我是啥也帮不了，只能帮他补充补充营养，让他心情愉悦。学习的事我操心不了，就交给学校和他自己吧！"同为家长，站在家长的立场去安抚和沟通，估计有情绪和意见的家长会更好接受吧。果真，那位家长愉快地接受了建议，并不好意思地说自己有点冲动了，愿意配合学校和班级的安排。

三、共赢——让家校都能获得"爱"

家校合作，从破冰成功到和谐运转，再到助力共赢，一个学期，其实留下了很多温暖的记忆。如何给一个学期画一个圆满的句号？我决定将情境感和仪式感进行到底，也把家校共育进行到底，与家长联手举办一场盛大隆重的颁奖典礼。

奖励方案、确立奖项、设计奖杯、沟通修改、民主推选、打分评分等环节，我全程与家长们一起商量、决策、运作，做到既民主又公平。前期工作准备就绪，为了凸显仪式感，我邀请家长们做颁奖嘉宾，把活动过程中的精彩照片做成了一个音乐相册，在家长群分享。家长们纷纷感叹——"辛苦杨老师了，特别有创意，一定会激起同学们的学习热情！""叹为观止！感受到金灿灿的奖杯背后杨老师沉甸甸的付出，谢谢杨老师！""感谢杨老师对班级的用心经营"……我觉得"经营"这个词用得特别恰当。确实，一个班级就像一个家一样，是需要用心、用情、用爱去经营的。

以上就是我分享的家校共育过程当中走进家长的内心、赢得家长的支持、激发家长参与班级管理热情的一些方法和策略，在实践过程当中觉得效果还不错。孩子们不仅取得了好成绩，也收获了成长。家长们高兴了，因为孩子不仅成绩好，还更加孝顺了，亲子关系更加和谐了。家长不仅仅是合伙人，更是革命战友和亲密朋友。我的班级管理，不仅变得轻松从容，而且收获了很多快乐和幸福。有一位妈妈，记录了孩子的成长变化，整理了我与她的 QQ 聊天记录，编成了一本近 10 万字的册子。她把这本珍贵的册子取名为"信任为源，静待花开"，作为礼物送给我。在我开家长会或者开办学校家长讲堂时，有些家长默默为我录音，并把录音转化为文字，整整花了一个星期，整理出近 2 万字的讲话稿。听说我的颈椎不好，有家长想方设法托朋友带回最好的治疗颈椎病的药油给我，还要亲自给我抹上。不少家长动情地跟我说："杨老师，我们现在是朋友，希望孩子毕业之后，我们依然是一辈子的朋友。"事实上，很多家长真的成了我的朋友。在孩子们毕业之后，家长们都自发把家长群改为"杨村部落"。杨村部落、仁武部落是我所带班级的班名。我很高兴，所带班级不会因为学生的毕业而解散。它上升为一种情感，沉淀为一种记忆，内化为一种精神。

今天，我从一份调查问卷说起，到一个隆重的颁奖典礼结束，回顾了一个班级一个学期的家校合作过程当中的重要事件。往事历历在目，感动藏于心头。我常常在思考，是什么原因让我的家长能如此支持我，也常常在思考，我要怎样让家校合作的温度持续。我想，有两点是必不可少的：第一点是需要以爱为底色，创造一个充满感动的班级；第二点是以真诚和实力塑造自己的形象，赢得良好的口碑。

各位老师，今天的分享就到这里，感谢各位的聆听。

【讲座反馈】（节选）

爱的温度

——听杨换青老师讲座感言

再次聆听杨老师的讲座，我感慨最深的是杨老师所说的：一个老师的优秀，不应该是一张优秀教师的证书，更多的是学生和家长的口碑。做老师不容易，做一名好老师更难。一直以来，杨老师一直在做走进学生的心、走进家长的心的教育。杨老师去湖南学习给学生带特产，这个相信许多老师都能做到。但是我们做不到的是给每个学生都写一封信；自己煮鸡蛋，还惦记着班上几个体弱的女生。

一切的教育都是为了学生好。这从杨老师的班级管理中可以看出来，从杨老师与学生的相处中可以看出来，从杨老师把家长课堂的精髓转化为每个家长心中装的都是"我们班的孩子"中可以看出来。我一直以做有爱的班主任为己任，从杨老师的身上，我找到了奋斗的目标，也学到了如何处理与学生的关系。

爱，不需要语言。杨老师就是最好的榜样。

广东省茂名市化州市新安镇第一中学　邱金有

线上"云"学习经冬春会来

——听杨换青老师"破冰·合作·共赢"家校共育讲座

这个冬天特别漫长，这个假期最不寻常。逆行者在一线与病毒搏杀，我们宅在家中战"疫"，期待春暖花开，早日过沟坎。2月12日晚，永要德育联盟新年第一场讲座开启，来自广州市天河中学的名班主任杨换青老师带来了一场盛宴，如同一缕阳光，给宅家隔离的灰色时日带来亮色与温暖。

我聆听了杨老师"破冰·合作·共赢"家校共育专题讲座，其温柔的声音，丰富的案例，诚挚的情感，深深吸引了我。"天下之水，莫大于海。万川归之，不知何时止而不盈。"《庄子》中的这句话跳了出来。这博大的爱心，是育人初心，是师者大爱。

正如换青老师所说，一位班主任肩负重任，要带好学生、科任教师、家长三个团队，应凝心聚力，合作共赢。如何经营、建设？要以真爱为底色。从爱学生出发，打造有温度的教育，共建幸福教室。不放过每个细节，在点滴行动中抓住教育契机，为班级成长共同体助力。杨老师的破冰之举，一张精心设计的问卷，一份言辞恳切的书信，一次别开生面的家长会，坦诚的个别交流，温暖的集体生日会……把握每一个机会，发挥最好的效果。好的开始是成功的一半，利用首因效应，打开班级建设的局面，杨老师用心、用情，破解疏离、隔膜的家校状况，拉近老师与家长的距离，班级的凝聚力大大增强。

家长成为班集体建设的合伙人。怎样调动家长参与班集体建设的热情，这是班主任感到最茫然的。班刊、视频，瞩目的班级文化建设成果令人称赞。

　　学习杨老师，勤奋耕耘，巧用教育资源，用爱，用情，用真诚，用智慧，建设富有生命力的优秀班集体。

安徽省淮北市人民路学校　魏雪雁

家校共育四重奏

——家校共育常规路径的新探索

广东省东莞市望牛墩实验小学　范志武

【讲师档案】

范志武，东莞市望牛墩实验小学副校长，全国永要德育联盟讲师团讲师，江西省井冈山大学国培一线名师，广东省家庭教师指导师，广东省家校共育指导师，东莞市学校家庭教育"慧导师"团讲师，东莞市名班主任工作室主持人，东莞市望牛墩镇名班主任工作室主持人。朴素的教育践行者，追求"悟人智子"的唤醒教育，致力于打造"老师、学生、家长"三位一体共同成长的教育生态。

永要德育联盟的各位老师：

大家好！今天我跟大家分享的是"家校共育四重奏"。

我将从四个方面简单向大家分享我的一些个人感受和做法。

一、警：自鸣警钟

第一个是警。据不完全统计，家长对老师感到不满意的程度达到六成以上，家长主动配合学校老师工作的低于三成，尤其是初中生家长；网络媒体报道的家校矛盾的现象，层出不穷，甚至愈演愈烈。

作为与家长直接接触的班主任，我们应该自鸣警钟，自我觉醒。问题到底出现在哪里？我们应该注意哪些事情？

国家层面出台了很多相关的政策指导文件，习近平总书记也发表了很多关于家庭教育重要性的讲话，这是政策的指引、国家的风向标、社会的关注点，教育不是单纯的学校教育，是一个教育综合体，这早已成了社会共识。我们应该把社会、学校和家庭教育互相融合。社会教育和家庭教育相对来说是隐性的，而学校教育则是显性的。所以，立足学校教育，从单项割裂向合作共育转化，是我们作为一线班主任必须努力尝试的工作。

二、静：静心定位

那么我们老师该如何做到家校共育呢？要注意两点，一个是静，一个是定。所谓静就是静心定位，家长和老师毕竟是不同轨迹的成年人，当意见不一致时，在家长面前，我们老师一定要做到心平气和，只有心平气和，我们才能产生教育的智慧。曾经看过一幅漫画，是父母为了孩子在进行拔河比赛，其实无论谁放手，最终受伤的都是孩子。其实这跟学校和家庭之间的关系是一样的，如果家庭和学校属于博弈的双方，那么最终受害的是我们的孩子，如果我们定好位——做到共育的话，那么劲是往一处使的，孩子将成为最大的赢家，这不恰恰是我们学校和家庭共同的目标吗？无论是学校教育还是家庭教育，其初心都是为了孩子的健康成长。换句话说，我们静心定位，实际上是老师找准在家庭和学校之间的一个角色——家校共育者。

三、敬：互敬互助

那么，自然而然就到了我要讲的第三个点，尊敬。以往我们传统的班主任管理上有三把斧——说教，压服，请家长。严肃地说，我们现在还有很多班主任采取这种管理模式。在这种情况下，我们老师跟家长之间的关系，其实是不对等、不和谐、不合作的，甚至可以说是敌对的关系。孩子犯了错误或者学习不好，我们就把家长叫来投诉、批评，这样不仅没有解决问题，还伤了家校之间的关系，破坏了亲子之间的和谐。因此，我们提倡出了问题要平心静气，同时要跟家长平等交流，相互理解、尊重，这样我们才能实现合作共赢。换句话说，我们跟家长是平等的，是朋友的关系，我们是教育伙伴，是家校共育者。

四、径：共育路径

下面我与大家分享一下，在家校共育常规路径这一块我的一些常规做法和思考。

（一）日常常规家校的交流

常规工作大家都有做，我想我们都一样。但是，我觉得初中生考勤这块其实可以交给班干部，发挥学生的自主管理能力。尤其是出现学生未到校的情况时，我们的值日班干应该及时向值班老师汇报，并且由相关班干通过电话向家长反馈情况，这样既做到对同学的负责，又可以防止出了意外却没有察觉到的情况发生。

每天、每个周末的作业，我们还是建议由学生自主管理，小组合作互助、相互帮扶，在这个基础上，只要及时与家长进行沟通就能达到家校共同监督的良好局面。这样既避免了老师因为学生未完成作业而投诉，也能及时反馈学生的学习情况。

一旦学生出现情绪问题或者意外受伤，班干部要及时向老师反映情况，老师要第一时间亲自跟家长进行沟通，协商解决。

作为班主任，我们要对部分学生进行常规家访，除了按照流程，还要注意家访是为了达到了解沟通的目的，尤其对部分重点观察的对象，我们要留心做好一些资料准备和反馈。

因为日常的家校交流主要还是由学生干部和家长对接，所以有几个原则我们还是要坚持。第一个是由下向上原则，我们的班干部向家长反馈问题要及时、客观、冷静，不能带有偏见和攻击或者打小报告。第二个是边界意识。重大的问题，必须由班主任跟进、登记，并与家长沟通处理。第三个是定期表扬和提示，班主任一定要定期表扬部分学生，并且是以班级事务为抓手，以针对群体的表扬为主。如果是针对个人的表扬，建议亲自打电话给家长，这样既是一种尊重，也是对孩子真诚的认可。

这样，我们的常规家校交流就不是简单的学校发通知、家长被动配合，而会变得有沟通、有温度甚至有高度，能达到跟进、落实的要求，增进家校的沟通与信任。

（二）家校座谈会

关于家校座谈会，我建议最好是世界咖啡的座谈会形式，你说、我说，句句箴言；哭声、笑声，声声入耳；家校、亲子，融洽互通。我们以往的家校座谈会都是家长来学校，端端正正地像学生一样坐在讲台下面听老师讲。这样的家长会，实际上要么就是批判会，要么就是表扬会，达不到真正沟通的效果。我想我们应该让家长和孩子一起坐到课室里面来，用"世界咖啡"的形式实现真正的家校座谈交流。具体做法如下：首先是老师在开始的时候进行引导，全员一起参与，由组长主持每个组的座谈；孩子向组内的家长汇报自己的情况、分析自己的行为、汇报自己的学习情况、对自己这个组存在的问题进行主题探讨，家长和孩子一起发言讨论；再由家长谈谈对家校之间的感受和建议，老师对班级的整体共性问题进行归纳和总结，对这个班的发展提出建议；最后，把剩下的时间留给家长和孩子共享美食。这六七年，我都是这样开家长会的，时间虽然比以往的家长会长很多，但会让参会的人有一种"生命在场"的感觉。他们共同参与、共同讨论，彼此真诚交流、沟通，既能了解彼此的想法，又能看到相互之间的问题，这样才能真正解决问题，达到我们所说的家校共育的目的。

（三）家长讲堂

如今我们的家长大都比较年轻，而且知识水平、学历都非常高，在各行各业都有一定的积累，甚至卓有建树。我们应该充分利用家长的资源，让他们调动自己的资源、知识，结合自己的职业经历，给我们的孩子现身说法。这对于家长来说是一种难忘的体验，对于学生来说，也是不一样的课堂。一般情况下，我们要提前制订好方案，让家委提前组织协调安排；然后由学生主持，家长提前准备好稿件进行主讲，有时间的家长可以到现场进行观摩、学习、交流；而当天主讲的嘉宾，我们都会让他们给孩子颁发奖状、奖品。我们的家长讲坛主题大部分都跟理财、规划、励志、健康、心理、亲子关系等方向有关。到了学期末，我们进行家委座谈会的时候，也会颁发主讲嘉宾证书作为回馈和感谢，也让我们的家长讲坛具有仪式感。很多家长纷纷表示，拿了这么多证书，这张证书是印象最深刻的，因为这是为孩子所做的工作的奖励。

（四）家校亲子活动

我们会定期开展班级亲子活动，一般以班级为主体单位，各个小组灵活处理，学生自己参与策划，家长只发挥护航的作用，而老师主要是把握方向和做一个参与者。亲子活动最大的好处就是可以增进亲子之间的关系，同时又能加强家长与学校、家长与家长之间的沟通与信任。当然，亲子活动不一定非得是整个班级集体外出，我们可以以小组为单位，活动形式也可以多样化。比如我曾经搞过一次自助围餐活动，其实就是大食会，但是，不同之处在于活动的目的是检测暑假家务打卡的效果，而活动的美食，是学生自己亲手准备的，这样学生其实是在享受自己的劳动成果，又能与家长、同学进行互动沟通，比单纯拿钱去买零食吃，效果会好得多。

最后我想提一下拉封丹曾经说过的，"若不团结，任何力量都是弱小的"，我们的家校共育其实就是家庭与学校之间的合作。作为班主任，我们真正的荣誉不是拿到多少奖，而是得到家长和学生的褒奖。试问一下，你带班这么多年，有没有家长联名写信挽留你继续任教这个班级？你带班的口碑如何？

当然，家校共育中家校的合力只是一种方式，共育才是本质，育的不仅是学生，还有老师以及家长的自我教育。18 世纪英国思想家埃德·蒙伯克说过："用他人的期许磨砺自己，让自己配得上他人的尊重。"让我们时刻警醒自己，静心育人，互敬互助，多种途径，家校共育。请相信，世界上没有走不通的路，只有想不通的人。

今天我的讲座就到此结束，家校共育，携手共进，谢谢！

【讲座反馈】（节选）

我们常说"孩子身上有很多家长的影子"，家庭是孩子的第一间教室。但是，看看班里好多学生的家庭教育真的是存在问题，这对于我们的学校教育来说也是巨大的挑战和压力。周五召开部分家长会议，针对孩子问题单独交谈，集中的问题主要是，家长不识字，家长工作忙顾不上，家长在外打拼不了解孩子情况，家长的教育观念有所偏颇，等等，面对种种问题，家校很难达成共识，这就会给学校教育带来很大的困难。范老师讲得非常正确，只有学校和家长达成共识、互相尊重才可能引导学生向良性发展。但是我常常在想：或许我们尽最大之能可以给学生正确的方向引领，但是我们却无法改变家长的观念，如果家长的观念很顽固，就会歪曲孩子的价值观，这确实很让人头疼。听了范老师的讲座后越发感觉家校沟通的策略有多重要，还须不断学习。

不随意发学生的照片到朋友圈，我现在很赞同这种观点。因为之前带班时，班级有什么活动我也会在群里发照片，有时发在朋友圈，看到自己孩子的家长各种点赞，找不到自己孩子的家长就会心生抱怨和不满，心里会不舒服，还有家长不满意孩子的座位等问题出现，所以采用单独表扬的方式会更好一些。

听到范老师讲到家长座谈会和家长讲坛的时候，心里自生赞叹，平时我们为之困惑的活动，范老师开展得如此别开生面，而且效果良好。以小组为单位，由组长进行点评，和家长共同制定改进方案。组长也可以提出针对性的建议，因为同组内组长可能比老师更了解每位组员的具体情况。邀请家长进教室分享是一种很好的方式，孩子做主持，家长做嘉宾，分享后颁发证书，仪式感很强，无形中也为学生树立了榜样，为学生赋能。我想问一下范校长：家长讲坛是定期开展的吧？每次讲坛是在群里发出邀请，还是私下邀请？或者是请家长自主报名，然后排出顺序？每次的家长讲坛，除了分享的家长，其他家长是自愿参加吗？希望范校长能给予指导，谢谢。

再次感谢范校长的分享，感谢永要德育联盟，每次学习都有新的收获！

山东省乐陵市第三中学　王娟

听范志武老师讲座有感

"好的老师是家长捧出来的。"的确是这么一回事。因此，我们在工作中要借助家长的力量。同时，我们也要努力塑造自己在家长心目中的形象，通过多种渠道让家长了解老师、班主任的工作日常与辛苦付出。社会上有些人认为当老师是很轻松的，只需要每天上几节课而已。

其实不然，作为一位教师兼班主任兼家长，我觉得范校长真是有点忙。回顾自己的学生时代，父母从来不会也不用辅导或督促作业，而现在普遍的现状是家长辅导，或者是盯着孩子完成作业，其实这个社会现象也值得我们深思。

之前我也想尝试家长讲坛，不过仅限于想，目前还没有付诸行动。我觉得这个实践前期需要家长配合和准备的东西比较多，接下来感觉还是要尝试一次！

我感觉教师的地位不高，而且很多家长觉得他们把孩子送到学校，就是学校的责任，他们不知道孩子本身有什么情况或者问题，他们不会溯源，更不会反思自己对孩子从小的教育，或者说他们已经束手无策了。所以很多时候，有些家长会对老师说——老师，你帮我好好教育，你的话他还听一些的。

能在这么好的平台学习，提升自己，真的是非常幸福。感谢范校长，忙碌在外还为我们带来讲座，感谢每一位讲座的老师，感谢永要德育联盟。

浙江省杭州市富阳区东洲中学　王倩倩

巧用"四变",将"断崖式"假期完美连接

湖北省宜昌市远安县振华小学　陈娥

【讲师档案】

陈娥,全国永耍德育联盟讲师团讲师,宜昌市首届明星班主任,宜昌市优秀家庭教育指导者,远安县书香教师、教学标兵。

从事教育工作近三十载,多次参与省、市级课题研究。80多篇随笔、案例、叙事发表于《半月谈》《辅导员》《班主任之友》《广东教育》《湖南教育》等,辅导学生发表作文300余篇。先后到安徽、山东、山西、广西、陕西等地为老师做有关优化情绪、班主任专业成长、阅读与写作、家校共育等方面的线上线下讲座20多场。

永耍德育联盟的各位老师:

大家晚上好!

今天我分享的主题是"巧用'四变',将'断崖式'假期完美连接"。

2019教育部发布的《教育部办公厅关于做好2019年中小学生暑假有关工作的通知》第二条和第三条是这样要求的:

> 二、合理布置暑假作业。学校要统筹调控不同年级、不同学科作业数量和作业时间,由学科组、年级组集体研究布置学生暑假作业。鼓励布置活动性、实践性、探究性作业,严禁布置要求家长完成或需要家长代劳的作业。通过多种途径,引导家长不盲目给孩子报校外培训班,减轻学生课外负担。指导家长针对学生的年龄特点和个性差异安排适量的家务劳动,培养劳动节约习惯,提高劳动能力,帮助树立节水节粮节电意识。
>
> 三、丰富学生暑假生活。各地各校要根据当地实际,结合教育部部署的"圆梦蒲公英"暑期主题活动,广泛利用体育馆、博物馆、文化馆等社会资源,

开展丰富多彩的活动，为孩子假期生活提供更多选择。各级各类研学实践教育基地、营地要专题开设暑假研学实践课程，打造精品研学实践线路，提供丰富多彩的研学实践教育活动。引导学生暑假期间积极参加适合的农业生产、工业实训、商业和服务业公益劳动与志愿服务等体验活动。

虽然这份通知我们并不知晓，但近两三年，我们在寒暑假作业的布置上，已经在慢慢转变观点和行动，但最终的效果并不尽人意。结合我们本地的情况，我分析原因，主要有三点：一是学生的作业根本就不是他们想做的，只是老师的"一厢情愿"；二是老师的观点比较老旧，觉得对于假期作业老师根本就不必过问，不必指导，更不必参与，认为假期就是老师的休息时间；第三，忽视了家长这一角色。在很多老师的心目中，家长的任务就是督促，如果布置的作业需要家长参与，家长就有意见，何必自讨苦吃。总而言之，作业年年在布置，学生年年假期在做，但让人真真切切地感受到效果并不好。

我们可以把之前的学生假期生活分为四个阶段：

第一阶段：放假前——老师布置作业；

第二阶段：假期中——学生完成作业；

第三阶段：开学前——家长督促孩子；

第四阶段：开学时——老师检查作业。

整个假期，给我们的感觉就是"断崖式"的。在这种"断崖式"的假期中，老师基本上是不闻不问，家长是偶尔过问，学生是充耳不闻。这种"断崖式"的假期，学生烦躁，家长暴躁，教师急躁！

如何改变这一现状？我巧用"四变"很好地改变了这一现状，将"断崖式"假期完美连接，让学生的假期生活丰富多彩，精彩纷呈。

一、变作业形式

前几年，我们的暑假作业几乎就是上面下发的各科暑假作业。近几年，我们开始实行假期作业大变脸，作业形式不再是单一的作业题，而是增加了阅读笔记、手抄报、实践类。这些作业相对以前有了很大的改变，但我觉得还可以更丰富点。自2018年暑假，我连续三年参加了华东师范大学李家成教授主持的"你好！寒暑假！"作业项目研究，我们将假期作业做了更大的改革或实践探索。以我近三年的寒暑假作业为例，我们的改革主要体现在将三"单"变为"双"或"多"。

（一）变教师单向布置为学生多人合作设计

在参与李教授的寒暑假作业项目研究中，我最大的感受是作业不是由老师强行、单向布置的，而是由学生自主设计的。或单独设计，或两人合作，或小组共同设计。他们喜欢做什么作业，他们所居住的地方适合做什么作业，就自己设计什么作业。学生自己设计的作业都是他们喜欢的、能完成的，自然就不存在完不成作业的现象。如有的同学设计两人一组做美食，有的小组设计"共读一本书"，等等。学生设计后，在全班展示，全班讨论这项作业的可行性。当我们把选择权交到学生手中时，学生手中有了"权力"，自然都会选取自己想做的、能做的作业来做，比如学生夏天喜欢吃凉粉、雪糕，他们就布置这样的动手类作业。这几年，我们班级的假期作业基本上都是由学生自己设计的，先由学生自主设计，然后集中展示，论证作业的可行性，再针对同学们提出的疑问或意见进行改进。总之，在假期作业这一点上，教师是完全放权的。

（二）变单一的暑假作业为多样活动

学生在学校已经做了太多的书面作业，所以假期里就不太喜欢做这种书面的机械式作业。同时，我们作为老师应该认识到：学习不是只有做纸质作业，不是只有刷题。我们除了需要让学生学会学习，还需要让学生学会生活。联合国教科文组织于1986年提出了教育的四大支柱，也可以说是教育的四大目标，即学会求知、学会做事、学会合作、学会生存与发展。学生在学校生活中除了求知，还可以学习合作；而教学生学会做事和学会生存这两个方面，则要求我们教师有一种大视野。都说"读万卷书，行万里路"，老师暑假都还想出门旅游，放松一下劳累的心情，为什么我们不能为学生布置这样的作业呢？所以这两年，我们的作业开始转向活动类，如和爸爸妈妈一起去旅游；赏荷花，摘莲蓬；和家长一起下棋、一起做美食、做手工、做实验；等等。

（三）变学生单独完成为亲子或小组合作完成

为培养学生的合作意识和能力，除了我们课堂上的小组合作，假期作业也可以体现这一点：布置一些需要两人或多人共同完成的作业。如下棋就是一项很好的作业，也是一种益智类游戏，布置这样的作业，既能培养学生的动脑能力，又有益学生身心。再如对于有些动手能力强的同学，教师可以布置一些高难度的手工类作业，让学生一起动手制作。还可以布置和家长一起做家务、做美食，这样的作业学生和家长都喜欢，既完成了作业，也促进了亲子关系，还培养了学生的动手能力、劳动意识。我从三年级开始，每年都布置做家务之类的作业，让家长拍视频或照片上传，并且很直接地告诉家长：你们每天给孩子布置任务，然后教孩子怎么做，做到什么程度，作业以拍照形式上传。同时告诉家长：这不仅仅是作业，不能认为这是在增加你们的负担，相反，我是在帮你们减轻负担，你们每天上班都很辛苦，所以让孩子们为你们烧水、泡茶，做一些简单的家务，让你们有时间休息。家长们都表示这项作业很有意义！还有一项作业是"学做一道菜"或跟着家长学做美食，开始家长并不理解，觉得布置这样的作业是让孩子在家长做饭时捣蛋。然而，当孩子在同学家学会做某道菜之后，他有了兴趣，回家后便主动要求做，有的家长自己不会，孩子还会担任家长的指导老师。

二、变角色身份

其实，在假期作业中，教师不应该将自己置身于学生的视野之外，不应只是开学后作业的检查者，家长也不能只充当监督者。真正有情怀的老师，假期会关注学生的假期动态，关心他们的假期生活，至少对学生在家的状态或完成作业的情况应该是清楚的，而且能经常过问，而不是等开学后再去统计，这个没完成、那个没完成，给自己添一肚子火。我们可以适时转换角色或身份，参与到学生的假期生活中。

（一）变教师为顾问

如果我们把自己变为假期作业中的顾问，对学生的假期生活提出合理化建议，或许能让我们收到意想不到的效果。如我们今年暑期开展的小讲师活动，说实话我们是第一次开展这项活动。在这项活动开始前，我们是从同行发来的资料中学习的，隐隐约约知道可以讲什么。然后我帮学生拟定几个主题，给学生做参考。剩下的由学生和家长一起搜集文字、图片等资料，制作PPT。PPT稿子完成后由我审核，我会提出自己的看法，学生再不断修改。此时，我不再像平时上课那么辛苦，而是以给他们提供参考为主，最后再帮忙对PPT进行润色。这样相对教师自己制作PPT交给学生讲来说，教师会轻松很多。当然，学生在我的指导下，一遍遍打磨课件也是一个学习的过程。

（二）变家长为朋友

在假期作业中，我们家长的角色已经不是监督者，不是旁观者，而是孩子的朋友或伙伴。千万不要认为这是在给家长布置作业，可能有时候我们低估了家长的素质。我们要求家长和学生一起完成作业，是在帮他们缓和、改善或促进亲子关系。在一起完成作业的过程中，他们可能是棋友，可能是朋友，可能是伙伴。如有一项作业是学习下一类棋，在下棋过程中，他们的关系已经不只是单纯的父子或父女关系了；再比如有一项作业是学习一首葫芦丝曲，那么此时家长就变成了听众；再如和家长一起旅游，他们都成了游客，或许有时候家长还会担任导游的角色。

三、变监督方式

大部分小学生的假期作业还需要家长的监督，但是学生不喜欢被监督，所以我们不妨变换监督的形式。

（一）变唠叨为指导

家长的素质不同，对孩子的教育方式也不同。有的是不管不顾、听之任之、放任自流，有的是唠唠叨叨，还有的可能会演变为拳脚相加。这几种都是错误的教育方式，走向了两个极端。当我们改变了作业的形式和内容后，有些作业我们的家长是能"指导"的，比如学做一道菜、学做家务等。现在的家长大多是"80"后，甚至"90"后，学习起来都是比较快的。而且现在的家长，大多都是很看重学生成长的，也喜欢为他们报各种兴趣班。正因为他们重视教育，所以也愿意陪着孩子成长。我在寒暑假带领孩子参加全国的小讲师活动，我们的家长有的是第一次做PPT，便从网上现学现做。家长和孩子一起做一张幻灯片，剩下的都是学生在家长的指导下做的。这次小讲师活动结束后，我们的学生说："这次小讲师活动不仅锻炼了我的胆量，而且提升了我的自信，更主要的是学到了很多知识。我学会了做PPT，学会了如何利用CCtalk平台做直播，学会了录制视频。这对我们来说还是第一次！"再比如学做一道菜的作业，也是在家长的指导下，学生一步步完成的。这样的作业，家长愿意教，学生也乐意学。

（二）变监督为参与

我们的家长在监督孩子的假期作业时，除了可以为他们做指导，还可以直接参与其中。如以上提到的学做一道菜，以及下棋、旅游，我们的家长已不知不觉参与其中了。再以这次小讲师活动为例，我们的开场就是家长和学生一起主讲的。

我相信，一旦家长转换角色、转换身份，亲子关系就会更和谐，更有利于学生的成长。学生在此期间所学到的，都是课本上学不到的知识。

四、变检查评价方式

每年的假期作业如果是传统的纸质作业，我真的很怕检查，怕一看就冒火。有的同学没有完成，有的同学乱写乱画。对假期作业的评价也很单一，就是看作业是否做完，书写是否工整。至于对错，基本上不在检查评价之列，因为时间不够。所以学生也知道，即使完不成，老师也不会拿他怎么样。那么，如果我们变换一下检查评价的方式，效果自然不一样。

这几年我对假期作业的检查方式做了如下改革。

（一）变教师检查为家长检查评价

布置完假期作业后，由家长认领检查作业的项目，可以一个人认领一项，也可以两个家庭合作认领。作业认领完后，由各个家长合作制订作业评价细则。开学第一天，由学生收取自己家庭负责检查的作业项目，然后和家长一起检查，完成评价表。这样，每个家长都可以看到自己孩子和其他孩子的作业完成情况，完成得好的就以此来激励自己的孩子；如果完成得不好，也可以此教育自己的孩子。

（二）变教师查阅为学生展示

有的作业适合检查评比，比如作文、书法之类，但有些作业就比较适合展示。我们展示的形式也是多样的，比如做家务、锻炼、阅读之类，我们可以让学生用拍照、录视频的形式发给老师检查；再比如做美食、养一种植物等，可以用美篇等短视频制作软件来完成；还有的适合现场展示，如下棋、学习一首葫芦丝曲等。现场展示，现场评比，评选"棋王""手工达人""美食达人""小小植物家"等。

变革后的假期作业，达到了以下五个效果：一是从学生意愿来看，变被动强迫为主动愿意；二是从作业内容来看，变形式单一为丰富多彩；三是从亲子关系来看，变紧张对立为和谐温馨；四是从发展角度来看，变外在监督为内在发展；五是从教师态度来看，变牢骚满腹为点赞欣赏。

变革后的假期作业产生了以下积极意义：提升了学生、家长和教师对作业的满意度，提升了学生、家长和教师的幸福指数，提升了学生的合作、交往、自信能力，提升了学生的学习、反思能力。

变革后的假期，不再是"断崖式"的，"四变"巧妙地将假期在时间、作业完成情况和亲子关系上与学生、家长实现了完美连接。

【讲师档案】（节选）

我听了陈老师的"巧用'四变'，将'断崖式'假期完美连接"的讲座，真是大开眼界，竟然有如此用心的教师，对假期作业也做了如此系统的研究和实践。能够迈出这一步的老师可能很少，能够用爱坚持到底的老师更是屈指可数。有了如此细致有效的作业方案，又何愁学生不做、家长不配合呢？从中带给学生的成长自然十分明显。

教育从来都不是老师说什么学生做什么，被动的学习永远不是真正的学习。陈老师设计假期作业，就遵循了学习的原则，只有主动的自我需要的学习才是有效的学习。她邀请家长参与进来讨论和设计，让家长成为教师的好帮手、学生的好伙伴，学习永远不是那样的枯燥无味，更不是孩子一个人的事情。让学生主动设计作业，发挥学生的主体性，将学习变成了学生自己的需要。学生不但在与众不同的作业中收获了成长，而且培养了社会实践能力和协作配合能力。作业的丰富多彩改变了传统假期作业的死板单调，改变了抄抄写写的固定模式，假期作业不再是负担，不再需要被动消极地完成，而会成为学生自己渴望的活动。

陈老师对假期作业的"四变"，改变的不仅是作业，更多的是学生的学习方式。遇到这样的老师是一种幸运，而对于听到讲座的我来说，更是难得的幸运。

甘肃省陇南市武都区教育局　陈武红

　　本期讲座陈老师主要向我们介绍她在假期如何布置学生做有意义的假期作业的"四变"技巧。听完讲座后，我对陈老师产生了深深的敬佩之情。

　　第一，敬佩陈老师的育人情怀。诚如陈老师所言，在99%的老师的思想里，寒暑假都是老师回归家庭进行修整的黄金时期，但陈老师能够牺牲自己的休息时间，利用这个假期引导学生在教科书以外的领域进行感受与探究，比如培养感恩意识和阅读习惯、学习各种劳动技能、进行各种科学观察实验等，真正培养孩子美好的品德与能力。

　　第二，敬佩陈老师的育人智慧。陈老师的"四变"策略发挥了学生的主观能动性，通过民意调查、孩子自主设计作业项目等措施来调动学生参与作业活动的主动性。同时，也为家长与孩子提供了很好的亲子互动机会，成为走近孩子、增进感情的绝佳契机。

　　第三，敬佩陈老师将先进科技应用于教育的前瞻性。陈老师早在2019年就组织学生参与各项直播活动，而我本人则是在2020年"抗疫不停学"的网络教学中才逐渐利用腾讯课堂、小管家等应用软件及小程序进行辅助教学。

　　正是在陈老师的悉心指导下，学生度过了一个充实的假期，不仅没有变得懒散，综合素质还得到了很大的提升。陈老师的假期安排很好地回避了原来做传统单一假期作业那种"断崖式"的局面。

　　陈老师的教育情怀非一般人所能及，她的育人真正跨越了时空的限制，的确值得我们学习。

广东省佛山市南海区桃园中学　白燕强

第五章　团队活动策略

活用时事，做触动学生心灵的主题班会

广东省化州市第一小学　曾景志

【讲师档案】

曾景志，高中语文高级教师，全国永要德育联盟核心成员、讲师团讲师，茂名市中小学名班主任李春燕工作室学员，茂名市技术能手，化州市中小学骨干班主任人才库首批特级人才，化州市优秀班主任，新安镇十大最美乡村教师，广东省优秀指导老师，茂名市优秀指导老师。

个人主持市级重点课题一项，参与省、市级课题三项；参与主编高三复习教材两本，担任"名师名校名校长书系"《成长共育：班主任的23讲》副主编，编著有近20万字的作品集《柒柒欢乐号》；先后获广东省第七届中小学班主任专业能力大赛三等奖、茂名市班主任专业能力大赛一等奖、化州市高中语文教学技能比赛一等奖、中小学家长学校优质课一等奖、毒品预防教育一等奖等；获奖的省市教育教学论文累计20多篇。

所带学生获中等职业教育国家奖学金，所带班级被评为广东省五四红旗团支部；先后受邀到安徽、福建、深圳等地做专题讲座，个人事迹被刊登在2019年3月出版的《化州教育》杂志上。

永要德育联盟的各位老师：

大家晚上好！我今天分享的题目是"活用时事，做触动学生心灵的主题班会"。

2019年2月，因为原来的高三职中已经参加完高考，学生已经离校，学校安排我中途接手高二职中的一个班级。大家知道，初二及高二，是学校里最难管理的年级；而职中的学生基础差，缺乏动力，纪律散漫，因而成了全校最难管理的代表，常常成为领导口中的反面典型。此时，全校很多老师的目光都投向了我，满怀期待。接手后的前三周，我不骂人、不处罚，按照自己观察到的现象，见缝插针地在班里及时召开主题班会，通过灵活的方式，触动学生的心灵，唤醒学生的灵魂，激发学生的动力，班级的纪律及学风迅速转变。一个学期下来，高二职中186班力压年级里包括普中在内的其他班级，囊括所有月份的学校文明班，并被评为"茂名市五四红旗团支部"（目前学校班级里的最高荣誉），创造了职中班级的奇迹，成了学校的正面典型。这其中，我一直坚持做的时事类主题班会在班级管理中发挥了非常重要的作用。

时事类的主题班会如何设计与实施？下面我从几个方面谈谈自己对时事类主题班会的探索和思考。

一、走出误区：班会≠主题班会

班会不等于主题班会。

一般的班会形式单调，重在总结班级的常规情况或者布置学校的任务，缺乏准备，缺乏主题，常常是老师的"一言堂"。而主题班会则是针对一个问题或者围绕一个专题精心设计和组织的，有准备，有教育的思想和核心理念；内容有灵魂，学生有触动。一般的班会重在"教"，主题班会则重在"育"，重在思想的引导和方向的引领，重在在"育"的过程中培养学生良好的行为习惯和健全的人格。一节好的主题班会，重点不在于我们告诉了学生什么，而在于学生通过班会内容的引导明白了什么、收获了什么。所谓"内化于心，外显于行"，通过主题班会的引导，学生的思想通了，才能真正"内化"，形成良好的品德，外显为行动，形成良好的行为习惯。

主题班会的形式可以多种多样。时事感悟式主题班会，就是利用社会的时事热点作为切入点，引导学生思考，触动学生内心，使学生形成正确的人生观、价值观。

二、时事资源的选择原则

每天都有大量的时事新闻，但并不是所有的时事都适合作为主题班会的资源，选择的原则可以考虑如下几点。

（一）教育性

教育的根本任务是"立德树人"，所以选择时事资源的第一原则是教育性。没有教育意义的时事，或者说没有典型教育意义的时事，则没有必要去考虑；同时，对于一些捕风捉影、未经证实的言论，特别是一些别有用心的不良消息，我们要学会甄别，自动屏蔽；一些自己无法把握的时事，也不建议选择。

（二）兴趣性

学生感同身受、愿意主动思考并且有话可说的时事才是最好的班会资源，所以兴趣性很重要。这就要求我们选择时事素材时要考虑学生的年龄特点、家庭背景及文化程度等,不同层次的学生,思考的角度是不同的,关注的话题当然也不一样。例如我们可以利用高中生关注体育明星的特点,通过男足门将张某涉嫌醉驾被判 4 个月拘役处罚的案例,引导他们讨论并明白:法律必须敬畏,规则必须遵守,触犯了法律法规就要付出代价!

(三) 典型性

时事资源很多,但一节主题班会不可能全都使用,所以选择的时事一定要典型,能代表某一类教育价值的方向,并能最大限度地符合学生的"口味"。

(四) 相关性

选取的时事资源与所要解决的班级问题有联系、有共通的地方,这是主题班会取得预期效果的关键。没有任何关联的热点时事,即使你勉强把它拉到你的轨道上,也无法取得理想的效果。例如热播电影《少年的你》就与校园欺凌事件密切相关,可以进一步结合网络上报道的校园欺凌事件,引导学生思考什么是校园欺凌,在校园欺凌中如何保护自己、帮助他人,同时也让曾经有欺凌行为的学生明白欺凌可能存在的严重后果,使他们心生敬畏,停止或减少欺凌行为。

三、时事资源的整合策略

(一) 剖析社会热点,整合时事资源

当一个社会关注度极高的热点事件出现时,我们应该用班主任职业习惯的思维去深刻剖析,努力挖掘该事件中可以利用的教育资源,抓住某一个有教育价值的方向,寻找与之相关的话题,巧妙设置相关问题,引导学生思考,触动学生思想,最后形成共识,达到某一个教育目的。

班会案例"读书实苦,但请足够相信自己"。

(1) 热点:2018 年 1 月 8 日,一张"冰花男孩"的照片在朋友圈走红,引起全国人民的高度关注。照片中的男孩站在教室中,头发、眉毛、眼睫毛已经被风霜粘成雪白,脸蛋通红,穿着并不厚实的衣服,身后的同学看着他的"冰花"造型哈哈大笑。

(2) 挖掘:照片拍摄于 2018 年 1 月 8 日 8 时 50 分左右,当天恰逢该校期末语文考试。8 时 40 分预备铃打过以后,男孩才到校进教室。监考老师把他满头冰花的照片拍下发到朋友圈,照片很快被其他老师转发,引发了大家的关注和讨论,于是男孩在朋友圈走红,被称为"冰花男孩"。"冰花男孩"是鲁甸县新街镇转山包小学三年级的学生,家

离学校四五公里，平时都是走路一个多小时来上学。当天是期末考试的第一天，早上的气温是零下九度。气温是在半个小时内降下来的，他家离学校较远，因此到教室后头发都沾满了冰霜。小孩子比较可爱，到班级后做了个怪怪的鬼脸，引起了班级同学的大笑。

"冰花男孩"的成绩很好。另一张图片是他脏脏的、开裂的、起了冻疮的、红肿的小手，在冻红的双手下，是一张99分的数学试卷。

（3）剖析："冰花男孩"乐观、坚持、好学的精神是一笔宝贵的财富。恰巧当时由于天气寒冷，我们班里的学生以此为借口，迟到的现象激增，即使按时回到教室，也是将手插进裤袋，不想学习。类似的外部条件，"冰花男孩"可以给他们最真实、最直接的触动。"冰花男孩"只有一个吗？是不是其他孩子都可以像我们班的同学这样，幸福地坐在教室里学习呢？

（4）推进：投影贫困地区孩子艰难求学之路的图片。

攀着藤条翻山越岭，沿着悬崖寻找道路，吊着铁索飞渡大河……为了上学，他们不顾危险，排除万难：中国贵州省雷山县雷公山脉，苗族孩子背着书包走在崎岖的山路上去上学；云南省禄劝中村小学，这里的上学路堪比蜀道；四川凉山，放学路上，孩子们在攀爬藤梯；四川都江堰市紫坪铺镇沙湾村，清洁工赵继红试图走过木板残缺、扭曲倾斜的索桥，送女儿上学；陕西汉中镇巴县观音镇八角庙村，22名学生每天都需爬山、过河才能到达学校上学……

（5）对比：投影部分失学儿童艰难劳动的图片。

（6）设想：如果不读书，多年以后，你会怎么样？

（7）总结：读书不苦，不读书的人生才苦。有人说，怕吃苦，吃苦一辈子；不怕吃苦，吃苦半辈子；说的就是读书这事。别怕吃苦，那是你通向世界的路。总有一天，那些苦，会变成你遨游天际的翅膀。读书和不读书，过的是不一样的人生！所以，哪怕读书再苦，也一定要坚持下去。读书实苦，但请足够相信自己！

班会效果：班会后，整个班级的学习风气改变很大，他们说"对比他们，我没有不努力的理由"。天再冷，他们的手也没有再藏起来，而是用来学习，迟到的现象基本绝迹。

（二）针对班级问题，整合时事资源

每个班级都会存在或多或少的问题。当班级问题出现时，班主任可以根据出现的问题，整合相关的时事，精心构思一节主题班会。

班会案例："拿出勇气，是时候创造你的故事了"。

（1）存在的问题：作为粤西偏远乡镇职中高考班的学生，由于基础差，压力大，常有放弃学业、辍学打工的念头，天真地认为外面毫无压力、自由自在、无限美好。

（2）时事整合。

1）视频：2017年8月24日，超强台风"天鸽"袭击广东，中山市一名男子试图阻止大风中摇摇欲倒的小货车，却无力回天，车辆被一阵大风吹倒，男子被压车下，当场身亡。

说明：男子姓周，今年已经54岁了，这辆车是他两周前新买的。现场有很多人劝他算了吧，但他不听，执拗地想以一己之力对抗超强台风，阻止车辆倒下。

思考：你怎么看待他的行为？太傻，还是太无奈？

2）组图：寒冷的天气，西安火车站，一个男人顶风冒雪坐在路边的铸铁小推车上等生意。他脸色蜡黄，鼻涕直流，不断咳嗽打哆嗦，手上拿着面包大口吃着，吃着吃着他突然低下头哭泣起来。

说明：从照片看，雪下得很密，路边的这个男人头上、身上已经落满了雪花。男人这样的年龄，是家里的顶梁柱，上有老下有小。也许全靠风雪里的他挣钱养家，恶劣的天气，他也不肯给自己放假，就一个人待在马路边，守着自己的摊子，怀着渺茫的希望，等着有人来雇，挣一点辛苦钱，维持全家的生活。

思考：一个男人，在马路边、风雪里，呜呜地哭。为什么他不能走开、不敢休息？低头哽咽的瞬间，是想到了家中的老父母、妻儿，还是自己的命运？他是谁的父亲？又是谁的儿子？

（3）思想引导：你觉得生活容易，其实是有人在背后默默地替你承受着那些不易。外面的世界很精彩，但外面的世界也很无奈。成年人的世界里，没有"容易"二字。

（4）正面榜样（时事）：先天性脊柱裂、椎管内囊肿、双下肢运动功能丧失的魏祥，克服身体残障，刻苦求学，完成了中小学阶段的学习，在2017年高考中考出了甘肃省排名第86（总分648分）的好成绩，如愿考上清华大学；为补贴家用，利用假期跟着父母夜里3点起床撒鸡粪、离家打工做泥水匠的大山孩子崔庆涛，2018年高考考出了669分，被北京大学新闻与传播学院录取。

人生之路，难免会遇到各种困难，求学也一样。如果高考是一条独木桥，那高考成功后，你将会站在一条立交桥上，那里一定有通往你梦想的路口。所以，请拿出你的全部勇气，是时候创造你的故事了。

班会效果：班会后，很少再听到班里的学生抱怨学习辛苦，同时，很多家长反映自己的孩子比以往变得更懂事了，回家懂得主动地帮忙和体谅父母了。连续三年，我带的高三职中班没有一个学生流失，专科上线率超过90%。

（三）根据班会主题，整合时事资源

整合时事资源要从授课老师的角度去思考，选择什么时事，怎样挖掘它的教育价值，怎样进一步整合其他时事资源，从而达到最终的教育目的。如果可以理清前后思路，那整合的时事就是有效的；如果不行，即使整合的时事影响力再大，也是无效的，必须果断放弃。

例如，为了引导学生不在网络上造谣、传谣、信谣，养成文明上网的好习惯，我们整合时事资源时，可从亲身经历的热点事件开始：广西玉林发生5.2级地震，大家惊魂未定，一青年网友在互联网上发布谣言称余震会在凌晨2点43分至45分钟发生，结果造成一定程度的社会混乱，最后他被行政拘留，为自己的不当行为付出了代价。

引入主题后，我们进一步整合有关的时事资源，引导学生思考并明白，世上没有绝对的自由，网络也不例外。同时，让学生深刻认识到网络暴力的危害，领悟文明上网、从我做起的道理。

（四）深挖不同角度，整合时事资源

有些焦点事件，蕴含着极其丰富的教育元素，我们可以根据不同的主题需要，从多个角度对同一个事件做深入的挖掘，开发出丰富的教育资源。在此，我以重庆22路公交车事件为例，来说明如何对同一个事件做多角度的挖掘。

参考问题及挖掘方向：

（1）冲动的后果：在行驶的公交车上，闹事的女乘客及司机的处理方式都是违法的，后果就是害人害己。争吵重要还是职责重要？斗气重要还是生命重要？这个方向可以进行责任教育、法治教育、安全教育及生命教育。

（2）"自由"的代价。女乘客与司机的争吵是他们的自由吗？一个人错过一站，十四个人错过一生。"自由"必须考虑后果，不是你想干什么就干什么。这个方向可以进行集体主义教育，强调班级纪律的必要性及人人参与管理的重要性。

（3）敬畏规则：为什么司机没有及时停车处理险情或者报警？为什么驾驶室与乘客之间没有隔开？为什么司机有问题还让他驾驶公交车？问题的背后是对规则的轻视，结果造成了严重的后果。这个方向可以让学生明白规则的重要性、预案的必要性。

（4）网络暴力：事件刚发生时，网络一边倒地谴责、痛骂甚至人肉与公交车相撞的小车女司机，直言她就是"杀人凶手"，当事人压力山大。事情真相公布后，却没有一个人向女司机道歉。网络暴力会有什么后果？如何避免网络暴力？这个方向可以培养学生文明上网、遵纪守法的意识。

……………

一个看似简单的时事新闻，竟然蕴含了如此丰富的教育元素（当然，其中肯定还有很多是尚未提及的）。如果不加以挖掘利用，时事新闻就仅仅是个新闻；如果懂得挖掘利用，时事新闻就是有着丰富教育内涵的教育资源。因此，教师要善于思考，根据班级主题教育的需要，有选择、有重点地留意一些时事新闻，对同一新闻做不同角度的挖掘。只要用心、认真思考，资源是取之不竭的。

以上是我在实践中利用时事资源开展主题班会教育的一些做法。当然，无论哪一种教育方式，都只是教育的一种手段和载体，不可能兼顾所有。因此，在开展时事类主题班会时，最好还能借助媒介创设情境、插入体验式活动、增加积极心理学内容等。只要用心思考、认真挖掘、运用恰当，我相信一定能上一节让学生心灵触动的主题班会。

今天晚上我的讲座到此结束。由于个人水平有限，所思所想难免浅显，并且缺乏更多的理论支撑，因此期待各位专家、朋友不吝赐教。

愿与大家一起携手，做更多温暖人心的教育，谢谢！

【讲座反馈】（节选）

乡镇班主任自我破局范例
——听曾景志老师讲座有感

在听景志的讲座之前，我有幸看到他的文稿，阅读后深受震撼，他的爱心、坚持、情怀和整合时政材料的能力，都给我留下了深刻的印象，冲击着我倦怠的内心。为了表示我的谢意，我给了一些自己不成熟的建议。在去年广东省郑建忠名校长班培训和前几天遂溪一个乡镇中学全体德育领导和班主任讲座中，我都以化州新安中学为例，谈了乡镇中小学班主任工作破局的可能性和实践策略，非常感谢景志他们几个给我的启示。

一、破解困局的智慧

在生源差、待遇低、风险大、低成就感的乡镇中学班主任岗位上，我们能做什么？能做成什么？曾老师用自己的实践给了我们答案。基于自身，研究学生，整合资源，小天地里可做大文章。一节主题班会课，16万阅读量，就是最好的说明。

二、坚持播种的决心

教育是播下希望的事业，它收获的多少与播种的时间、频率和坚持密切相关，但它收获的延后性不断消磨着教育者的热情和信心。班主任工作的成效就是这样，不可能一蹴而就，亦不能立竿见影，因为适度的教育效果都是滞后的，效果明显的教育往往都是带毒的。教育者，树立恒心，坚持播种希望，永远守望未来，此担当也！

三、寻找成长的路径

不是每一个人都能成名成家，但每一个班主任都可以获得职业发展。天赋、机遇、坚持都成为制约一个班主任发展的瓶颈，但每一个岗位都有它的优势和劣势，每一个人都能在班主任工作中寻找自己的突破点，曾老师在主题班会上的用力基于自己兴趣、基于学生特点、基于教育需要，走出了一条属于自己的道路。当你行走在前进的路上，就会找到属于自己的成长之路；而能让你受益的，永远都是充满荆棘的路，坦途的前方是没有前方的，轻松的日子终将成为遗憾。斯科特·派克说："唯有经历痛苦，我们才会收获成长。"

四、提升育人的情怀

情怀因为被滥用，时常有毒，但教育不能没有情怀。处在井底之下，身在山巅也是坐井观天；心里有爱，环境再难也有温暖和感动。教育需要坚守育人初心，人的发展应该是教育的本真，不应挂在墙上、停在嘴边，应该落实到我们的行动中。当下教育环境艰难，正是我们永要群各位同仁显身手的时刻，我们点亮一间教室，人间就多了一点温暖，我们在温暖他人的时候，也温润了自己。

一群人，一边走一边笑，用心做好一件事，快乐他人，照亮自己。如此，甚好！

广东省湛江市一中培才学校　王德军

感谢曾老师的精彩讲座。之前通过公众号和朋友圈对曾老师有所了解，他率性洒脱，有自己的思考和独到的见解，我想这就是作为一名班主任的获得感和幸福感吧！一节普通的班会课，到了曾老师这里，被赋予了不一样的意义。曾老师用敏锐的眼光，发现社会上的热点和舆论话题，通过细心甄选，选取适合孩子们的话题，组织召开主题班会。这样的班会与简单说教的班会出发点不同，所取得的效果自然有天壤之别。曾老师非常用心地组织班会，有课件，有总结，有推文，通过一个个社会上的真实事件，引领孩子们参与讨论，营造正确的舆论氛围。同时在潜移默化中让孩子们树立正确的人生观和价值观，孩子们乐于接受，身处学校也知天下事，一举多得。我们处于信息资源相对丰富的时代，每天的新鲜事物层出不穷，将学生生活和时事政治适时联系起来并为我所用，为孩子未来的发展点亮心灯，育人育心，功不可没。一个人，影响一个班级；一群人，影响整个社会。热点话题，时事新闻，热播电影，畅销书籍……我们需要的是一双会发现的眼睛，一个智慧的头脑，一份育人的情怀，如此，教育契机将无处不在。

河南省长葛市和尚桥镇　马丽娜

小组不小　合作良效

广东省惠州仲恺中学　曾瑞奇

【讲师档案】

曾瑞奇，网名"仲恺奇哥"，全国永要德育联盟讲师，广东省张成华名教师工作室成员、惠州仲恺中学日新班班主任、仲恺高新区名班主任曾瑞奇工作室主持人，惠州市优秀书香家庭、惠州市优秀教研工作者惠州市优秀班主任、高中骨干班主任、惠州好人、仲恺高新区最美班主任，全国最大的教育教学论坛 K12 论坛班主任论坛版主。

永要德育联盟的各位老师：

大家好！我今天分享的题目是"小组不小，合作良效"。

一、小组合作之我识

首先，我们来明确小组这个词的概念。小组的英文是 group，即为工作、学习等方便而组成或划分的小集体、小班子。随着互联网的发展，特别是 web 2.0 时代的到来，"小组"的含义衍生为就某一类话题或兴趣点（如篮球、羽毛球、书法、写作、摄影等）跟别人交流的场所。

组（zǔ），形声字，从糸、从且。"糸"指丝绳，"且"意为"加力""使劲"。"糸"与"且"联合起来表示"用力编织的绶带"。

在我看来，永要德育联盟就是用"讲坛"这根丝绳，让大家一起加力。所以永要德育联盟就是一个小组，一个不小的小组。而组长就是要哥，他搭建平台，把所有有情怀、有才华的老师聚合在一起。

下面分享我带的班级——仲恺中学日新班的小组管理。

我的班级小组分成学生小组、家长小组和科任老师小组。每个小组的功能是不一样的。学生小组又分为学习合作小组、课外活动小组。

二、小组合作之我缘

2011年2月我创立仲恺中学日新班，那时候，小组合作管理模式的种子开始在全国萌芽，我开始在仲恺中学实行小组合作的管理模式，成立我校第一个小组值日的班级。因为收获了成功，2011年4月2日，我参加了仲恺中学的论坛，讲述自己的成长经历。至今，我一直在实施小组合作的管理模型。

三、小组合作之我行

小组合作之我行，活动聚力更育人。

分组：依据组内异质、组间同质的原则，把学生依照"强—次强—弱"的顺序，综合他们在学业成绩、个性差异等方面的特征，分成具有互补性的数人团体。最开始的时候人数不定，6～9人，后面主要以6人为主，方便整体调换座位。同时，依据每个学生的特点和优势，安排职务，做到"人人有事做，事事有人做"。如综合能力最强的小组组长、思维活跃的课堂组长、责任心极强的卫生组长等。通过做事，帮助每一个学生在小组世界中尽快找到自己的位置，产生归属感和责任感，体验价值感。班级文化细化到小组文化，让小组成员共同参与命名小组、设计组徽或海报、制定组歌、书写目标口号等活动。共同打造的小组文化对小组成员起到凝聚人心和激励制约的作用。同时，借助班会、课外活动等进行及时跟进，活动大多是以小组为单位进行组织和评比的。学生们在活动中表现出的浓厚兴趣和创造性是令人欣慰的，其良好的道德品质和个性特征也在活动与交往中逐步形成和发展。有时候，我还诚邀科任老师、家长做评委，让小组的成长成为学生努力的方向和积极进步的强大动力。

10年来，我进行的小组合作活动比较多，以下分享一些比较有效的活动。

（一）小组组歌比赛

与音乐老师谋划该比赛。音乐课上，由学生主持，各小组派一名代表打分，去掉一个最高分和一个最低分，再取平均分。各小组穿着整齐的服装引吭高歌，各小组的组歌都是励志歌曲，歌声在日新课室里回荡，汇聚成凌志昂扬的交响曲。最后，由音乐老师进行专业点评，并现场示范，师生之间良好的交流让比赛更加美妙。组内同学因为组歌而真情演绎，互相配合，小组凝聚力更强。

（二）小组书法比赛

与美术书法老师谋划该比赛。美术课上，由美术老师布置比赛任务，并一一打分。美妙的古筝轻音乐缓缓响起，各小组同学正襟危坐，神情专注，在半个小时里，用心写好每一个字。书法，让同学宁静致远，让小组变得专注。而专注，让做事更容易成功。

（三）小组 4×100 米、4×400 米接力赛

与体育老师谋划该比赛。体育课上，由体育老师担任总指挥，体育委员担任副总指挥，各组组长为各小组负责人，选出最强四人组，由不参加接力的同学担任计时员和登记员。比赛采用三男一女的方式。在宽阔的运动赛道中，在同学的助威声中，学生个个都像离弦之箭向前冲，其他两个成员担任后勤，为组员加油鼓劲和做好保护工作。后来到了高三，学生的学习压力更大、耐力更弱，我就组织 4×100 米接力赛。由于是接力赛，特别是 4×100 米接力赛更需要配合，因此各小组为了准备比赛，下午放学后会进行接棒练习。接力赛，让小组变得更加团结、默契。

（四）小组上课比赛

为了弘扬国学经典，消除学生的审美疲劳，也为了让学生走向前台，充分展示学生能力，我设下"重金"，组织了两个班进行上课比赛。每个班八个小组，每个小组派一名同学参赛。星期六抽好签，大家回家准备。昨晚第三节晚修，我开始和学生一起备课。其实让学生上课，我会更累，因为我必须指导学生，要花更多的时间指导他们选课文、寻找资料，还要训练上课技巧。因为是第一次上课，他们会紧张，我得鼓励他们走上讲台。升旗后，第一节课正式开始，我摆好录像机，带好相机，做好一切准备。第一节，朱珊上课。一年半的培养让这个学生面带从容的微笑，向全班同学娓娓道来，一首白居易的《轻肥》在她的掌控之下，显得那么自然，俨然一名名师。同学们积极活跃，在朗诵中道出诗韵，在小组讨论中得出答案。朱老师指点江山，激扬文字，有语文味，声音舒服；有应试味，技巧实用。最后，在练习巩固中完美收官。我静坐于后面，用相机拍摄下最美的画面，用录像机记录下课堂的精彩。随着她的一声"下课"，全班热烈鼓掌，我亦备受感动，因为成功的背后有我的一份功劳。结束后，我发评分表给各小组语文组长，对课堂进行打分。八个小组去掉最高分和最低分，然后取平均分。下课铃前最后两分钟，我评课时感叹：自愧不如，"是故弟子不必不如师，师不必贤于弟子"。第二、三、四节课，冯琳、罗紫娟和郭楚娴闪亮登场，用他们的方式带领大家走进精彩的文学世界，在国学经典中进行自主教育。我想用这种方式告诉我们的老师：只要给学生一个平台，他们一定还你精彩。期待国学周的学生授课比赛更加精彩纷呈，相信那一张张相片、一段段视频，将成为学生学习生涯中最美好的回忆。

（五）小组演讲比赛

"仲恺超级演说家"是融入仲恺日新精神的语文节目。本次演说家来自高二（15）班、高二（16）班的全体学生，演讲的维度更宽（如热门话题、时事评论、励志演讲等），能体现仲恺日新学子的精神风貌，提高学生语文素养，深受学生欢迎。节目录制时间为课前五分钟，全场摄影摄像，这是学生青春记忆的体现。节目每周六期，一小组一周，每周选出周冠军。周冠军最后进行决赛。

真是"隆重开播已两周，演讲海上生泛舟。最是课前闹满堂，每日培训累愁乐"。

（六）特别的小组

班级除了常规的学生学习小组，还有兴趣小组、科任老师小组，并有家长小组。他们也是班级不可或缺的重要小组。

1. 兴趣小组

包括书法、写作、朗诵、采访、演讲、读书、篮球、羽毛球等小组。我在春煦文学社搭建平台，助他们成长。

2. 科任老师小组

班导"生非异也，善假于物也"。前面我讲到了借助体育、音乐、美术老师的力量助力班级成长。另外，与科任老师一定要有一张合影，贴于课室里面，定时小聚，或为老师们过一个有意义的教师节，班会课邀请科任老师颁奖，等等，利用他们的力量减轻我们的负担。

3. 家长小组

家长小组是班级的另一个重要小组，有了家长的支持，就有了激励基金，就能减少我们教育的阻力，形成教育的合力。如2017届日新班的家长小组组长——家委会会长龚灵丰，他也是我工作室的重要成员。他充分调动了全班家长的积极性，让家长成为日新班一股重要的组成力量。

四、小组合作之我思

（一）组长选拔是关键

学习小组好比人的手和脚，只有四肢健全，才能完成大脑发出的指令，才有敏捷的动作、精彩的舞蹈。课堂有了理念和模式，能否真正落实到位，能否真正表现精彩，还得看学习小组的功能是否得到发挥。而一个学习小组的成功与否，和组长的选择有很大的关系，因为组长才是这个小组的第一负责人，组长才是这个小组的灵魂人物。组长上岗前一定要培训好。

（二）为自己是组长而庆幸和自豪

（1）组长是班级当中最重要的班干部。

（2）组长是负责任、人品好、能力强的代表。

（3）有很强的口头表达能力。

（4）学习成绩相对优秀。

（5）有很强的责任心与集体荣誉感。

（6）有强烈的创新意识和发现问题、提出问题的能力。

（7）有服务同学的意识。

（三）组名"亮""涵"催人进

组名响亮、有内涵、积极向上，能催人奋进。如"势破楼兰""日新战队"等。

（四）激励至上源动力

每周评选出"优秀小组"，并进行颁奖，组织学生写好颁奖词，贴于课室外显眼处；物质奖励也很关键，可奖励文具，每个月评选出优秀小组，奖励100元，享受小组一起外出就餐的待遇；优秀小组的组长就是各种评奖的候选人，如我们区的旭日奖、优秀学生干部奖等。

（五）经常实践贵坚持

小组合作模式要不断地坚持和总结，不同的学校、班级的侧重点是不一样的。

（六）效果明显培育人

学生的感动和鼓励、科任老师和家长的支持永远是我成长的动力。

这是分班时一位同学给我的留言："我爱3班，爱3班的每一个角落，爱3班的每一位同学，更爱曾瑞奇，我不是在吹牛，这是我发自内心的感叹。我最大的希望就是3班永远不分开！说句心里话，若不是分科的原因，我愿意一直待在3班直到高中生涯结束。因为3班是我作为学生以来遇见过的最温暖、最快乐、最和谐的集体。班主任也是我见过的最牛、最厉害、最帅气、最和蔼的班主任！"

著名教育家马卡连柯说："只有当一个人长时间地参加了有合理组织的、有纪律的、坚韧不拔的和有自豪感的那种集体生活的时候，性格才能培养起来。"学生个体—小组—班级—学校形成统一体，通过"小组育人"实现了个体与群体的相伴成长和共同发展。

最后，我以一首藏头诗作为这次分享的结束。

小组文化有良效，组长关键须选好。合众家校连活动，作为班级赢高考。我的分享到此结束，谢谢大家！

【讲座反馈】（节选）

小组合作聚班心

曾老师的小组合作始终以活动贯穿其中，并且让科任老师与家长都乐在其中，十分难得。对于学生，我们觉得班主任要把这样一群人聚在一起为同一个梦想努力已经不容易了，更难的是科任老师与家长都能够为同一个目标去奋斗，让科任老师因为班级的存在而感到幸福。

曾老师开展的一系列活动，对我来说，可操作性很强，因为我也试验了半个学期的小组合作，效果不错，班级总体成绩由初一的第五名升到现在的第二名。但是我的小组合作还很粗浅，还处于只强调学习和纪律的阶段，没有到开展文化活动的地步。经过多次在群里听讲座，我也在构想，开学后要进行哪些活动来提升班级的凝聚力？这个讲座就给了我一个很好的解答。其实我之前一直觉得开展活动需要很多时间，这样集中的时间不好找，现在知道了，跟科任老师合作，可以开展"音乐""美术""体育"活动，这些活动既能加强小组之间的默契，也能融洽学生与老师之间的关系，真的是一举多得。

曾老师说小组合作中组长的选择很重要，确实是的。因为我在进行小组学习时，采用的是小组长选组员、组员选小组长的双向选择原则，所以小组长是自荐的。有一个学生就自荐为小组长，我觉得既然他愿意做，那就给他一个尝试的机会。但是因为他欠缺自我约束力，导致整个组风气特别差，默写抄袭、晚修讲话、上课发呆，整个小组在行为习惯和学习上都有下滑，所以我就利用调整座位的方式把他们的小组拆散到好的小组中。但是我能感觉到，这样调整以后，这些人的坏习惯还是没有得到很好的纠正。所以选一个优秀的小组长真的很重要。在初中教学中，最重要的就是一身正气和自己的自制力。

在与科任老师形成聚心力方面，我一直做得不够好。可能是因为自己没有很好地跟科任老师交流自己的想法，只是机械性地配合科任老师的工作，所以很多时候效果不是很明显。我想，要是班级活动能够多邀请科任老师参加，应该会使科任老师对班级有更多的归属感。

曾老师的讲座让我明白了，不仅学生可以形成一个互相进步、互相学习的小组，我们教师与教师之间也可以形成一个精诚团结的小组，我们与家长之间也可以形成一个为孩子前途出谋划策的小组。有了各个小组的相互促进，整个班级就能形成一个整体！

广东省佛山市乐平中学　汪婷婷

聆听了曾老师的分享，收获非常多。

第一，老师原来可以这么当！巧妙的藏头诗，精妙的书法，真是才华横溢！这样的老师学生怎么能不爱呢？

第二，小组合作的方式确实在教学上非常有效。刚当班主任时，我机械地模仿其他班主任，给班级进行分组，但是发现效果并不好。认真反思之后，发现是因为我在管理上出现了问题。学生小组合作，需要建立起科任老师配合、组长给力、组员认可、家长支持的良性循环体系。我没有建成，只是为了分小组而分，所以效果不佳。想明白后，我进行了改革。现在的班级管理很轻松，即使老师不在，组长们和组员们都能很好地完成班级讲题、纪律管理等工作。

曾老师的班级小组文化，又给了我更多的启发：①可以建立家长小组，让负责任、素质高的家长，带动其他家长更好地参与到班级管理和孩子教育中。②小组运动会、演讲比赛等活动对于我的班都非常可行，能增强小组凝聚力，更能有效锻炼学生。下周开学后可以在班里开展起来。

第三，曾老师在分享最后说成功源于坚持！这点很触动我。想要成为更好的自己，不需要做很多，每天变好一点点，坚持下去就可以了！

河南省安阳市七中　项露瑶

用心、用情、有法,激活孩子的内驱力

——如何开展触动心灵的班队活动

广东省佛山市三水区实验小学 陈锦颜

【讲师档案】

陈锦颜,小学语文高级教师,佛山市学科带头人,佛山市名班主任工作室主持人,三水区骨干教师、优秀教师、优秀班主任,全国"书香童年"全民阅读活动优秀指导教师,2019年三水区第三届十大"最让我感动的老师"。曾在贵州、延安、广州、三水等地进行班主任工作分享,受到好评。

永要德育联盟的各位老师们:

晚上好!

距离我在永联的第一次讲座,不知不觉已有两年了。这两年里,我在群里听了很多的讲座,或借鉴学习,或反思改进,总是收获满满,激励我努力跟上大家的步伐。过去的三年,是我和我的飞一班一起成长的三年,还有几天,他们即将毕业,要远走高飞了,而我,再一次原路返回。对于飞一班,除了爱,除了祝福,更多的是许多美好的回忆。今天,我分享的就是我和飞一班的故事。

今天的话题关键词是班队活动。班队活动指的是在一定阶段内,以学生为主体、教师适当指导开展的,以解决学生发展问题及提升发展需要为目标,有主题、有计划的班级活动。班队活动是学校德育工作的主阵地,是班主任工作的一个重要组成部分。好的班队活动,其效果远远胜过平日苦口婆心的说教,而且能够触动学生心灵,引发学生的思考,促进学生的成长。那么,作为一线的班主任,我们应如何设计和开展触动心灵的班队活动呢?我认为班队活动没有最好的,只有适合的。也就是说,任何的班队活动都离不开我们的教育对象——学生。下面,我就结合我所任教的飞一班班队活动案例分享一下自己的一些思考。

一、家校联动，关注心灵成长

我曾经看过很多这样的班队活动，比如禁毒教育、安全教育、理想教育等，甚至是一些主题班会比赛，这些班队活动的主角往往是德育处，是班主任，学生只是按照老师的指令参与其中，活动结束后，学生又回到原点，班队活动仿佛蜻蜓点水，不起一点波澜。怎样的班队活动才是有效的呢？我觉得必须从关注学生的成长需要入手。我现在任教的五、六年级学生，是刚好进入青春期和叛逆期的孩子，他们会有很多成长的需要与困惑，需要我们有针对性地组织讨论，加以引导和帮助。所谓没有调查就没有发言权，所以对于班队活动主题的确定，我们需要家校联动，密切关注孩子们现阶段的成长最需要什么，我们就给他什么。这个时候，班群里家长的反馈就为主题班会提供了很多素材。比如围绕同性之间的小团体问题、青春期异性之间的界限问题等，我们就针对性地组织了班队活动加以引导和解决；结合孩子们的过年红包怎么用，我们还邀请了从事保险业的家长进班级宣讲如何理财，助力孩子们提高财商。如此一来，班队活动就能真正地做到为学生服务。

二、抓准切入点，触动孩子心灵

对于班队活动的开展，有些班主任会说，我忙呀，忙于备课、上课、改作业，应付各种各样的检查，哪有那么多时间和精力呀？其实，只要我们找准切入点，随机组织微班会，往往能收到以小见大的效果。比如我们班有一位因为心理问题长达几个月没有回到学校的孩子，有一天他突然决定要见一下我，就是否继续学业征询我的意见，我们约在学校旁边的一个酒楼吃午饭。我觉得这是一个非常好的机会，决定马上就结合这个突然的情况与孩子们举行一个微班会。我先跟孩子们说明了这个孩子现在的心理状况——因为太长时间没回学校了，孩子的内心又是期待又是忐忑；然后布置孩子们分小组设计制作爱心卡，表达对这位孩子回归的欢迎之情，减少孩子的顾虑。结果这个孩子看了同学们的爱心卡后，脸上露出了微笑，吃完午饭就跟我回到教室，成功回归了。微班会的主导者往往是班主任，但是教育的主体永远是学生，所以，班主任就是那一根充满智慧的火柴，抓准时机就能点燃学生的教育内化之火。

三、任务驱动法，精心设计方案

很多时候，班主任们会发现自己组织的班队活动学生的参与性不强，很是困惑。究其原因，一方面是因为唱主角的是班主任而不是学生，而更重要的是学生在整个过程中只是被动地参与，没有主动参与到整个活动的设计、组织过程，积极性当然就不高了。所以，以任务驱动的方式精心设计活动方案，学生明确活动的目标，有清晰的任务引领，自然愿意参与到活动中来了。比如开展垃圾分类主题活动，班委先讨论活动方案，包括介绍垃圾分类的现状、垃圾分类的知识以及举行垃圾分类知识竞赛等，确定方案后就是分组领任务、做准备，采用不同的方式展示。任务布置下去，一方面班主任比较省事，另一方面人人参与，积极性高，大家对于班队活动的开展就特别期待了。

四、班队活动整体布局，形成系列

下面以飞一班成长系列班队活动为例加以说明。

（一）结合实际开展挫折教育

案例："体验失败"微班会。

现在的孩子心理比较脆弱，受不了一丁点的挫折，很容易就会出现一些自残、自杀等极端的例子，所以挫折教育是非常有必要的。我们班就有过这样一次"体验失败"的微班会。四年级的体育节，里面有个集体项目——20×30米的接力赛，10男10女参加，赛前我们做好了充分的准备，信心满满，可事与愿违，我们班拿了个倒数第一。看着孩子们耷拉着脑袋走回教室的样子，我也很沮丧。但是临近放学，我不希望孩子们带着这种沮丧的情绪回家，所以决定利用最后的10分钟进行一次"体验失败"的微班会。首先让孩子们交流失败的感受，"我们的比赛输了，你的感受是什么？"回答中有"失落、自责、后悔……"，也有"不甘心、想要再来一次"，我安慰着前者，也肯定了后者。然后我分享了经受不住挫折最终自杀和不断在失败中成长最终获得成功的两个事例，让孩子们感悟到"人生不如意十常八九"，如果能在失败中学会自我反省、获得面对失败的勇气，失败何尝不是一件好事。

这就是一次结合小事临时组织的微班会，用实实在在的例子告诉孩子们，失败并不可怕，可怕的是从此以后萎靡不振被失败击倒。后来的一次班际足球赛后，中队长自己组织了一次"体验成功"的主题班会，刚好跟这一次班会相呼应。可以看出，客观对待生活中的得失成败的种子已经悄悄地播种在孩子们的心中了。

（二）借助信息技术进行坚韧教育

案例：假期打卡活动。

飞一班四年级时的暑假，遇上了史上最长的暑假，这对于孩子而言，当然是好事，但是对于家长特别是双职工家长而言，那就是纠结万分：把孩子留在家里吧，没有人看管；送补习班吧，花钱不说，未必有效果，假期也不像假期，孩子也有怨言。怎么办呢？

临近放假，我就跟家委商量，能不能借助她所推荐的小打卡程序，让孩子们进行假期打卡活动。我们一拍即合，决定从三个方面要求孩子们每天打卡——每天背诵一首古诗，每天阅读 30 分钟，每天运动 30 分钟，把打卡的内容用文字、图片、语音或者视频的形式发到群里。看起来挺简单的，但是能坚持下来却不容易。因为群里的孩子们互相点赞评价、互相督促，没想到假期结束，我们全班同学都坚持下来了。为了表扬他们这份难能可贵的坚持，我特意定制了一个漂亮的奖牌，在开学第一天邀请校长、家委来到课室举行隆重的颁奖仪式。而且我也把他们打卡的情况在开学第一天的墙报中做了展示分享。这个活动持续了整个暑假，60 天的坚持告诉孩子们：坚持下来，必然有丰厚的回报。孩子们不仅养成了良好的习惯，也逐渐形成了坚韧的品格。接下来的每一个假期，我们继续打卡活动，之前因疫情上网课期间都没有例外。

（三）家校共育助力自信教育

案例："你是我们的骄傲"主题班会（三次六一儿童节活动的比较）。

飞一班的三年，经历了三次六一儿童节。四年级，我们的主题是"美食 DIY，开心过六一"，孩子们带回来自己精心准备的美食，介绍、分享、交流，不亦乐乎。六年级，适逢新冠肺炎疫情、网课、小升初升学方式的改变，我们的主题是"阅读，使我们的人生更美好"，引导孩子坦然乐观地面对生活中的种种不确定。

下面重点讲的是五年级的六一儿童节。五年级，孩子们的思想开始产生波动，有些孩子开始进入青春期，身心出现了变化，他们期待更多的来自家长和同伴的关注和理解。而我们知道，中国的父母往往习惯于批评和否定，这对于处于青春期的极其敏感的孩子来说，总会造成亲子关系的紧张，甚至是不可预想的伤害。如何帮助孩子与家长之间建立和谐的亲子关系呢？这是我整个五年级考虑的重点。于是就有了"你是我们的骄傲"主题班会。5 月 14 日，我在飞一班班群发了几张海报，这些海报是我之前收集到的资料，海报上是家长给孩子的肯定性评价。这几张海报可谓一石激起千层浪，马上引起了家长们的关注。接着我就告诉家长们我的用意，希望家长着手准备一份送给孩子的特别的六一儿童节礼物——一份专属的海报。我们还达成活动保密的共识，接下来就是家长们秘密的准备阶段。而另一边，在六一儿童节前一周，我跟孩子们商量这个六一儿童节要不要特别一点，邀请家长来参加我们的活动，这个提议受到了孩子们的欢迎，并且通过投票决定准备一场才艺展示送给家长们。于是，孩子们也着手准备他们的节目。两边都在秘密准备着，我是唯一知晓两边任务的人，成了"超级无间道"。为了表示对活动的重视，周三，孩子们准备了给家长的邀请函，家长还装作啥也不知道的样子，最终当然是决定抽空出席了。周五下午，主题班会隆重举行，从班级礼仪小天使各处迎宾，到孩子们的才艺展示，再到班会的重头戏——家长们的礼物，这时孩子们才恍然大悟。"孩子，你那么好，我们都爱你。""感谢你成为我们的孩子。""孩子，你是我们的骄傲。"当看到一张张展示在屏幕上的爸爸妈妈的肯定和赞扬时，当一句句温馨动人的话语在耳边响起时，无论是家长还是孩子，都情不自禁地热泪盈眶。最后，爸爸妈妈们亲手把礼物送给孩子，孩子们也给爸爸妈妈们一个大大的拥抱。

整个活动历时半个多月，让家长们感悟到没有什么比鼓励和肯定对孩子更有教育效果，更重要的是孩子们收获了满满的爱、感动和鼓励。以后的日子，他们还将带着这份爱继续前行。

（四）于细微处彰显感恩教育

案例："爱要用心做出来"和"爱要大声说出来"系列。

对于感恩教育，我们一点都不陌生，而我考虑得更多的是把感恩落到实处。"爱要用心做出来"和"爱要大声说出来"这两个活动和前面提到的六一儿童节"你是我们的骄傲"活动是"爱的教育"系列的，我希望孩子们感受到爱，还要懂得回报爱。三个节日，首先是5月份的母亲节，我们用的是"爱要用心做出来"，给我们的妈妈们做美食。前一年的"美食DIY，快乐过六一"，点燃了孩子们对美食制作的热情，所以我建议孩子们用美食表达对妈妈的爱。方案发到群里时爸爸们非常羡慕，期待着下个月自己也能有此待遇。可是父亲节前的调查表明，孩子们对于爸爸的爱往往是羞于表达的，80%的孩子是没有亲口对爸爸说过"我爱你"的。于是在父亲节我们就来了一个"爱要大声说出来"，不仅给爸爸写信，还共同录制了一个"把爱说出来"的小视频。这和六一儿童节活动组成一个"爱的教育"系列活动，使飞一班成为一个爱的大家庭，温馨温暖，感恩感动。

由此可见，班队活动绝不是一节班会课这么简单，它是围绕一个主题展开的所有的相关活动，因而被称为"一次主题活动"更加适合。这样的主题活动植根于学生的生活，往往能引发学生的共鸣和思想的碰撞，直击学生心灵。同时，也会产生两个层面的积极影响：一是对学生个体自主发展的积极影响，学生由始至终参与班级主题活动的策划、实施、反思的过程，能够主动地、有创造性地策划自我发展之路；二是对班级的自主发展的积极影响，即在主题活动的推动下，为了配合学生的自主发展，在班级组织层面所做的同步自我调整、协调、变革，完善班级内部的结构、规则和环境。这两个层面的自主发展效应相互交织、相互支撑，共同促进以班级为基本组织单位的学生自主发展。我认为这恰恰就是我们德育工作的最终目的。

今天晚上的分享就到这里，谢谢永联平台，谢谢各位老师。

【讲座反馈】（节选）

没有最好　只有适合

——听"用心、用情、用法，激活孩子的内驱力"讲座有感

卢梭说："什么是最好的教育？最好的教育就是无所作为的教育：学生看不到教育的发生，却实实在在地影响着他们的心灵，帮助他们发挥了潜能，这才是天底下最好的教育。"感谢佛山市三水区实验小学陈锦颜老师的触动学生心灵的报告，让我们重新回味和审视教育。

一、没有最好，只有适合

教育的因材施教原则说明"教育是艺术，不是泥塑，是根雕"。首先"没有调查，就没有发言权"，要仔细观察将要加工的"根"，然后依据其形状、特点等进行创新的设计、艺术加工，雕琢成一件生动逼真、栩栩如生的"飞禽"或者"走兽"、"劲松"或者"枯木"。而不是按照老师、家长的喜好，任意进行"泥塑"！因此，"班团活动没有最好，只有适合"。

二、唱主角的是学生，班团活动要触及学生的心灵

"教师是主导，学生是主体"，一切教育的活动的效果要通过学生的心灵感应起作用。"教育是农业，不是工业。"农民种地，最重要的一点就是学会"守望"。春天来临，播下一颗种子，要给这颗种子适当的水分，一定的养料，保证合适的温度。什么时候发芽？怎样破土？怎么长高？……都是种子自己的事。这是一个漫长等待的过程，如果违反规律，希望他尽快长高，只有"拔苗助长"了。教育同样需要学会"守望"，我们教师、家长要用责任心去保护他，用爱心去温暖他，用知识去浇灌他，然后就看着他慢慢成长起来。

三、整体布局，形成系列

教育的一致性和连贯性原则。家庭和学校是孩子主要的生活、学习环境，所以家庭教育和学校教育是教育最重要的两个方面。苏霍姆林斯基曾经说过："教育的效果取决于家庭教育和学校教育影响的一致性。"他将家庭和学校作为两个"教育者"，认为家庭和学校两个"教育者"需要协同合作，达到"志同道合"，对学生提出相同的要求，对教育抱有一致的信念。家庭教育是培养，学校教育是推进，二者相互配合，缺一不可！

再次学习！再次感谢！

山东省泰安市岱岳区大汶口镇柏子中学　宋海军

陈老师声音好听，娓娓道来，一个个案例中无不闪耀着老师精致用心的光芒，很受触动，谢谢。

一、班级活动主角不是班主任而是学生

听了陈老师的这个观点后，我回头想了一下在自己的班级活动或者班会中有哪些是班主任的一言堂，有哪些是学生真正参与并且真正有体验和感悟的活动，后者真的是屈指可数。今天我一边听陈老师的讲座，一边在想如何设计暑假的劳动体验作业，开学后如何引导学生策划一场劳动体验分享会，谢谢陈老师带给我的灵感启发。

二、教育活动体系化

陈老师开展的挫折教育（体验失败）、坚韧教育（打卡活动）、自信教育（才艺展示）和感恩教育（通过感恩教育使亲子关系更加融洽，孩子更加体验到自己的重要性，感受到家人无私的爱，进而更加爱自己的家人，增强责任感）等活动已成系统，有利于培养学生的抗挫能力，使学生敢于面对问题并且更加注重问题的解决，懂得设身处地为他人考虑，能更好地适应社会，应对各种挑战。

三、抓住教育契机

爱心卡、邀请函、微班会每个环节都需要审视，抓住教育契机，顺势启发。"爱要用心做出来""爱要大声说出来""你是我的骄傲"等这些活动主题，都围绕一条主线精心策划各环节，在这个过程中家长从来没有缺席，见证了孩子的成长和蜕变，对于家长来讲也是一种学习和成长。每项活动都雁过留声，家长和学生都有各自发自内心的感言。感言本身就是一种教育，真情实感的流露最能直抵人心。陈老师的活动是成功的，孩子们和家长是骄傲的，老师自己也是幸福的，这样形成的合力会更加充满能量，推动班级活动的进一步开展。

感谢陈老师的分享，向陈老师学习，同时感谢永要德育联盟，每次都有惊喜！

山东省乐陵市第三中学　王娟

班本课程　亮丽风景

——班本微课程的实践与思考

安徽省淮北市人民路学校　魏雪雁

【讲师档案】

魏雪雁，全国永要德育联盟讲师团讲师，安徽省骨干教师、教育技术研究专家组成员，皖北六市阅读指导专家，《小学教学》封面人物。市学科带头人、骨干教师、教坛新星，市名班主任、市小学语文名师工作室成员、阅读推广榜样人物。多节课例获国家、省、市一等奖。主编《美丽阅读》、《摆渡船阅读》二年级分册（面向全国出版发行）。主持并已结题多项省、市级研究课题，研究报告获省教育科学研究院成果评比一等奖。

永要德育联盟的各位老师：

大家好！

一个班级就是一个成长共同体，班主任是班级的灵魂，带领班级去实现美好愿景。作为班主任老师，你有思考过这些问题吗？我们每位班主任都有自己的优势，该如何运用？我们每个班级都有自己的特色，该如何发展？我们每个班级都有丰富的资源，该如何开发？

带着思考，我们开始今天的交流。我从两个方面向大家汇报：一是对班本课程的认知，二是构建班本微课程的实践与思考。

一、对班本课程的认知

（一）班本课程的概念

朱永新教授说过，课程的丰富决定着孩子生命的丰富；课程的卓越决定着孩子生命的卓越。我们德育群里韩宜奋老师的电影欣赏课系列《卧虎藏龙》《岁月神偷》《少年派的奇幻漂流》等，带给学生独特的审美体验；杨换青老师设计的家长讲堂系列，形成了成熟、完备的操作流程……她们已经走在前面，打造班本课程，班级管理更加系统，班级文化也独具特色。

班本课程是什么？顾名思义，班，即班级；本，根本，学生、老师为班级之根本。班本课程是以学生为中心、建立在学生兴趣基础上、由师生共同创造的班级文化，是在班级内实施的、有利于师生发展的课程，属于班级精神文化的重要组成部分。

（二）班本微课程的特点

这里我引用特级教师诸向阳校长的观点，介绍班本微课程的特点。

（1）课程内容容量小，便于操作实施。实施时间短，见效快。

（2）具有鲜明的特色，能够激发学生的学习热情，是传统课堂学习的一种重要补充和资源拓展。

（3）凭借"微课程"可以更加高效地推动教师的专业成长。

班本微课程研发的重要前提，是我们教师要有强烈的课程意识、孜孜以求的探究精神，以及热爱教育、热爱学生的情怀。大家熟知的美国教师雷夫就是一名"微课程"研发的教育大家。在"第56号教室"的教育奇迹中，他开发的莎士比亚戏剧"微课程"，贴合学生实际和个性，让班级学生获得了长足的发展。

举例来说，我们阅读了一位作家的一篇文章，这不是课程；但当我们有意识地研究这位作家，梳理他的人生轨迹，研读他各个阶段的很多作品，分析和评价他的思想，以及这些作品和时代背景之间的关系时，这就是课程。再如，班级添置了一盆绿植，放在教室里，这不是课程；但当师生每天给花草浇水，细心地观察，写下它们的变化，并在培植花木的过程中收获了思考与成长，推动了幸福班级文化建设时，这就是课程。

（三）打造班本微课程，助力教师专业成长

老师想从优秀走向卓越，需要主动开发课程资源。结合自己班级学生的实际，从学生的长远发展出发，整合利用教育资源，将之融入日常教育教学中。从点点滴滴做起，不断积累提炼，一步步构建我们的班本微课程。

二、构建班本微课程的实践与思考

作为资深班主任，我对前面提到的三个问题进行了思考：我喜欢阅读、喜欢文字，班级家长的信任、支持度高，所带班级的发展愿景是"打造书香教室，构建特色班级文化，让每个孩子爱读书、兴趣广，成长为最好的自己"。基于这样的思考，我在班级里设

计开展了一些课程活动。我用一个"融"字，概括我和工作室成员在打造班本微课程方面的一些粗浅做法。

（一）融入诵与读，潜移默化润无声

小学低年级孩子初入学，处在幼小衔接期，许多行为习惯亟须养成。除了常规的入学教育、课内教学，可以通过诵与读辅助学生习惯养成。

1. 诵读歌谣学规范——行规儿歌系列

我们一起唱歌谣，强化规范很重要。老师有意识地利用晨诵、午读时间推荐、引领孩子读一些朗朗上口的童诗、儿歌、自编的歌谣，让小学生熟读成诵。用浅白如话的歌谣帮助学生尽快融入学校生活中。

情境一：上课铃响了，有的孩子还在讲话，没坐到座位上。怎么办？由扶到放，教孩子读自编的歌谣："上课铃声响，赶快进课堂。书本摆整齐，双手放桌上。上课专心听，发言声音亮。"通过诵读这样的歌谣提醒自己做好课前准备，不断规范行为。游戏化的形式，比起枯燥的说教或板起面孔训斥，更能起到立竿见影的效果。

低年级同学的特点是自我表现欲爆棚，爱说、爱表现，因此特别需要学会"听"。怎么让孩子懂得安静下来听讲？我们从汉字"聪"说起："聪"字大大的耳朵摆在第一位，"口"写得小，说明只有善于用耳朵倾听才能变得更聪明；右上的两点像一双明亮的眼睛，又像一双勤劳的小手，告诉我们要先看、先做、再说，多听、多看、多做，然后才是适当地说；一个心字底强调用心是基础，就像建房子打地基一样重要。我们学习时，要认真听，多听别人的发言。

怎么听才更有效？我带领学生做游戏、诵儿歌。先玩一个听词语游戏，教给学生听的要领。请听一组词语：老虎、狮子、大象、猴子、长颈鹿、大猩猩、豪猪。请问："长颈鹿"排在第几位？相信大多数听者都会茫然摇头。但如果我们先把问题提出来，再听读词语呢？听者就会很容易回答出来。通过小游戏体验，说明带着问题听，能帮助我们抓住要点。教学生自编的儿歌《六听歌》："小耳朵，仔细听。大眼睛，注目听。手放平，身坐正。足下安，面向前。勤思考，更聪明！"这里从耳、眼、手、身、足、心六点来强调，使学生的规矩意识慢慢养成。

听课时爱插嘴的孩子，往往做事缺乏耐心。耐心听人把话说完、不插嘴是倾听的基本要求。我们引读儿歌《只听半句》：

"他见公园里有张椅子，
园丁告诉他：这椅子……
他说：知道了，知道了，
这椅子只许坐，不许躺！
园丁来不及阻挡，

未干的油漆印在了屁股上。"

歌中的小朋友性子急,听谁说话都只听半句,不等别人说完就以为自己知道了,结果闹出了笑话。读了儿歌,再告诉孩子们认真听、耐心听的重要性。认真听讲很重要,有效倾听有方法。一要带着问题听;二要听话听完整;三要听时注目看,抓住要点不插嘴。聪明的孩子会倾听,会听的孩子才聪明。一年级阶段我们循序渐进地诵读了一些儿歌、童诗,每天诵读,不断强化。(见表1)

表1 一年级段部分儿歌、童诗

晨读、午读诵歌谣	渗透教育点
《小秧苗做操》(吴少山)、《小朋友做操》	感受上学乐趣,懂得听老师的指令
《只听半句》、《半半歌》(张秋生)	养成做事细心、上学守时的好习惯
《小白鹅上学校》(赵家瑶)	动作迅速,不要磨蹭
《六听歌》(创编)、《走路静悄悄》	渗透上课规范、文明礼仪教育

比如《小秧苗做操》:"风老师,吹口哨。小秧苗,做早操。向左看,向右看。曲曲身,弯弯腰。天天练,身体好。长得壮,长得高。"学生很快会背了,还创编、仿说小诗《小朋友做操》:"魏老师,吹口哨。小朋友,做早操。向左看,向右看。曲曲身,弯弯腰。天天练,身体好。长得壮,长得高。"

这些儿歌和学生背诵的《三字经》《弟子规》语言形式相似,学生读、记起来快,规范也在诵记过程中得到强化。

对做事丢三落四的孩子,张秋生的《半半歌》很有针对性。"有个孩子叫半半,起床已经七点半,鞋子穿一半,脸儿洗一半,早饭吃一半,课本带一半,上学路上半半跑,光着一只小脚板。"同学读着半半的经历,再观照自己,就像照镜子,能够意识到需要改进的地方。

小学低年级是培养学习习惯的关键期,好的习惯会让孩子受益终生。童诗、歌谣节奏性强、便于记诵、通俗易懂,在低年级班级管理中能起到很好的辅助效果。

2. 阅读绘本懂道理——绘本桥梁书阅读系列

针对学生的认知特点,我们有计划地引领学生共读、推荐亲子阅读相关绘本。绘本图文并茂、言简义丰,富有趣味性、教育性,学生易于接受。绘本桥梁书的阅读分享,能让学生在享受阅读快乐的同时,在潜移默化中受到行为规范教育。(见表2)

表2　低年级阅读的部分绘本

低年级阅读的绘本系列	渗透教育点
《大卫，上学去》《大卫，不可以》《小魔怪要上学》	感受上学的快乐，懂得什么是正确的学习行为规范
《小步走路》	敢于挑战，不怕困难
《我爸爸》《我妈妈》《猜猜我有多爱你》	感受家庭温暖，亲情之爱
《我家是个动物园》	感受家庭生活的乐趣
《点的故事》	欣赏孩子，鼓励进步
《小猪变形记》	发现自己的优点，做快乐的自己
《十一只小猫做苦工》	强调规矩的重要性，用心思考解决问题

3. 一字一诗一拓展，经典诵读有特色

学校分年级开展经典诵读活动，我们可以结合背诵的经典诗词，进行深入思考，加以整合设计。我在班级诵读中进行一字一诗一拓展，让学生的经典诵读变得更加立体，如诵读的诗词包括《山之乐》《月之思》《风之语》《春之韵》《数字诗》《谜语诗》等。以《春之韵》为例：

一字：出示"春"的字理演变，进行字理溯源。春是会意兼形声字。甲骨文从日，从草（艸），从屯。右边的屯像草木钻出地面的形状，屯也表示读音。左边上下两部分都是草，中间是

"日"。整个字就像是一幅阳光煦暖、绿草萌发的春光图。春的本义就是一年四季的第一季，一般是农历的正月到三月，称为春季。

春到人间万物生。春季是万物生长的季节，生机勃勃，充满活力。"折花逢驿使，寄与陇头人。江南无所有，聊赠一枝春。"春风、春花、春雨……一年之计在于春，立春这天人们要打春牛、吃春饼、贴迎春条幅。过了立春，农耕就要开始了。农历正月初一通常在立春前后，后来就把这一天定为春节。充满生机的春天成为诗文中经常吟咏的主题。

一诗：清朝姚鼐的《山行》。"布谷飞飞劝早耕，春锄扑扑趁初晴。千层石树遥行路，一带山田放水声。"简要介绍，略通诗意。

一拓展：结合图片介绍《春耕节的传说》，补充春耕节的谚语。这样诵读经典就变得立体了，也有传统文化的渗透。

（二）融入主题班会，活动体验促内化

学校每学年结合时令开展的主题活动很多，如三月学雷锋、四月读书活动，五月劳动教育等。常规题材的主题班会，我们可以用心选点，设计环节，做得深入，每学期精心做好一两个案例，慢慢积累班本微课程的素材，形成序列。下面分享一个案例——3月"感恩花开"主题系列活动的实施过程。

1. 分析活动背景，明确活动的意义

"现在的孩子不大懂得感恩"，这句话我们在生活中时有听到。每个家庭的中心都是孩子，父母家人对孩子关爱有加，孩子生活在爱的包围中，往往对家人的关爱习以为常。孩子在生活中出现了以自我为中心、不尊重他人的现象，在学校也在不同程度上表现出来。对孩子进行感恩教育非常必要，也很重要。

2. 拟订方案，分步实施三个一

3月初策划、组织学生开展"感恩花开"主题教育系列活动。通过设计贴近学生生活的活动形式，引导学生感受父母之爱，发现自己的不足，用行动践行爱。主要流程：

（1）填一张表——"我对父母知多少"调查表，通过完成亲子任务，在对比中亲身感受父母的爱。

（2）上一节课——"感恩的心"主题课。通过字理识"孝"、视频欣赏、分享感悟、互动采访等激发学生的兴趣，深化学生的认识。

（3）做一件事——"向爸妈献份爱"实践活动。延伸到生活中，用行动感恩父母。学生在参与中思考、成长，以知导行。

3. 收集汇总物化材料，总结主题活动成效

从收集的调查表和学生感悟习作中，我们能感受到孩子们的成长：从小懂得尊重他人，对父母、他人时时怀有感激之心，自觉用行动感恩。以活动为载体，能让德育生活化，在活动体验中懂得感恩，才能让学生的感恩不停留在表面，从而做到知行统一。

学生感悟摘录："……一张小小的调查问卷此时变得沉甸甸的，它引发我们深深的思考。父母对孩子的爱如大海那么无私、宽广，而我们对父母的爱却是如同小溪。今后我们一定要多爱自己的父母，多去理解、体谅他们，为他们做一些力所能及的事。""感恩主题活动课结束了，但对父母的爱却永远荡漾在我们心头。谁言寸草心，报得三春晖。只有拥有一颗感恩的心才会感受到温暖、快乐与美好……在春光烂漫的3月，我要拥抱亲爱的妈妈，深情道一句：您辛苦了！女儿爱您！"

我们开展的感恩3月主题活动被《安徽青年报》头条整版报道，也在淮北教育网等平台播出。结合班级实际，精心选点，把环节落实，能起到较好的德育效果。

4. 班会中融入传统节日文化

传统文化博大精深，结合传统节日设计活动，能给学生留下深刻的印象。节日主题

系列活动的五步流程：①讲（节日故事）；②诵（节日诗词）；③说（节日习俗）；④做（实践活动）；⑤展（活动成果）。元宵节邀请家长进课堂教学生制作面灯；带领学生动手缝制端午香囊；元宵节制作灯笼、巧手剪"春"活动等。注意及时对活动过程进行梳理，记录下师生难忘的经历和收获，形成实践案例素材。

（三）融入实践活动，第二课堂天地阔

社会即学校，生活即课堂。了解地域文化，将地域文化资源有机融入课程，厚植家国情怀，滋养学生心灵。

走进淮北好人馆，感受好人精神。听好人李传带讲敬业故事，听讲解员分享好人事迹。走进惠黎酒厂，探秘酒文化。淮北是著名的酒乡，利用这一资源，师生去酒厂实地参观，了解酒的酿制工艺，得到别样的体验。走进淮北高铁站，感受中国速度；走进徽商银行采风，当小小理财师；走进110指挥中心，参与警民共建；走上街头体验一日小交警……（班级实践活动图文报道被刊登在《德育报》上）这些实践活动，丰富了学生生活，学生在观察、实践、体验中拓宽了视野，锻炼了综合能力。

（四）融入不同学科，融课程带来新体验

1. 整本书阅读活动系列

通过启动课—推进课—分享课，思维导图、数学、音乐、美术等学科内容被融入，别有趣味。班级阅读课视频《读书，读历史》获安徽省教育厅一等奖。班级情景剧在全市展演，情景剧脚本发表在《辅导员》上。

2. 寓教于学快乐多

在语文习作教学中融入数学、体育、美术、综合实践等，实现不同学科的融合，如课堂小实验"杯底朝天水不流"、神奇的莫比乌斯带、体育二人三足比赛、校园风筝节活动等。这些学科融合活动带给学生难忘的体验，让学生收获更多的快乐，更为学生习作提供了丰盈鲜活的素材，习作内容更加丰富、充实。非凡中队在省、市报刊发表获奖的习作已有数十篇。

多姿多彩的活动，为学生的童年增添了色彩，学生的综合素质得到提升。他们在各级各项活动中表现突出，演讲、征文、诵读、书法等成绩斐然。在六年级全市联考中，和全市相比生源不算突出的我们，在近3000名考生中，班级语文单科有12人跻身全市前列，得到了普遍好评。

我们的班级微课程的摸索实践还需要进一步充实、完善、调整、优化。如果说班本课程是浩瀚的大海，我们可能只是在远远的沙滩上捡拾了一些贝壳，距离真正领略大海的风景还有很长的路要走。期待更多的盟友分享实践成果，共同欣赏班本课程的靓丽风景！

【讲座反馈】（节选）

广东省惠州仲恺中学　曾瑞奇老师作藏头诗一首：

雪花飞舞桃李萌，雁过留声微课程。

靓妆诵读融学科，丽景育人助联盟。

智慧勤育人　润物细无声

认真聆听了讲座，第一次了解到班本课程的概念，这是师生共同创造的班级文化中的一部分。魏老师勤于思考、善于总结，对班本课程有系统性的认识和归纳，是我们学习的榜样。在班本课程的设计和实施中，处处体现着魏老师的智慧和仁爱，对学生的成长起到"润物细无声"的作用。

班主任在班级建设中采取了不少措施，但我们往往忽略了总结记录，未形成一套自己的课程体系。有时突然心血来潮想出了一个点子，用在学生身上效果还不错，但由于各种原因将反思和总结搁浅了，一段时间后发现当时的感觉已经找不到了。所以我要向魏老师学习，及时将班级的活动等整理提炼。

魏老师的案例中处处体现着辛勤育人的园丁精神，也展示着名师的智慧。课堂安静不下来，不是枯燥地说教或歇斯底里地咆哮，而是以歌谣和游戏的形式来规范孩子的行为。小孩子爱插嘴，普通的说教收效甚微，直接抛出一个"聪"字的解析、一个游戏问题、一个实例，直击学生心底，让学生意识到倾听的重要性和不倾听带来的后果。

魏老师的绘本阅读既让学生感受到家庭温暖和亲情之爱，又引导学生敢于挑战，不怕困难；既有感恩花开主题班会，又有体验当地文化的实践活动，还融入多学科以寓教于乐。有这样的班主任，学生因阅读而快乐、因感恩而幸福、因实践而茁壮。

有如此精心的案例和活动，最终汇聚成丰富多彩的班本课程，魏老师的智慧教学，辛勤育人，必能在"润物细无声"中，为学生的终身发展奠定基础。向魏老师及各位大咖学习，感谢无私分享，感谢永要联盟！

山西省太原市五十五中　王伟凤

后　记

永联的第一本著作《成长共育：班主任的23讲》出版之后，引起了较大的反响，很多关心永联发展的领导和老师纷纷给我发来祝贺语，不少学校把它作为班主任培训的必备书籍。

这无疑给了我们信心和动力，于是永联第二本书的出版就提上了议事日程。

拟订计划，积极策划，开始选题，收集文档，精心编辑，交付出版，一切都有条不紊地进行。这就是永联团队的凝聚力、执行力、战斗力。

本书的三位副主编胡碧华、邱金有和范志武，一位是班主任，一位是学校政教处主任，一位是学校的副校长，他们的工作都很忙，但是在本书的出版过程中都全力以赴，加班加点，做了很多具体而富有成效的事情。他们的敬业精神在这里得到了充分的体现。

本书的20多位编委，都是永联的讲师，大多是各地区的名师、名班主任。他们同心协力，一起为本书的出版努力，不仅积极提建议、贡献智慧，而且还反复修改、校对稿件。他们的强力支持，是这本书得以出版的重要力量。

本书还有一个重要的板块，就是老师们的讲座反馈。每一篇文章后面，都会附上两则讲座反馈。讲座效果如何，由老师们的反馈给出答案。

永联这个团队每一次精彩的亮相，都让我感到荣幸和骄傲。是什么让我们聚在一起？是教育的情怀，是奋发积极的心，是专业自觉的行动。

讲师和听讲座的老师们一起，营造了永联的讲座学术氛围。我们一起听讲座，一起交流，一起分享，如此纯粹，如此自然。虽然我们大部分人都素未谋面，但我们就像是认识了很久的朋友。

我要感谢永要德育联盟的所有志愿者、讲师团里的所有老师，还有2个讲座群、10个研讨群和2个永联学院群的所有老师，正是因为有了你们，有了你们这样一群热爱学习、渴望进步的老师聚在这里，永要德育联盟才得以享誉中国大地，成为全国一个颇具影响力的教师专业成长共同体。正是因为我们的影响力日益扩大，很多高校在读的本科生、研究生也在导师的指引下加入了我们的团队，参与研修活动。

我们会一直努力的。请相信，我们的努力能够促进教师的专业成长，我们的努力能够改变教师团队的精神面貌，我们的努力也一定能影响一方的教育生态。

刘永要

2021年8月10日于深圳龙华